KB079632

자본주의와
경제적 이성의
광기

자본주의와 경제적 이성의 광기

MARX, CAPITAL AND THE MADNESS OF ECONOMIC REASON

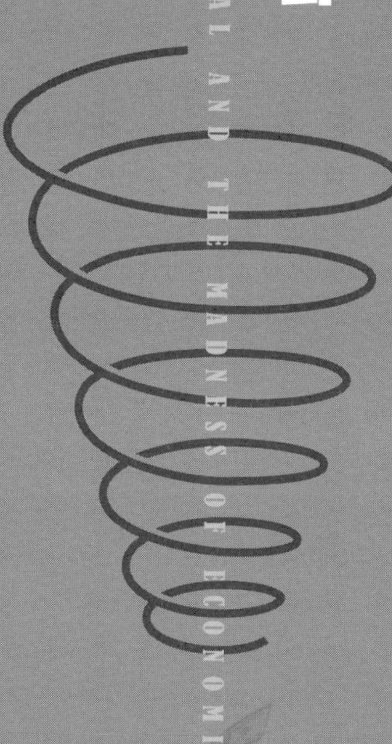

데이비드 하비 지음
김성호 옮김

창비

미친 세상! 미친 왕들! 미친 협약이로다! (…)
저 반지르르한 면상의 신사, 살살 꼬드기는 잇속*이라는 자,
잇속, 세상의 편향.
세상은 본래 균형이 잘 잡혀서
평탄한 지면을 평탄하게 굴러가도록 만들어졌으나,
이 이익, 이 악독해져가는 편향,
이 운동의 쏠림, 이 잇속이
세상을 모든 공정함에서,
모든 방향, 목적, 진로, 의도에서 벗어나게 하지.
바로 이 편향, 이 잇속,
이 포주, 이 거간꾼, 만사를 뒤바꿔놓는 이 말(…).
그런데 어째서 나는 이 잇속을 욕하고 있나?
그야 아직 그자가 내게 구애를 하지 않았기 때문이지.
그의 아름다운 천사**가 내 손바닥에 인사하려 할 때
내가 손을 움켜쥐고 거부할 힘은 없어.
아직 유혹을 받아보지 못한 내 손이
가난한 거지처럼 부자를 욕하는 거지.
좋아, 거지 신세인 한은 욕을 하리라.
부자인 것만이 죄라고 말하리라.
그리고 부자가 되면, 거지 신세만이 악덕이라고
말하는 것이 내 미덕이 되리라.
왕들도 잇속을 차리느라 신의를 깨니,
이득이여, 내 주인이 되시오, 내 그대를 섬기리다!

—윌리엄 셰익스피어 『존 왕』 중에서

---

* 원어는 'Commodity'로, 여기서는 잇속, 이득, 사리사욕 등을 의미한다. —옮긴이(이하 본문의 각주는 모두 옮긴이 주임)
** 천사장 미카엘의 그림이 새겨진 금화를 가리킨다.

| 머리말 |

맑스(Karl Marx)는 자본이 어떻게 작동하는지를 이해하기 위해 평생 동안 엄청난 노력을 기울였다. 그는 스스로 '자본의 운동법칙'이라고 부른 것이 어떻게 보통사람들의 일상에 영향을 미치는지를 알아내는 데 강박적으로 매달렸다. 그는 지배계급이 내세우는 자족적 이론의 늪에 묻혀 있던 불평등과 착취의 상황을 가차없이 폭로했다. 그가 특히 관심을 가진 문제는 자본주의는 왜 그토록 위기*로 치닫는 경향을 띠는가 하는 것이었다. 이런 위기들, 가령 1848년과 1857년에 그가 몸소 겪은 위기들은 전쟁이나 자연적 궁핍, 흉작 같은 외부로부터의 충격에 기인하는가, 아니면 자본 자체의 작동방식에 뭔가 그런 파괴적 경제 붕괴를 불가피하게 만드는 요

* 경제와 관련해 'crisis'는 종종 '공황'의 의미로 쓰이지만 늘 그런 것은 아니다. 이 책에서는 맑스의 말 중 명백한 경우를 제외하고는 'crisis'를 일관되게 '위기'로 옮긴다.

인이 존재하는가? 경제 연구는 아직도 이 문제로 골머리를 앓는다. 2007~2008년의 경제 붕괴 이후 세계자본주의의 불량한 상태와 혼란스러운 궤적—그리고 수백만명의 일상에 끼친 해악—을 고려하면 지금이 맑스가 애써 해명한 것을 돌이켜보기에 적절한 시점이 아닐까 싶다. 어쩌면 현재 우리가 맞닥뜨린 문제의 본질을 명확히 하는 데 도움이 될 만한 어떤 통찰을 거기서 발견할 수도 있으리라.

맑스가 밝혀낸 것들을 간추리고 그의 복잡한 변론과 상세하게 재구성된 논의를 따라간다는 것은, 유감스럽지만 쉬운 일이 아니다. 부분적으로 이는 그의 저작 대부분이 미완이라는 사실에 기인한다. 그가 출판에 적합하게 여겼던 형태로 세상 빛을 본 것은 그 저작 중 극히 일부에 불과하다. 나머지는 흥미롭고도 방대한 노트와 초고, 자신이 말하고자 하는 바를 분명히 하기 위한 논평, '만일 이렇게 되었더라면' 하는 식의 사고 실험, 실제로든 상상 속에서든 자신에게 제기되는 반대와 비판에 대한 수많은 반박들로 존재한다. 이런 종류의 문제들에 고전정치경제학이 어떻게 답했는가에 대한 비판적 탐문에 맑스 자신이 상당히 의존한 만큼(이 분야는 애덤 스미스Adam Smith, 데이비드 리카도David Ricardo, 토머스 맬서스Thomas Malthus, 제임스 스튜어트James Steuart, 존 스튜어트 밀John Stuart Mill, 제러미 벤섬Jeremy Bentham 등의 인물과 한 무리의 다른 사상가·연구자들이 지배하고 있었다), 그가 밝혀낸 것들을 읽는 작업은 그가 비판하는 자들에 대한 어느정도의 이해를 전제하는 경우가 많다. 맑스가 자신의 비판적 방법을 독일 고전철학에 의존했다는 점도 우리에게 동일한 부담을 지우는데, 여기서는 헤겔(G. W. F.

Hegel)이라는 어마어마한 인물이 지배하고 있으며 그 뒷배에는 스피노자(Baruch Spinoza), 칸트(Immanuel Kant), 그리고 저 멀리 그리스인들에게까지 뻗어 있는 한 무리의 다른 사상가들이 버티고 있다(맑스는 그리스 철학자 데모크리토스Democritus와 에피쿠로스Epicurus에 대해 박사논문을 썼다). 이 조합에다가 쌩시몽(Henri de Rouvroy Saint-Simon), 푸리에(Charles Fourier), 프루동(Pierre-Joseph Proudhon), 까베(Étienne Cabet) 같은 프랑스 사회주의 사상가들을 더하면, 맑스가 자신의 작품세계를 펼쳐놓으려 한 거대한 캔버스가 그 위압적인 모습을 뚜렷이 드러낸다.

더욱이 맑스는 정적인 사상가라기보다는 분주한 분석가였다. 그가 방대한 양의 독서(정치경제학과 인류학과 철학은 물론, 비즈니스·금융 신문, 의회 논쟁과 공식 보고서들까지 포괄하는)에서 배우는 것이 늘어날수록 그의 시각은 더욱 진화했다(어떤 이들은 그의 생각이 바뀌었다고 말할 것이다). 그는 고전문학—셰익스피어(William Shakespeare), 세르반떼스(Miguel de Cervantes), 괴테(Johann Wolfgang von Goethe), 발자끄(Honoré de Balzac), 단떼(Dante Alighieri), 셸리(Percy Bysshe Shelley) 등등—의 열렬한 독자였다. 그는 이들의 사유에 대한 수많은 언급으로 자기 글에 풍마를 더했을 뿐 아니라(『자본』*Capital* 제1권에서 특히 그러했는데, 이 책은 문학적 걸작이다), 세계가 작동하는 방식에 대한 그들의 통찰을 진심으로 높이 샀고 그들의 표현 방법에서 많은 영감을 얻었다. 이것으로도 모자라다면, 동조자들과 여러 언어로 주고받은 방대한 양의 서신이 있고, 영국 노동조합원들을 대상으로 한 강연과 연설이라든지, 1864년 범유럽 노동계급의 열망을 담아 결성된 국제노동자 협회의 안팎에서 오간 대화도 있다. 맑스는 활동가이자 논객이었으며 최고 수준의 이론가, 학자, 사상가이기도 했다. 그의 고정 수입이라고는 고작해야 『뉴욕 트리뷴』(*New York Tribune*)지의 정규 통신원으로서 받은 것 정도였는데, 이 신문은 그 당시 미국에서 최고의 발행부수를 자랑하던 축에 들었다. 그의 기사들은 특유의 관점을 고수하면서도 시사 문제에 대한 최신 분석을 제시했다.

근래에 맑스를 그의 집필활동을 둘러싼 개인적·정치적·지적·경제적 환경과 연관시키는 포괄적 맑스 연구의 열풍이 불었다. 조너선 스퍼버(Jonathan Sperber)와 개러스 스테드먼 존스(Gareth Stedman Jones)의 주요 저술은 적어도 일정한 측면에서 값진 성과다.[1] 그러나 불행히도 그들 역시 맑스 자신과 더불어 그의 사유와 거대한 전작(全作)을 낡고 결함이 있는 19세기 사상의 산물로서 하이게이트 묘지*에 묻어버리려는 목적을 지닌 듯하다. 그들의 관점에서 맑스는 흥미로운 역사적 인물이지만 그의 개념적 장치는 과거에는 어땠는지 몰라도 오늘날에는 그다지 적실하지 않다. 『자본』에서 맑스의 연구대상은 자본이지, 19세기의 삶이 아니었다는 것(물론 후자에 관해서도 확실히 맑스는 생각이 많았다)을 그 두 사람은 망각한 것이다. 자본은 어떤 면에서는 건재하고 다른 면에서는 자신의 성공과

* 초기 빅토리아 시대에 런던 북쪽에 조성된 묘지로, 맑스 외에 사회학자 허버트 스펜서(Herbert Spencer), 시인 앨프리드 테니슨(Alfred Tennyson), 소설가 조지 엘리엇(George Eliot), 역사가 에릭 홉스봄(Eric Hobsbawm) 등 여러 역사적 인물이 묻혀 있다.

과잉에 취해 통제 불능*까지는 아니어도 병들었음이 분명한 상태로 여전히 우리 곁에 있다. 맑스는 자본의 개념이 근대 경제학의 토대이자 부르주아사회에 대한 비판적 이해의 토대라고 생각했다. 그러나 스테드먼 존스와 스퍼버의 책들을 끝까지 읽어도 맑스의 자본 개념이 오늘날 어떻게 잘 활용될 수 있을지는 말할 것도 없고 그 개념의 핵심이 무엇인지에 관해서조차 전혀 감을 잡지 못할 공산이 크다. 맑스의 분석은 어떤 점에서는 명백히 낡았지만 내가 보기에는 집필 당시보다 현시점에 더욱 적실성을 띤다. 맑스의 시대에 세계의 작은 한구석에서만 지배적 경제체제였던 것이 이제는 놀라운 함의와 결과를 동반한 채 전지구를 뒤덮고 있다. 맑스의 시대에 정치경제학은 지금보다 훨씬 더 열린 논쟁의 장이었다. 그 이후로 과학적이라고 간주되는, 고도로 수학화되고 데이터에 의해 추동되는 연구 영역, 즉 경제학으로 불리는 것이 정설의 지위, 합리적이라고 간주되는 지식의 폐쇄된 체계—하나의 진정한 과학—의 지위에 올랐는데, 국가 문제와 기업 문제에 관해서가 아니면 다른 어느 누구도 거기에 접근할 수 없다. 이제 그것은 거의 모든 것에 대한 방대한 데이터 세트를 구성하고 해부하고 분석하는 (2년마다 배가되는) 컴퓨터 용량의 능력에 대한 커져가는 믿음으로 보충된다. 대기업의 후원을 받는 영향력 있는 어떤 분석가들에게 이것은 인공지능이 다스리

* 원문의 표현은 'spiralling out of control'인데, 하늘을 날던 비행기가 기계 고장으로 통제를 벗어나 나선을 그리며 돌아가는 모습을 연상시킨다. 뒤에서 하비는 순환을 통해 확대되어가는 자본의 나선형 운동을 언급하면서 이 표현의 적절함에 주목한다.

는 (스마트시티 같은) 합리적 관리의 테크노유토피아로 가는 길을 연다고 간주된다. 이런 판타지는 만일 어떤 것이 측정되고 데이터 포인트로 응축될 수 없다면 그것은 무의미하거나 존재하지 않는다는 가정에 기초한다. 착각하지 말자. 거대한 데이터 세트는 대단히 유용할 수 있지만 그것이 우리가 알아야 할 것의 전부는 아니다. 그것은 소외의 문제나 악화되는 사회관계의 문제를 푸는 데 기여하지 않는다.

자본의 운동법칙과 그 법칙의 내적 모순, 자본에 내재하는 근본적 불합리성에 대한 맑스의 예지적(豫知的) 논평은 2007~2008년의 경제 붕괴 및 그 장기 여파와 마주하여 심히 무능한 것으로 드러난 현대 경제학의 일차원적인 거시경제 이론보다 훨씬 더 예리하고 통찰력 있는 것으로 판명된다. 맑스의 분석들, 또 그 특유의 연구방법과 이론화 양식은 현시대 자본주의를 이해하려는 우리의 지적 투쟁에 무척이나 소중하다. 그의 통찰들은 진지하게 받아들여 비판적으로 연구해볼 가치가 있다.

자, 그렇다면 맑스의 자본 개념과 이른바 그 운동법칙의 개념을 어떻게 해석할 것인가? 이는 현재 우리가 맞닥뜨린 곤경을 이해하는 데 어떤 도움을 줄 것인가? 이런 것이 여기서 내가 탐구하게 될 문제들이다.

차례

1장

운동하는 가치로서의 자본의 시각화

어떤 화폐액의 생산수단과 노동력으로의 전화는 자본으로 기능하게 될 가치량이 거쳐 가는 운동의 첫번째 국면이다. 이 일은 시장에서, 즉 유통영역 내에서 일어난다. 운동의 두번째 국면인 생산과정은 생산수단이 상품으로 전화한 시점에 완결되는데, 이 상품의 가치는 그 구성부분들의 가치를 초과하며, 따라서 처음 투여된 자본에 잉여가치가 더해진 것으로 이뤄진다. 그런 다음 상품은 다시 유통영역에 투입되어야 한다. 상품은 판매되고 그 가치가 화폐로 실현되어야 하며, 이 화폐는 또다시 자본으로 전화되어야 하고, 이렇게 계속 돌고 돌아야 한다. 동일한 국면들을 잇따라 계속 통과해 가는 이 순환(cycle)이 자본의 순환(circulation)을 이룬다.

—『자본』 제1권, 709면•

• 하비가 인용한 맑스(·엥겔스)의 문장을 우리말로 옮길 경우 다른 영어판과 우리

그림 1 미국 지질조사국이 제시하는 수문학적 순환

정치경제학에 관한 맑스의 방대한 저작을 체계화할 어떤 방도를 찾아야 할 텐데, 그 저작은 세권으로 된 『자본』, 역시 세권인 『잉여가치론』(*Theories of Surplus Value*), 『정치경제학 비판 강요』(*A Contribution to the Critique of Political Economy*)처럼 더 일찍 출간된 저작들, 『요강』(*Grundrisse*)처럼 최근에 편집·출간된 원고, 그리

말 번역본을 두루 참조하였으나 인용방식에 문제가 있는 경우를 제외하고는 주어진 영어 문장을 충실히 옮기고자 하였다. 이 번역은 독일어를 저본으로 한 우리말 번역본의 문장과 다를 수 있다. 덧붙이자면 'cycle'과 'circulation'은 물과 자본·가치의 전반적 운동을 가리킬 때 모두 '순환'으로 옮기고, '유통영역'에서처럼 전반적 순환과정의 일부로서 상품이나 화폐에 관련될 때에만 '유통'으로 옮긴다.

고 엥겔스(Friedrich Engels)가 (비판이나 논란은 좀 있었지만) 맑스 사후에 애써 재구성하여 『자본』 제2권과 제3권으로 출간한 원고 같은 것들이다. 그러고 나서 맑스가 밝혀낸 기본적인 내용을 알기 쉽게 제시할 방도를 찾아야 한다.

자연과학에는 복잡한 과정을 단순화하여 제시하는 표상(representation)이 많은데, 이런 표상 덕에 우리는 어떤 연구영역에서 진행되는 내용을 시각화해볼 수 있다. 특히 흥미롭게 다가오는 한가지 표상을 나는 자본의 작동방식을 묘사하기 위한 모형으로 쓸 참인데, 바로 수문학적 순환(hydrological cycle)의 표상이다(그림 1). 특히 흥미롭다고 한 것은 H_2O의 순환적 운동이 형태 변화를 수반한다는 점을 두고 한 말이다. 바다의 액체는 내리쬐는 태양빛 아래 증발하여 기체로서 위로 움직이다가 구름을 형성하는 작은 물방울들로 응결된다. 작은 물방울들이 충분히 높은 고도에서 형성될 경우 그것은 얼음입자들로 결정화되고, 이 입자들은 아름다운 일몰을 선사하는, 하늘 높이 떠다니는 권운을 형성한다. 어느 시점에 그 작은 물방울들이나 얼음입자들은 서로 합쳐지고, 점점 무거워지면서 중력의 영향으로 구름에서 강수가 되어 떨어지는데 이는 (비, 안개, 이슬, 눈, 얼음, 우박, 어는 비freezing rain* 등) 다양한 형태를 취한다. 일단 지표면으로 돌아오면 물의 일부는 곧장 다시 바닷물과 합류하고 일부는 고지대나 극한지역에, 움직인다 해도 극히 느리게 움직이는 얼음으로 붙들리며 나머지는 냇물이나 강이 되어 땅을 가로

* 대기 중에 비로 내리다 0℃ 이하의 지표나 물체 표면에서 얼어붙는 비.

질러 흘러내리거나(그 일부는 다시 대기 속으로 증발한다) 땅 밑에서 지하수로 흘러내려 바다로 돌아간다. 도중에 물은 동식물에 의해 활용되는데, 수분을 발산하고 땀을 흘리는 동식물은 증발산(evapotranspiration)을 통해 물의 일부를 곧장 대기로 돌려보낸다. 얼음벌판이나 지하 대수층에도 거대한 양의 물이 저장되어 있다. 모두가 같은 속도로 움직이지는 않는다. 빙하는 말 그대로 '빙하의 속도로'• 움직이고, 급류는 비탈 아래로 돌진하며, 지하수는 때로 몇마일 가는 데 수년이 걸린다.

이 모델에서 맘에 드는 점은 거기서 H_2O가 다양한 형태와 상태를 다양한 속도로 거쳐 가서 바다로 돌아가고는 그 과정을 처음부터 다시 시작한다는 것이다. 이는 자본이 운동하는 방식과 아주 흡사하다. 자본은 화폐자본으로 출발해서 상품 형태를 취하고는 생산체계를 거쳐 상품으로 출현하여 시장에서 팔리고 (화폐화되고) 다양한 분파의 청구자들에게 다양한 형태(임금, 이자, 지대, 세금, 이윤 등)로 분배되었다가 또다시 화폐자본의 역할로 되돌아간다. 그러나 수문학적 순환과 자본의 순환 사이에는 한가지 매우 의미심장한 차이가 존재한다. 수문학적 순환을 추동하는 힘은 태양에서 유입되는 에너지로, 이것은 (약간의 변동은 있지만) 꽤 일정한 편이다. 과거에 이 에너지의 열로의 전환은 극심한 변화를 겪었다(그 결과 지구는 빙하기나 열대성 폭염의 시기를 맞았다). 근래에는 열이 (화석연료의 사용에서 비롯된) 온실가스에 갇힌 탓에 지구 보유 열량이 눈에

• 매우 더딘 것을 영어에서 '빙하의 속도'(glacial pace)라고 표현한다.

띄게 증가해왔다. 순환하는 물당량(water equivalent)의 총량은 꽤 일정하게 유지되거나, 만년설이 녹고 인간의 지하수 사용으로 지하 대수층이 말라감에 따라 (지질학적 시간에 대비되는 역사적 시간으로 측정할 때) 서서히 변화한다. 나중에 보게 되겠지만 자본의 경우 에너지의 원천은 더 가변적이며, 운동하는 자본의 양은 성장의 요구 때문에 복률(compound rate)로 지속적으로 확대되고 있다. 수문학적 순환은 (지구온난화로 인한 가속화의 징후가 있기는 해도) 진정한 순환에 더 가까운 반면 자본의 순환은 곧 설명할 이유로 인해 지속적으로 확대되는 나선형을 이룬다.

운동하는 가치

그러면 운동하는 자본을 설명하는 흐름의 모델은 어떤 모습이며, 이것은 맑스가 말하는 자본의 핵심을 시각화하는 데 어떤 도움을 줄 수 있는가?

'운동하는 가치'라는, 맑스가 선호하는 자본의 정의에서 시작하자. 나는 여기서 맑스 자신의 용어들을 사용하되 용어의 정의는 논의를 펴나가면서 제시하고자 한다. 그의 용어 중 어떤 것들은 특이하며, 얼핏 혼란스러운, 심지어 묘하게 기술관료적인(technocratic) 인상을 줄 수도 있다. 그러나 사실 그 용어들은 설명을 들어도 이해하지 못할 정도로 어렵지는 않다. 내 임무를 성실히 수행하는 유일한 방법은 자본 이야기를 맑스 자신의 언어로 풀어내는 것이다.

그러면 운동하는 '가치'란 무엇을 뜻하는가? 맑스가 쓰는 의미는 매우 독특해서, 그의 다른 어떤 용어보다 우선 이 용어를 어느정도 상세히 설명할 필요가 있다.[1] 나는 논의를 펴나가면서 이 용어의 총체적인 의미를 펼쳐 보일 생각이다. 하지만 그것은 일단 **경쟁적인 가격 결정 시장에서 상품교환을 통해 조직되는, 타인을 위해 수행하는 사회적 노동**으로 정의된다. 조금 복잡하지만 사실 알아듣지 못할 정도로 어렵지는 않다. 나는 신발이 있지만 타인에게 팔기 위해 신발을 만들고, 손에 들어오는 돈을 가지고 타인에게서 내게 필요한 셔츠를 산다. 이런 식의 교환에서 사실상 나는 신발을 만드는 데 소요하는 나의 노동시간을 다른 누군가가 셔츠를 만드는 데 쓰는 노동시간과 교환한다. 셔츠를 만드는 사람도, 신발을 만드는 사람도 많은 경쟁적인 경제에서, 셔츠를 만드는 데보다 신발을 만드는 데 평균 노동시간이 더 많이 소요된다면 결국 신발이 셔츠보다 비싸게 되리라고 생각하는 것이 사리에 맞을 것이다. 신발 가격은 어떤 평균으로 수렴될 테고 셔츠 가격 역시 어떤 평균으로 수렴될 것이다. 가치는 이 평균들 사이의 차이를 부각시킨다. 가령 가치는 신발 한켤레가 셔츠 두장과 등가라는 점을 보여줄 수 있다. 그러나 중요한 것은 평균 노동시간이라는 점에 주목하자. 만일 내가 신발을 만드는 데 지나치게 많은 노동시간을 쓴다면 나는 교환에서 그 등가를 돌려받지 못할 것이다. 돌려받는다면 그것은 무능함에 대해 보상을 받는 꼴일 테니까. 나는 다만 평균 노동시간의 등가를 받게 될 것이다.

맑스는 가치를 **사회적 필요노동시간**으로 정의한다. 내가 타인이 사서 사용할 재화를 만드는 데 쓰는 노동시간은 사회적 관계다. 그래서 그것은 중력이 그렇듯이 비물질적이면서도 객관적인 힘이다. 돌멩이 하나를 분해해서 중력의 원자들을 찾아낼 수는 없듯이 셔츠 한 장을 분해해서 그 속에서 가치의 원자들을 찾아낼 수는 없다. 둘 다 객관적·물질적 결과를 동반하는 비물질적 관계다. 이 관념의 중요성은 아무리 강조해도 지나치지 않다. 물리적 유물론, 특히 그 경험주의 유형은 물리적으로 기록할 수 없고 직접 측정할 수 없는 사물이나 과정은 인식하지 못하는 경향이 있다. 그러나 우리는 줄곧 '가치' 같은 개념을 사용한다. 내가 만일 "중국에서 정치권력은 고도로 분권화되어 있다"고 말한다면, 거리로 나가 그것을 직접 측정해보지 않아도 사람들 대부분은 내 말뜻을 알아들을 것이다. 역사유물론은 이런 종류의 비물질적이면서도 객관적인 힘의 중요성을 인식한다. 우리는 보통 이런 힘에 의거하여 베를린장벽의 붕괴, 도널드 트럼프(Donald Trump)의 당선, 민족 정체성의 감정, 자신들의 문화적 규범에 따라 살고자 하는 토착민들의 욕망 등을 설명한다. 힘, 영향력, 신념, 지위, 충성심, 사회적 유대 등과 같은 특성을 우리는 비물질적인 것의 견지에서 기술한다. 맑스에게 가치란 바로 그런 개념이다. 맑스에 따르면 "물질적 요소들이 자본을 자본으로 만드는 것이 아니다." 오히려 "그것들은 자본이 또다른 측면에서는 가치이기도 하다는 점, 즉 비물질적인 어떤 것, 그 물질적 일관성과는 무관한 어떤 것이라는 점을 상기시킨다."[2]

상황이 이러하기에 가치의 본질에 대한 모종의 물질적 표상, 우리가 만지고 잡고 측정할 수 있는 어떤 것에 대한 절실한 요구가 생겨난다. 이 요구를 충족시켜주는 것이 가치의 한 표현 또는 표상으로

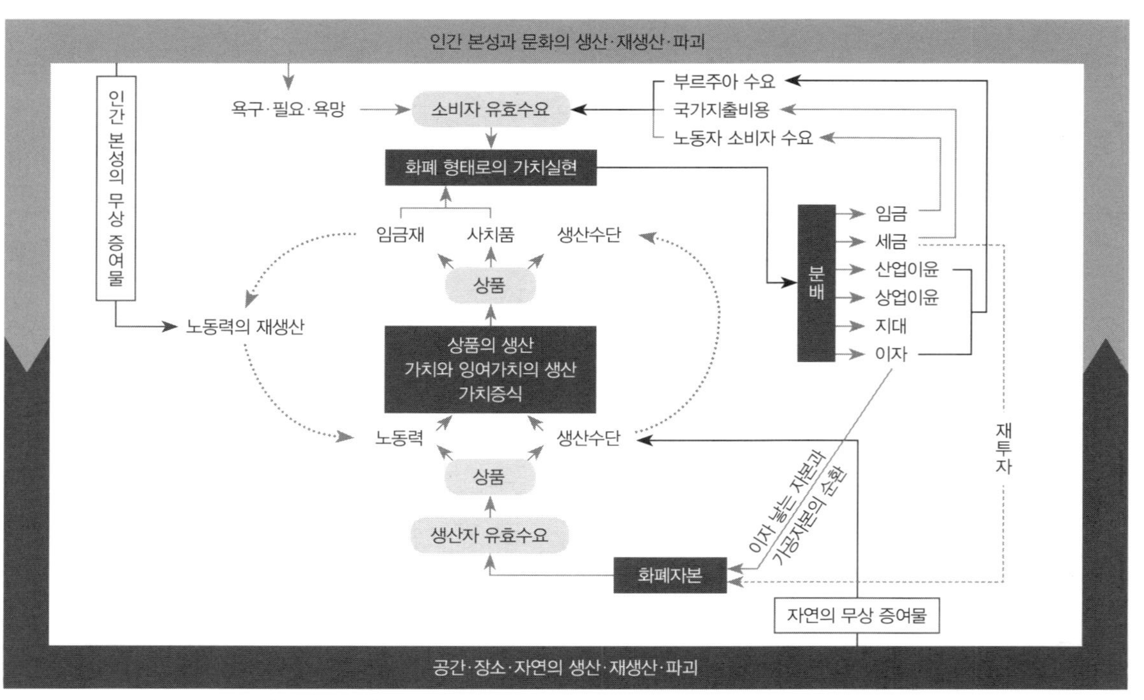

그림 2 정치경제학에 관한 맑스 저작의 연구에서 도출한 운동하는 가치의 경로

서의 화폐의 존재다. 가치는 사회적 관계이며, 모든 사회적 관계는 직접적인 물질적 탐구를 비켜 간다. 화폐는 이런 사회적 관계의 물질적 표상이고 표현이다.[3]

자본이 운동하는 가치라면 그것은 어떻게, 어디로, 왜 이동하며, 또 어떻게, 어디서, 왜 그 다양한 형태를 취하는가? 이 질문에 답하기 위해 나는 맑스가 묘사하는 자본의 일반적 흐름을 하나의 도식으로 만들어보았다(그림 2). 이 도식은 얼핏 보면 복잡하지만 수문학적 순환을 시각화한 표준적 이미지와 마찬가지로 이해하기에 그리 어렵지 않다.

화폐 형태의 자본

자본가는 자본으로 사용될 일정량의 화폐를 전유한다. 이는 잘 발달된 화폐제도가 이미 정착되어 있다는 것을 전제한다. 사회 전반에 흘러 다니는 화폐는 온갖 방식으로 사용될 수 있고, 또 사용된다. 이미 사용되고 있는 바로 이 광대한 화폐의 바다에서 일부가 빨려나와 화폐자본이 된다. 모든 화폐가 자본인 것은 아니다. 자본은 일정한 방식으로 사용되는, 총화폐의 일부분이다. 맑스에게 이 구별은 근본적이다. 더 많은 화폐를 얻는 데 사용되는 화폐라는 더 친숙한 자본의 정의를 그는 (간혹 통상적인 이해로서 인용하는 것은 사실이지만) 옹호하지 않는다. 그는 '운동하는 가치'라는 자신의 정의를 선호하는데, 그 이유는 뒤에 분명해질 것이다. 가령 이 정의에 의거해 그는 화폐의 본질에 관한 비판적 시각을 선개할 수 있는 것이다.

자본가는 자본으로서의 화폐로 무장하고 시장에 진입하여 두가지 상품을 구매하는데, 곧 노동력과 생산수단이다. 이는 임금노동이 이미 존재한다는 점과 노동력이 구매되기를 기다리고 있다는 점을 전제한다. 또한 그것은 임금노동자 계급이 도저히 생산수단에 접근할 수 없게 되었고, 따라서 살기 위해 자신의 노동력을 팔아야만 한다는 점을 전제한다. 이 노동력의 가치는 주어진 생활수준에서의 그 재생산 비용에 따라 정해진다. 그것은 노동자가 생존하고 재생산하기 위해 필요로 하는 장바구니에 담긴 상품들의 가치와 등가이다. 그러나 자본가는 노동자를 구매하는 것이 아니라(이는 노예제일 것이다) 지정된 기간 (가령 하루 8시간) 동안 노동자의 노동력을 사용할 권리를 구매한다는 점에 유의하자.

생산수단은 다양한 형태로 주어지는 상품들로, 자연에서 무상으로 직접 채취된 원료, 자동차 부품이나 실리콘칩 같은 반제품, 기계류와 그것에 동력을 공급하는 에너지, 공장과 주변 물리적 기반시설(도로, 하수도, 상수도 등으로, 국가에서 무상으로 제공받을 수도 있고 여러 자본가와 그밖의 사용자들이 집단으로 비용을 지불할 수도 있다)의 사용권 등이다. 그중 일부는 공동으로 사용할 수 있지만 이 상품들 대부분은 시장에서, 그 가치를 표상하는 가격에 구매해야 한다. 그러므로 화폐제도와 노동시장이 이미 존재해야 할 뿐 아니라 자본이 이용할 정교한 상품교환체계와 적절한 물리적 기반시설이 있어야 한다. 자본은 이미 확립된 화폐·상품·임금노동의 순환체계 내에서만 생겨날 수 있다고 맑스가 역설한 이유다.[4]

순환과정의 이 지점에서 가치는 (수문학적 순환에서 액체 상태의 물이 수증기가 되는 것과 아주 흡사하게) 변신(metamorphosis)을 한다. 애초에 자본은 화폐 형태를 지녔다. 이제 화폐는 사라졌고, 가치는 상품의 외양, 즉 배치를 기다리는 노동력과, 조합을 이루어 언제라도 생산에 이용될 수 있는 생산수단의 외양을 하고 나타난다. 가치 개념을 내내 중심에 둠으로써 맑스는 가치가 화폐 형태에서 상품 형태로 전화하는 변신의 본질을 탐구할 수 있게 된다. 이 변신의 순간이 문제적이 될 수 있을까? 맑스는 우리가 이 문제에 관해 생각해보기를 요청한다. 거기서 그는 위기의 가능성을—그러나 가능성만을—본다.

상품의 생산과 잉여가치의 생산

일단 노동력과 생산수단이 자본가의 감독하에 성공적으로 결합되면 그것들은 판매될 상품을 생산하는 노동과정 속에서 작동하도록 동원된다. 가치가 노동에 의해 새로운 상품의 형태로 생산되는 것은 바로 이 지점에서다. 가치는 사물(상품)에서 과정(가치를 상품 속에 응결시키는 노동의 활동)으로, 다시 사물(새로운 상품)로 진행하는 운동에 의해 생산되고 유지된다.

노동과정은 특정 기술*의 채택을 동반하는데, 이 기술의 성격이

* 이 책에서 특별한 언급이 없는 한 '기술'은 'technology'를 가리킨다. 'technique'

자본가가 앞서 시장에서 구매하는 노동력, 원료, 에너지, 기계류의 양을 결정한다. 기술이 변하면 생산과정에 대한 투입물들의 비율도 변한다는 점은 명백하다. 생산에 배치된 노동력의 생산성이 기술의 정교함에 의존한다는 점도 명백하다. 정교한 기술로 작업하는 소수의 노동자가 원시적 도구로 작업하는 수백명의 노동자보다 훨씬 더 많은 기계장치를 생산할 수 있다. 후자의 경우에 비해 전자의 기술하에서 기계장치 하나당 가치는 훨씬 작다.

맑스에게 기술의 문제는 중요하게 다가오는데, 거의 모든 형태의 경제 분석에서 그러하다. 그의 정의는 넓고 포괄적이다. 기술은 작동되는 기계와 도구와 에너지시스템(말하자면 하드웨어)만을 가리키지 않는다. 조직 형태(분업, 협업 구조, 법인 형태 등)도, 그리고 통제시스템, 시간·동작 연구,* 적시생산시스템(just-in-time production system),** 인공지능 등의 소프트웨어도 기술에 포함된다. 경쟁에 기초한 경제에서 기술상의 이점을 얻기 위한 기업 간의 투쟁은 기술 형태와 조직 형태에서 비약적(leapfrogging)*** 혁신의

는 대체로 '기법'이나 '수법'으로 옮기며, 문맥상 '기술'로 옮겨야 하거나 그밖에 필요할 경우에는 원어를 병기한다.

* 생산현장에서 노동과정의 '과학적' 통제를 통해 작업능률을 높이기 위한 연구. 테일러주의로 유명한 테일러(F. W. Taylor)의 시간 연구를 시발점으로 꼽는다.

** 포드주의로 불리는 대량생산체제와 대조적으로 적시에 부품과 제품이 공급되도록 하여 생산시간과 재고를 획기적으로 줄인 생산방식. 1960~70년대에 일본 기업 토요따에서 처음 도입한 것으로 전해진다.

*** 남의 구부린 등을 짚고 뛰어넘는 놀이를 'leapfrog'라 하며, 경쟁하는 기업들이 그처럼 서로를 뛰어넘기 위해 기술이나 조직 혁신을 도모하는 경우에 대해 'leapfrogging'이라는 표현을 쓴다.

양상을 만들어낸다. 이런 이유로 (그리고 뒤에 더 자세히 살펴볼 이유들로) 자본은 세계사에서 영구히 혁명적인 힘이 된다. 생산활동의 기술적 토대는 계속해서 변하고 있다.

그러나 여기에는 맑스가 강조하는 중요한 모순이 있다. 기술이 정교할수록 노동은 생산된 상품 개체에 덜 응결되는 것이다. 더 곤혹스러운 것은 상품의 총산출량이 개별 상품의 감소한 가치를 보상할 만큼 충분히 증가하지 않을 경우 총가치는 덜 창출될 수 있다는 점이다. 만일 생산성이 배가되면 총유효가치를 일정하게 유지하기 위해 상품을 두배로 생산하고 판매해야 한다.

그런데 물질적 상품생산의 과정 중에는 뭔가 다른 일도 발생한다. 이 점을 이해하려면 노동가치론으로 돌아가야 한다. 노동력의 가치는 일정한 생활수준에서 노동자가 재생산되는 데 필요한 상품들의 비용과 등가라고 앞서 말한 바 있다. 이 가치는 지역과 시점(時點)에 따라 달라질 수 있지만 주어진 계약기간에는 그 가치가 알려져 있다. 생산과정의 어느 지점에서 노동자는 노동력의 가치와 등가의 가치를 창출하게 된다. 동시에 노동자는 생산수단의 가치를 새로운 상품에 성공적으로 이전하게 된다. 맑스의 표기법을 따르자면 노동일에 노동자는 V(맑스가 '가변자본'이라고 부르는 노동력의 가치)의 등가를 생산하고 C(맑스가 '불변자본'이라고 부르는 생산수단)의 가치를 새로운 상품에 이전하는 일을 완수하는 한 지점에 이른다.

이 지점에서 노동자는 노동을 멈추지 않는다. 계약서에는 그/그녀가 자본가를 위해 10시간 동안 일해야 한다고 적혀 있다. 만약 노동자가 처음 6시간에 노동력의 가치만큼 일했다면 4시간 동안은 자본가를 위해 무보수로 일하게 된다. 이 4시간의 무보수 생산물이 맑스가 잉여가치라고 부르는 것(그는 이것을 S로 표기한다)을 창출한다. 잉여가치가 화폐적 이윤의 근원이 된다. 고전정치경제학을 당황하게 한 수수께끼—이윤은 어디서 오는가?—는 순식간에 풀린다. 상품의 총가치는 C+V+S다. 자본가의 비용은 C+V다.

여기서 중요한 점이 있다. 생산된 것은 물질적 상품이다. 가치와 잉여가치는 상품 형태로 응결되어 있다. 운동하고 있다고 가정된 가치를 찾아 나선다면 그것은 그저 작업 현장에 쌓여 있는 기계장치들로 존재한다. 그 기계장치들을 아무리 세게 찌르고 쑤셔도 운동하는 가치의 흔적을 발견할 수는 없다. 이 지점에서 중요성을 띨 만한 유일한 운동은 기계장치들의 숨겨진 가치를 다시 화폐 형태로 전화시키려고 그것들을 서둘러 시장에 가져가는 자본가의 운동이다.

하지만 (맑스가 즐겨 부른 대로) '돈주머니 씨'(Mr. Moneybags)를 따라 시장에 가기 전에, 생산의 숨은 공간에서 벌어지는 어떤 일을 인식할 필요가 있다. 거기서 생산되는 것은 새로운 물질적 상품만이 아니다. 노동력을 착취하는 사회적 관계도 거기서 생산되는 것이다. 자본주의적 생산은 이중적 성격을 지닌다. 그것은 사용될 물질적 상품의 생산뿐 아니라 자본가의 이익을 위한 잉여가치의 생산도 수반한다. 결국 자본가들은 화폐적 이윤으로 실현될 잉여가치에만 신경을 쓴다. 자기가 생산한 특정 상품에는 관심이 없는 것이다. 독가스 시장이 있다면 그들은 독가스를 생산할 것이다. 자본순환의 이 계기는 상품의 생산뿐 아니라 잉여가치 형태를 띤, 자본과 노동 간의 계급관계의 생산과 재생산도 포함한다. (모든 것이 투명한) 시장에서 이루어지는 등가물들의 개인주의적 교환이라는 허구(노동자는 노동력의 정당한 가치를 받는다)가 유지되는 사이, 투명하지 않은 노동과정, 자본가가 눈에 띄지 않게 숨겨두려고 애쓰는 노동과정을 통해 잉여가치의 증가분이 자본가계급을 위해 생산되었다. 밖에서 보면 마치 가치가 스스로 증식하는 마술적 능력을 지닌 것처럼 보인다. 생산은 맑스가 자본의 '가치증식'(valorisation)이라고 부르는 것이 일어나는 마술적 순간이다. 가치를 증대시킬 수 있는 유일한 수단인 노동력(V)이 맑스가 '절대적 잉여가치'라고 부르는 것을 생산하는 데 동원되면서 죽은 자본(고정자본 C)은 더 살 수 있는 기회를 얻었다. 수법은 간단하다—노동력의 가치가 회수된 지점 너머로 노동일을 연장할 것. 노동일이 길수록 더 많은 잉여가치가 자본을 위해 생산된다.

이것이 자본의 역사의 핵심적 측면이라는 점은 노동일의 길이, 노동주(週)와 노동년의 길이, 심지어 노동생애의 길이를 둘러싼 2백년 이상의 투쟁을 보면 충분히 알 수 있다. 이 투쟁은 끝없이 계속되고 있으며, 계급세력들 간의 힘의 균형에 따라 엎치락뒤치락한다. 지난 30년에 걸쳐 수많은 지역에서 조직노동자의 힘이 쇠잔해감에 따라 생존을 위해 (부업까지) 주당 80시간을 일하는 사람들이 갈수록 늘고 있다.

자본은 생산과정을 지나갈 때마다 잉여, 즉 가치의 증가분을 만들어낸다. 자본주의적 생산이 영구적 성장을 함축하는 것은 이 때문이다. 이로 인해 자본의 운동은 나선형을 그리게 된다. 제정신이라면 그 누구도 끝에 가서 시작할 때와 똑같은 양의 화폐를 손에 쥐려고 이런 식으로 기계장치의 생산을 조직하는 데 따르는 온갖 수고와 고생을 감수하지는 않을 것이다. 그 동기는 화폐적 이윤으로 나타날 증가분이다. 수단은 생산에서 잉여가치를 창출하는 것이다.

화폐 형태의 가치실현

상품은 판매를 위해 시장으로 보내진다. 성공적인 시장거래의 과정을 통해 가치는 화폐 형태로 되돌아간다. 이런 일이 일어나려면 지불능력에 의해 뒷받침되는, 상품의 사용가치에 대한 욕구나 필요나 욕망(유효수요)이 있어야 한다. 이런 조건은 저절로 생겨나지 않는다. 자본주의 아래서의 욕구·필요·욕망 창출의 길고 복잡한 역사가 있다. 게다가 유효수요는 곧 다루어질 화폐분배의 실상과 동떨어져 있지 않다. 맑스는 가치 형태의 이 핵심적 전이를 '가치실현'이라고 부른다. 그러나 가치가 상품에서 화폐 형태로 전화되는 변신은 부드럽게 진행되지 않을 수도 있다. 가령 특정 상품을 아무도 원하거나 필요로 하거나 욕망하지 않는다면 그 상품의 생산에 아무리 많은 노동시간이 투입되었더라도 그것은 가치가 없다. 그리하여 맑스는 가치의 흐름이 유지되려면 생산과 실현 사이에 반드시 성립해야 할 '모순적 통일'에 대해 말한다. 이 관념은 그의 설명에서 매우 중요하므로 잘 새겨두자. 나중에 우리는 여기로 돌아와, 이 실현의 순간에 위기가 발생할 가능성들을 더 면밀히 살펴보게 될 것이다.

맑스는 이 실현의 순간에 연관된 두가지 형태의 소비를 구분한다.

하나는 그가 '생산적 소비'라고 부르는 것이다. 이는 자본이 생산수단으로서 필요로 하는 사용가치의 생산과 판매에 관련된다. 자본가가 생산을 위해 필요로 하는 모든 반제품은 다른 자본가들에 의해 생산되어야 하며, 이 상품들은 곧장 다시 생산과정으로 흘러든다. 따라서 사회의 총유효수요 중 일부는 생산수단을 구매하는 화폐자본으로 구성된다. 이 상품들에 대한 자본가의 욕구·필요·욕망은 기술적·조직적 혁신에 반응하여 끊임없이 변한다. 쟁기를 만드는 데 요구되는 투입 상품들은 트랙터를 만드는 데 필요한 것들과 크게 다르며, 후자는 또 여객기를 만드는 데 요구되는 것들과는 크게 다르다.

다른 하나는 최종 소비에 관련되는데, 이는 노동자가 자신을 재생산하기 위해 필요로 하는 임금재(wage goods), 전적으로는 아니어도 주로 부르주아 내의 계급 분파가 소비하는 사치재, 국가장치를 유지하는 데 필요한 재화 등을 포함한다. 생산수단의 생산에서와 달리, 최종 소비와 더불어 상품은 순환에서 완전히 사라진다. 『자본』 제2권의 마지막 몇개 장에서는 가치의 흐름이 탈 없이 지속되려면 임금재, 사치품, 생산수단 들의 생산에서 달성되어야만 하는 비례들을 상세히, 집중적으로 탐구한다. 이 비례들이 지켜지지 않을 경우, 경제가 균형성장경로(equilibrium growth path)에서 이탈하지 않도록 어떤 가치는 파괴되어야 할 것이다. 바로 이 실현과 화폐 형태로의 전화라는 맥락에서 맑스는 자본으로서의 가치의 전반적 순환을 유지하고 어떤 경우 심지어 추동하는 유효수요의 역할에 관한 이론을 정립한다.

화폐 형태의 가치분배

일단 가치가 시장판매를 통해 상품에서 화폐 형태로 변형되면 그 화폐는 이런저런 이유로 몫을 청구할 수 있는 모든 관련자들 사이에 분배된다.

임금노동

노동자는 화폐임금의 형태로 자기 가치를 청구할 것이다. 계급투쟁 상황은 노동력의 가치를 결정하는 한가지 요소다. 노동자는 계급투쟁을 통해 자기 임금과 생활조건을 향상시킬 수 있다. 반대로 조직된 자본가계급의 역공이 노동력의 가치를 축소할 수도 있다. 그러나 임금재(노동자가 생존과 재생산을 위해 필요로 하는 재화)가 (값싼 수입품과 기술변화 등을 통해) 점점 더 저렴해지면 가치 중의 몫은 줄면서도 물질적 생활수준은 높아질 수 있다. 이것이 최근 자본주의 역사의 핵심적 특징이었다. 총국민소득에서 노동자 일반이 가져가는 몫은 점점 줄지만 그들은 이제 핸드폰과 태블릿을 소유한다. 반면 총가치 산출에서 상위 1퍼센트가 가져가는 몫은 꾸준히 늘고 있다. 맑스가 공들여 지적하듯이 이는 자연의 법칙이 아니지만, 아무 대항세력이 없을 경우 자본은 본래 그렇게 한다. 산출된 가치는 크게 자본과 노동 사이에, 그 둘이 서로에 대해 행사하는 조직된 (또는 조직되지 않은) 힘에 의거해 분배되지만, 노동인구 내의 개별 집단들은 기량(skills)과 신분과 직위에 따라 차등 보상을 받는가 하면 젠더·인종·민족·종교·성적 취향에 따른 차등도 존재한다. 하지만 자본은 할 수만 있다면 언제 어디서나 인간의 기량과 역량과 능력을 무상 재화로 전유한다는 점도 언급해둘 필요가 있다. 노동계급 내에 저장되는 지식·학습·경험·기량은 노동인구의 중요한 속성들로서 자본은 빈번히 이것들에 의존한다.

임금 형태로 노동자에게 흘러가는 화폐는 임금재 형태로 생산되는 상품들에 대한 유효수요의 형태로 자본의 전반적 순환으로 되돌아간다. 이 유효수요의 힘은 임금의 수준과 임금노동 인구의 크기에 달려 있다. 하지만 화폐가 순환으로 되돌아갈 때 노동자는 일하는 자가 아니라 구매자의 역할을 떠맡고 자본가는 판매자가 된다. 그러므로 노동자들에게서 나오는 유효수요가 표현되는 방식에 있어서는 어느정도 소비자 선택권이 작동한다. 맑스에 따르면, 만약 노동자들에게 담배에 대한 습관적 기호가 있다면 담배는 임금재인 것이다! 여기서 문화적 표현의 여지, 노동인구 내에 사회적으로 계발된 선호사항—자본은 이에 반응하는 것이 자신에게 유리하고 돈벌이가 된다는 사실을 깨달을 것이다—이 추구될 여지는 상당하다.

임금재는 사회적 재생산을 지탱한다. 자본주의의 발흥은 상품 형태의 가치 및 잉여가치 생산과 사회적 재생산 활동이 서로 분리되는 결과를 낳았다. 사실 자본은 노동자와 그 가족이 (국가의 보조를 좀 받을 수도 있지만) 자신들의 재생산 과정을 스스로 감당하는 데 의존한다. 자본을 추적하면서 맑스 역시 사회적 재생산을 사실상 자본에 무상 증여물을 제공하는 별개의 사율적 활농영역으로 다루는데, 그 증여물은 가능한 한 일을 잘 감당할 수 있는 준비된 상태로 작업장에 복귀하는 노동자의 형상을 하고 있다. 이 사회적 재생산 영역 내의 사회적 관계와 거기서 일어나는 사회적 투쟁의 형태는 (계급 관계가 지배하는) 가치증식이나 (구매자와 판매자가 서로 마주하는) 실현과 연관된 관계 및 투쟁 형태와는 매우 다르다. 젠더, 가부장제, 친족과 가족, 섹슈얼리티 등의 문제가 더 두드러지게 되는 것이다. 재생산의 사회적 관계는 교회, 정치, 교육, 지역과 공동체 내의 다양한 형태의 단체 등 온갖 제도적 장치를 통해 조율되는 일상생활의 정치로 확장되기도 한다. 가사와 돌봄 서비스를 위해 임금노동이 고용되기도 하지만 여기서 일의 일부는 보수 없이 자발적으로 이뤄진다.[5]

세금과 십일조

가치와 잉여가치의 일정 부분은 세금의 형태로 국가가 전유하고, 또 (가령 교회에 바치는) 십일조나 (병원이나 학교 같은) 주요 기관을 지원하기 위한 자선 기부금의 형태로 시민사회에 속한 다른 기관들이 가져간다. 맑스는 이들 중 어느 것도 상세히 분석하지 않는데, 세금의 경우는 좀 의외인 것이, 그의 정치경제학 비판이 겨냥하는 주요 대상 가운데 하나가 데이비드 리카도의 『정치경제학과 과세의 원리』(*Principles of Political Economy and Taxation*)이었기 때문이다. 이 누락의 이유는 맑스가 (『요강』에 제시된 계획에 따르면) 자본주의 국가와 시민사회에 관한 책을 따로 쓰기로 작정하고 있었기 때문이 아닌가 생각된다. 이 작업을 끝마치기 전까지는 과세 같은 주제에 대한 그 어떤 체계적인 고찰도 뒤로 미뤄놓는 것이 전형적인 그의 방식이었으리라. 맑스는 그런 작업을 시작조차 하지 않았기 때문에 그것은 그의 이론화에서 공백으로 남아 있다. 그러나 그의 저작 여기저기서 국가는 자본의 순환이 계속 더 이뤄지도록 보장하는 데 있어 능동적인 행위자이자 요소로 언급된다. 가령 국가는 자본주의적 시장제도와 시장관리의 법적·사법적 기초를 보장하고, 노동정책(일간 노동시간과 공장법), 화폐(주화와 명목화폐들*), 금융제도의 제도적 틀 등과 관련하여 규제 기능을 떠맡는다. 『자본』 제3권에 엥겔스가 만들어 넣은 주석에 따르면 맑스는 방금 언급한 문제에 무한한 관심을 기울였다. 국가는 군사장비나 온갖 종류의 감시·관리·관료행정 수단을 확보하기 위해 가용한 유효수요를 동원하여 엄청난 영향력을 행사한다. 국가는 생산활동에 참여하기도 하는데, 특히 도로, 항구와 항만, 상하수도 시설 등과 같은 공동의 물리적 기반시설과 공공재에 대한 투자의 측면에서 그러하다. 선진자본주의 사회에서 국가는 (우선은 대개 군사적 목적의) 연구개발을 지원하는 한편으로 노동자들에게 교육, 보건, 주택 등등을 제공하여 사회임금을 보조함으로써 재분배 행위자의 역할을 수행하기도 하는 등 온갖 기

* 귀금속으로 된 화폐처럼 사용가치를 갖는 실물화폐와 달리 지폐처럼 소재와 상관없이 명목적인 가치만을 갖는 화폐. 불환(不換)화폐라고도 한다.

능을 떠맡는다. 국가의 활동은 대단히 광범위해질 수 있어서—특히 국가가 경제의 유리한 고지들을 국유화하는 정치를 추구할 경우 그렇다—어떤 분석가들은 따로 국가독점자본주의 이론을 써내는 편을 선호한다. 이런 종류의 자본주의는 완전경쟁에서 추출된 법칙들과는 다른 법칙들에 따라 작동하는데, 맑스가 자본의 운동법칙을 연구할 때 애덤 스미스의 선례를 따라 전제한 것은 완전경쟁이었다. 국가 개입의 정도와 그와 연관된 과세의 수준은 계급세력들 간의 균형에 크게 의존한다. 그것은 또한 자본의 순환에 대한 국가 개입의 이익이나 불이익을 두고 벌어지는 이데올로기적 투쟁, 그리고 국가체제 안에서 국가가 차지하는 지정학적 권력과 위상을 두고 벌어지는 이데올로기적 투쟁의 영향을 받기도 한다. (1930년대의 대공황 같은) 대대적 위기의 여파로 더 효율적인 국가 개입을 요구하는 목소리가 강해지는 경향이 있다. (실제로든 상상 속에서든) 지정학적 위협이 존재할 경우 군사력 및 군비 증강의 요구도 급증하기 마련이다. 군산복합체의 힘은 무시할 것이 못 되며, 자본의 순환은 확실히 그 힘의 행사에 영향을 받는다.

분배에서 세금이 가져가는 몫이 얼마이든, 그것은 상품 수요에 영향을 미치는 국가지출을 지원한다. 이는 시장에서 가치가 실현되는 데 기여한다. 그렇다면 유효수요를 지탱하기 위한 국가 개입의 전략(케인즈J. M. Keynes의 이론에서 펼쳐 보이는 바와 같은)은 실제적 가능성이 되는데, 특히 자본의 순환이 난관에 부딪히는 것 같거나 활력이 없을 때 그러하다. 가치증식에 대한 민간투자를 부추기기에 이윤율이 너무 낮은 상황에 대한 전형적 반응은 대체로 국가에 의해 조율되는 다양한 조치로 더욱 강력한 유효수요를 경제에 주입하는 '부양책'을 마련하는 것이다. 이 일을 위해 국가는 보통 은행가와 금융업자에게서 (그리고 이들을 통해 일반 대중에게서) 돈을 빌린다.

그러나 다른 경우에 이 자금은 국가소유하에서이기는 하나, 자본주의적 형태의 생산에 대한 재투자로 곧장 흘러간다. 오늘날 중국의 경우가 여전히 그렇듯이 1960년대 영국, 프랑스, 일본 등지에서는 주요 부문이 국가소유하에 있었다. 이 부문들은 국가권력의 정치에 대해 명목상 독립적이고 자율적이지만, 이윤을 추구하는 기업이라기보다 공공선을 위해 조직된 공기업체로서 지니는 방향성은 그들이 자본의 순환과 관계 맺는 방식을 변화시킨다. 자본순환의 상당 부분은 국가장치를 통과하며, 운동하는 자본에 대한 그 어떤 설명도 이 사실에 대한 어떤 고찰을 담아내지 않고서는 완전하지 못할 것이다. 애석하게도 맑스는 이를 자신의 전반적 이론에 통합시키려는 시도를 하지 않는다. 대신에 그는 자본의 작동방식에 관해 완전경쟁 모델을 고수하며 국가 개입은 대부분 한쪽으로 밀쳐놓는다.

다양한 자본 분파 사이의 분배

가치와 잉여가치 중에서 노동자와 국가가 얼마가 됐든 자기 몫을 가져간 후에 남는 부분은 자본의 다양한 분파들 사이에서 나뉜다. 개별 자본가는 자신이 생산하는 잉여가치에 따라서라기보다는 자신이 투여하는 자본에 따라서 총가치 및 잉여가치 중의 어떤 몫을 빋는데, 그 이유는 뒤에 살펴보겠다. 잉여가치의 일부는 부동산에 대한 지대(rent) 형태로, 또는 지식재산권에 대한 라이선스와 로열티로 재산소유주가 빨아들인다. 현대 자본주의에서 지대의 추구는 그래서 중요하다. 상업자본가도 자기 몫을 가져가고 은행가와 금융업자도 그렇게 하는데, 후자들은 화폐가 다시 화폐자본으로 전화되는 것을 수월하게 하고 촉진하는 데서 결정적 역할을 하는 화폐자본가 계급의 중핵을 형성한다. 자본은 그렇게 완전히 한바퀴를 돌고 가치증식 과정으로 다시 흘러들어간다. 여기에 거명된 각 행위자는 산업자본 이윤, 상업자본 이윤, 토지와 여타 재산권 형태에 대한 지대, 화폐자본 이자 등의 형태로 잉여가치 중의 어떤 몫을 청구한다.

이 분배 형태들 각각은 우리가 여기서 묘사하는 자본순환 형태의 발흥에 앞서는 고대적 뿌리를 갖는다. 역사적 고찰을 담은 장들에서 맑스는 그가 '태곳적'(antediluvian) 자본 형태라고 부르는 이것들이 과거에 지녔던 중요성을 명확히 인식하고 있다. 그가 이 범주들과 청구들을 이해하는 방식은 상당히 독특하다. 맑스는 사실상 다음과 같이 묻는다—상품 형태로 가치와 잉여가치를 생산하는 '산업자본가'가 일단 그것이 화폐화되고 나면 자신이 만들어내는 가치와 잉여가치의 일부를 이 다른 청구자들과 기꺼이 나누려 하는 것은 어떻게 된 일인가? 요컨대 성숙한 자본주의 안에서 상인, 지주, 은행가는 어떤 필수불가결한 기능을 수행하는가? 이는 궁극적으로 또다른 질문을 불러올 수밖에 없다. 뻔뻔스럽게도 자신들의 필수불가결한 기능의 수행으로 정당화될 만한 정도를 훌쩍 넘어서서 가급적 많은 잉여가치를 산업자본가로부터 전유하기 위해서 이 다른 청구자들은 어떤 방식으로 스스로를 정치적·경제적으로 조직하는가? 자본가계급 내부의 분파투쟁은 어디에서나 명백하고, 맑스는 은행업과 금융에 대한 예비적 설명에서 이 점을 인정하기 시작한다. 그러나 그의 가장 확실한 공헌은 첫번째 질문에 답하는 방식에 있고, 두번째 질문에 답하려 할 때 관련되기 마련인 형세(conjunctural conditions)와 세력균형을 다루는 것은 우리의 과제로 남는다.

분배는 잉여가치 생산의 수동적인 최종 산물로 간주되는 경향이 있다. 그러나 맑스의 설명은 그렇지 않음을 보여준다. 금융과 은행업은 화폐 형태로 생산된 잉여가치 지분의 수동적 수령자에 불과한 것이 아니다. 그들은 이자 낳는 자본의 순환을 통해 화폐가 잉여가치 생산에 재투입되는 화폐순환의 능동적 중재자이자 행위자다. 중앙은행을 정점으로 하는 은행제도는 생산을 통한 가치 창출에는 무관심한 화폐 창출의 용광로다. 그렇기 때문에 금융업자와 은행가는 과거 잉여가치 생산의 수혜자인 만큼이나 추가적인 가치순환의 추동자다. 소유에 따른 재산권에 기초해 수익을 요구하는 이자 낳는 자본의 순환으로 인해, 이제까지 운동하는 가치의 단일한 흐름으로 개념화된 것이 이중성을 띠게 된다. 산업자본가는 이 이중의 역할을 내재화한다. 산업자본가는 잉여가치 생산의 조직자로서 일련의 실천에 관여하는 한편으로, 화폐 형태 자본의 소유자로서 그 자신이 투여하는 화폐에 대한 이자의 지급을 통해 자기 자신에게 보상을 하는 것이다. 이렇게 하거나 아니면 사업을 시작할 자금을 빌려 다른 누군가에게 이자를 지급한다.

이로 인해 자본순환에서 소유와 경영 사이의 구별이 생겨나고 이는 갈수록 중요해진다. 주식보유자들은 자신들의 화폐자본 투자에 대한 수익을 요구하며, 한편 경영 측에서는 상품 형태의 잉여가치 생산을 능동적으로 조직함으로써 자신의 몫을 요구한다. 일단 자본의 개념 내에서 이자를 낳는 화폐자본의 순환이 자율적 지위를 획득하면 운동하는 가치로서의 자본의 역학(dynamics)은 분해(disaggregate)된다. 주식보유자와 투자자(화폐자본가)의 전계급이 가용 화폐자본의 투자에서 얻는 화폐이득을 추구하며 등장한다. 이 계급은 단순한 화폐가 화폐자본으로 전화되는 것을 재촉하고 강화한다. 이러한 운동 없이는 생산을 통한 자본의 가치증식도, 성장도, 화폐자본 수익도 있을 수 없다. 동시에 그 운동은 생산을 통한 가치증식 이외의 수단을 통해서도 얼마든지 자기 화폐에 대한 수익을 추구할 수 있는 강력하고 영향력 있는 자본 분파 측의 순전히 화폐만을 추구하는 경향을 수반한다. 만일 부동산과 천연자원 시장에 대한 투기에서, 또는 상업자본주의적 활동에서 화폐수익률을 달성할 수 있다면 그들은 거기에 투자할 것이다. 만일 국채 매입에서 얻는 수익이 생산에서 얻는 수익보다 더 크다면 화폐자본은 가치증식으로 흘러들어가는 대신 이 다른 부문으로 흘러가는 경향을 띨 것이다.

맑스는 이와 같은 가능성들을 인식하고 있다. 그러나 그는 그 가능성들을 일축하는 경향이 있는데, 만일 모두가 지대나 상업자본주의적 활동에 투자하고 가치생산에는 아무도 투자하지 않는다면 후자의 수익률이 급등할 테고 결국 자본은 맑스가 자본의 합당하고 필수적인 기능으로 간주하는 것으로 돌아오게 된다는 이유에서다. 최악의 경우 맑스는 이윤율이 시간이 지나면서 산업자본과 그밖의 분배 형태들 사이에 평준화되리라는 점을 (적어도 상업자본과 상업이자의 경우에 대해) 인정하는 경향이 있다. 설사 그렇다 해도, 운동하는 가치로서의 자본이 그 단순하고 단일한 구조를 상실하고, 종종 상호적대적인 관계 속에 움직이곤 하는 부분적 흐름들로 해체된다는 사실에는 변함이 없다. 이는 강수가 여러 다른 형태로 발생할 때 수문학적 순환에 일어나는 일과 상당히 흡사하다. 예를 들어 최근에 가치생산과 관련된 자본의 흐름은 감소하는 경향을 띠어온 반면 화폐자본은 부동산투기 같은 다른 곳에서 더 높은 화폐수익률을 추구한다. 그 결과 2007~2008년의 대혼란 이후 세계경제의 상당 부분에서 특징적으로 나타난 가치생산의 장기 침체는 더욱 악화되고 있다.

이 사태의 모순적 측면은 금융제도 내부로부터의 부채 창출이 추가적 축적의 집요한 추동력이 된다는 것이다. 광적인 이윤 추구는 부채상환의 광적인 필요로 보충된다. 그 광적인 추구의 일부분은 생산을 통한 자본의 가치증식을 증대시킬 방도를 찾아야 한다. 가치는 이 책의 첫머리에 분석한 가치증식의 실천으로 되돌아올 때 그 여정의 시발점에 가졌던 형태를 그대로 가지고 있지 않다. 가치는 나아가면서 진화하고 진화하면서 확대된다. 그러나 이제 그 확대는 잉여가치의 추구를 포함할 뿐만 아니라, 자본의 순환이 효과적으로 이뤄지는 데 필요한 분배 네트워크의 내부에 쌓여가는 부채를 상환해야 할 필요성을 추가적으로 포함하게 된다.

운동하는 가치의 추동력

여기서 제안하는 자본 흐름의 시각화는 물론 하나의 단순화다. 그러나 근거 없는 단순화는 아니다. 그것은 자본의 전반적 순환과정에 속한 네가지 근본적 과정을 묘사한다. (1) 자본이 생산에서 잉여가치 형태로 생산되는 가치증식의 과정. (2) 가치가 상품의 시장교환을 통해 화폐 형태로 다시 전화되는 실현의 과정. (3) 다양한 청구자들 사이의 가치와 잉여가치 분배의 과정. (4) 마지막으로, 청구자들 사이에 유통되는 화폐 일부를 포획하여, 이후 가치증식을 통과하는 자신의 길을 계속 가도록 그것을 화폐자본으로 다시 전화시키는 과정. 각각의 변별적 과정은 어떤 면에서 독립적이고 자율적이다. 그러나 그 모두는 가치의 순환 내에서 통합적으로 연관되어 있다. 곧 살펴보겠지만, 운동하는 가치의 통일성 안에 있는 이러한 구별들은 하나의 텍스트로서 『자본』을 구조화하는 데서 핵심적인 역할을 한다. 제1권은 가치증식에, 제2권은 실현에 초점을 맞추고 있으며, 제3권은 분배의 다양한 형태를 분석하는 것이다.

이제 이런 운동하는 자본의 흐름을 유지해주는 추동력 또는 추동력들에 관해 간단히 논평을 할 차례다. 가장 자명한 추동력은, 그 어떤 합리적인 화폐자본가도 가치증식 과정이 끝나는 시점에 그 시작 시점에 지닌 것보다 더 많은 화폐를 손에 쥐게 되지 않는다면 현실에서 그러하듯이 상품과 잉여가치의 생산을 조직하는 데 따르는 그 모든 노력을 감당하고 그 모든 괴로움을 감수하지는 않으리라는 사실에 기초한다. 요컨대 그들을 추동하는 것은 개인적인 이윤의 동기다. 이를 인간의 탐욕 탓으로 돌리는 것은 물론 가능하지만 맑스는 대체로 그것을 도덕적 결함으로 보지는 않으려 한다. 사는 데 요구되는 사용가치들을 생산하려면 그것은 사회적으로 필요하다는 것이다. 이윤의 원천은 잉여가치의 생산에 있으므로, 가치증식 과정은 생산에서 살아 있는 노동을 영구적으로 착취하는 데 기초하여 무한정 지속될 만한 유인(誘因)을 내장하고 있다. 그러나 그 함의는 잉여가치 생산의 영구적 확대다. 자본 재생산의 원(圓)은 영구적 성장과 확대의 나선이 된다.

맑스는 실현의 과정에 어떤 추동력이 작동할지도 모른다는 생각을 대체로 가볍게 넘겨버렸다. 그러나 추동력이 부정되어야 할 어떤 내재적 이유도 없다. 이 추동력은 대중의 욕구·필요·욕망이 다른 사용가치로 옮아가는 데서 나올 수 있을 것이다. 맑스는 욕구·필요·욕망의 상태를 자본에 의해 규정되는 '합리적 소비'로 보는 경향이 있었으나, 그렇지 않은 상황이 발생할 수 있다. 예를 들어 인구집단의 상당 부분(이들이 노동자인가 부르주아인가는 문제가 되지 않는다)이 자연에 대해 어떤 다른 관계, 즉 현존하는 자본주의적 실천에서 비롯된 환경 악화와 서식지 파괴, 기후변화 등을 되돌릴 만한 관계를 맺고자 하는 욕망을 표현한다면 자본의 전반적 순환과정은 대안적 경로를 취하도록 강제될 수도 있다. 이 욕구·필요·욕망이 지불능력으로 뒷받침되는 한(여기서 국가의 인센티브와 보조금이 확실히 효과를 발휘할 수 있다) 환경보호와 재생가능 에너지가 화석연료를 대체하는 일이 시작될 수 있는 것이다.

맑스는 이런 종류의 문제들을 고려하지 않았지만, 여기서 그의 사유를 바탕으로 시도해본 시각화는 그런 문제들을 계산에 넣도록 쉽게 변형될 수 있다. 나아가 국가는 일상 행정과 통치의 그 모든 요구는 말할 것도 없고 군사장비, 치안·감시 기술, 다양한 사회통제 기구 등에 대한 유효수요와 관련해 막강한 영향력을 행사하는 한, 축적의 한 추동력이 될 수 있다. 이 영향력은 매우 강력해질 수 있어서, 특정한 역사적 시기에 어떤 분석가들은 군사케인즈주의를 축적의 주요 추동력으로 묘사하기를 좋아했다. 또한 국가는 혁신과 기술변화를 촉진하는 데 실제로 매우 중요한 역할을 수행해왔다. 실로 가치실현의 문제를 둘러싼 정치적·사회적 투쟁은 넘쳐나는데, 이 투쟁은 가치증식을 둘러싸고 벌어지는 고전적 투쟁과는 상당히 다른 사회적 구조와 의미를 지닌다. 실현의 순간에 지배적인 기본적 사회관계는 (가치증식의 순간에 지배적인 사회관계인) 자본과 노동의 관계라기보다 구매자와 판매자의 관계이기 때문이다.

전반적인 분배의 장 안에서 일어나는 사회적·정치적 투쟁도 마찬가지로 간과하기 어렵다. 그러나 이 투쟁을 고려하려면, 어째서 순수한 형태의 자본주의 안에 이 분배 형태들이 존재할 수 있고 존재해야 하는가의 문제에 분석을 한정한 맑스보다 훨씬 더 멀리 나아갈 필요가 있다. 더 역동적인 시각에서 보면 불로소득자(rentiers),* 상인, 금융자본가는 자신의 이익을 위해 행동하며 가져갈 수 있는 최

* 'rentier'는 집세와 지세를 받아 사는 임대업자뿐 아니라 주식배당금, 예금·채권 이자, 연금 등에 의존해 살아가는 모든 사람을 가리킨다.

대한의 가치를 전유하고자 애쓰는 변별적 파워블록(power block)*
들로 나타난다. 그렇다면 이어지는 큰 질문은 이것이다—상인, 금
융업자, 지주는 수고스럽게 생산에 관여하는 이들을 희생양 삼아 그
저 뒤로 물러앉아 부당이득에 의존해 살아도 아주 유복한 생활을 영
위하는 마당에 가치증식에 재투자할 어떤 유인이 존재하는가? 누구
든 지대에 의존해 살 수 있다면 왜 골치 아프게 생산에 신경을 쓰겠
는가?

이자 낳는 자본의 순환이 취하는 변별적 형태가 결정적 역할을 수
행하는 것은 바로 이 지점에서다. 부채의 창출—그런데 이는 가치
생산에서 완전히 독립된 은행들의 화폐 창출을 포함한다—을 통
해 분배의 장은 가치증식을 통한 순환을 영구화할 엄청난 유인을 내
재화한다. 미래의 가치생산을 추동하는 데 있어 부채상환의 유인은
이윤의 추구와 똑같이 중요한 역할을 한다고 말하지 못할 것이 없
다. 부채란 미래의 가치생산에 대한 청구이며, 따라서 그것은 가치
증식의 미래를 압류한다.** 부채상환의 실패는 자본 흐름의 체계에
도래하는 모든 위기의 근원을 형성한다.

그러므로 전반적인 순환과정을 보게 되면 이 체계를 계속 돌아가

* 공통의 이해관계를 지니고서 단일한 세력으로 행동하는 개인들 또는 집단들(특히 국가들)의 연합체. 'power bloc'이라고도 한다. 뒤에서 이 용어는 유럽연합이나 북미자유무역협정 같은 지역동맹을 가리키는 말로 다시 등장한다.

** '압류하다'의 원어는 'foreclose'로, 본래는 '유질(流質) 처리하다'의 뜻을 지닌다. '유질'이란 채무자가 빚을 갚지 않을 경우 담보물에 대한 그의 권리를 상실하게 하고 채권자가 그 담보물의 소유권을 취득하거나 그것을 팔아 돈을 가지는 것, 요컨대 담보권을 행사하는 것을 의미한다.

는 온전한 상대로 유지할 유인은 많고 가치를 운동 상태로 유지할 추동력은 부족함이 없다. 운동하는 가치를 영구화하는 데에 수많은 위협과 난관이 있을 수 있다는 점도 아주 명백하나, 이는 나중에 거론할 문제다.

2장

『자본』이라는 책

축적의 첫번째 조건은 자본가가 자기 상품을 판매하고 그 판매에서 얻은 화폐의 대부분을 다시 자본으로 전화시키는 일을 잘 해냈어야 한다는 데 있다. (『자본』 제1권의) 이어지는 지면에서는 자본이 그 순환과정을 정상적인 방식으로 통과한다고 전제할 것이다. 이 과정에 대한 상세한 분석은 제2권에서 이뤄질 것이다. (…) 잉여가치를 생산하는 자본가는 (…) 결코 그 최종 소유자가 아니다. 그는 나중에 그 잉여가치를 사회적 재생산 전체 안에서 다른 기능들을 수행하는 자본가들, 토지소유자, 또 그밖의 사람들과 나눠 가져야 한다. 그러므로 잉여가치는 다양한 부분들로 분할된다. 그 조각들은 다양한 부류의 사람들 차지가 되며, 이윤, 이자, 상업이득, 지대 등과 같은 상호독립적인 다양한 형태를 취한다. 잉여가치의 이 변용된 형태들은 제3장에 가서야 다뤄질 수 있을 것이다. (…) 그러므로 우리는 여기서 한편으로 자본가가 자신이 생산한 상품을 그 가치대로 판매한다고 가정한다. (…) 다른 한편으로 우리는 자본주의적 생산자를 잉여가치 전체의 소유자로, 더 적절하게 표현하자면 자신과 노획물을 나눠 가질 모든 사람들의 대표로 간주한다.

—『자본』 제1권, 709~10면

자본순환 전반의 지도가 가치로서의 자본의 운동을 맑스가 어떻게 이해하는지를 보여주는 적절한 표상이라면, 이 지도에서 『자본』 세 권은 어디에 위치하는가?

제1권

서론 격인 처음 세장을 지나면 제1권은 거의 전적으로 가치증식 과정에 집중한다. 이 책은 화폐가 화폐자본이 되는 순간부터 가치가 시장에서 화폐 형태로 실현되는 순간까지를 포괄한다. 재투자에 들어가는 이윤의 흐름과 더불어 노동력을 재생산하는 데 필요한 상품을 구매하는 임금의 흐름은 사슬에서 화폐로부터 상품으로, 생산으로, 상품으로, 그리고 다시 화폐 형태로 이어지는 운동에 대해 유일하게 외부에 위치한 고리다. 전반적 순환과정 내부의 다른 모든 것은 "정상적인 방식으로"—내 생각에 맑스의 말이 여기서 의미하는 것은 '문제없는 방식으로'이다—작동한다고 간주된다. 모든 상품이 그 가치대로 교환된다는 가정은 시장에서 가치가 화폐로 실현되는 데 문제가 없음을 의미한다. 잉여가치의 분배 지분들로의 분할이 (임금과 이윤 일반 사이에서가 아니면) 문제되지 않는다는 가정은 온갖 복잡한 상황을 회피하는 것이다. 맑스의 가정들 중에서 가장 광범위하고 의미심장한 것은 생산에서나 교환에서나 사유재산권이 아무런 제지를 받지 않고 힘을 행사한다는 가정이 아닐까 싶다. 그가 또한 시장에서의 완전경쟁을 가정하는 것은 이런 맥락에 있다.[1] 그는 애덤 스미스의 '숨은 손'* 이론을 받아들인다—비록 그 숨은 손이 자본의 손이 아니라 노동자의 손이라고 역설하더라도 말이다. 독점세력은 마치 없는 것처럼 가정된다. 그가 왜 이런 가정들을 취했을까 하는 것은 흥미로운 문제다. 추측건대 『자본』에서 맑스의 일차적 의도는 당대의 정치경제학자들이 고취하던 자유시장 자본주의의 유토피아적 전망을 해체하는 것이다. 어떻게 해서 스미스와 그 밖의 사람들이 가정한 것처럼 시장의 자유가 모든 이에게 이로운 결과를 가져오지 않는지, 어떻게 해서 그것이 대중에게는 곤궁의 디스토피아를, 유산 자본가계급에게는 엄청난 부를 가져다줄지를 그는 보여주고자 한다.

이런 가정들을 내세워 작업 준비를 마치고 나서 맑스는 홀가분하게 가치증식의 모든 복잡하고 세세한 내용을 검토한다. 그는 자유시장교환에서의 평등이라는 조건하에 생산에서 살아 있는 노동이 착취되는 형태들을 검토한다. 자본가는 노동자에게 노동력의 가치를

* 『국부론』(*The Wealth of Nations*)에서 애덤 스미스가 사용한 표현은 물론 '보이지 않는 손'(an invisible hand)이다.

지불하고서, 노동자 자신이 일정 시간 동안 자신의 노동력을 팔아서 얻는 가치보다 더 많은 가치를 생산하는 데에 노동자를 사용한다. 잉여가치의 생산과 전유의 기초는 생산과정에서 행해지는 살아 있는 노동력의 착취에 있지, 시장에 있는 것이 아님에 유의하자. 그다음 맑스는 절대적 잉여가치와 상대적 잉여가치의 구별에 관해 상술하는데, 전자는 노동력과 등가의 가치를 재생산하는 데 요구되는 시간보다 길게 노동일을 연장하는 데 의존한다. 상대적 잉여가치의 이론은 자본가들 상호간의 경쟁에 기초하여 조직되는 자본주의 생산양식에 내재하는 기술적·조직적 역동성을 설명한다. 생산성의 증가는 노동자가 재생산되는 데 필요한 상품들의 가치를 감소시킨다. 이는 (물질적 생활수준이 일정하다고 가정하면) 노동력의 가치가 하락하고 자본가에게 더 많은 잉여가치가 돌아감을 의미한다.

시장점유율을 둘러싼 자본가들 사이의 경쟁은 단순재생산의 원을 영구적인 축적을 위한 축적의 나선형으로 변형시킨다. 끝으로 맑스는 자신이 '자본주의적 축적의 일반법칙'이라고 부르는 것의 두 가지 역동적 모델을 구축하는데, 첫째 모델은 기술이 불변한다는 가정 위에 서 있고, 둘째 모델은 기술의 변화를 고려한다. 노동에 미치는 결과가 줄곧 주된 초점이다. 둘째 모델은 자본이 생산과정 안팎에서 노동자를 점점 더 빈곤하게 만들어야 할 (앞선 장들에서 이미 입증된) 필요에서 왜 벗어날 수 없는지를 보여준다. 이는 실업 노동자와 불완전고용 노동자로 이뤄진 산업예비군의 생산에서 절정에 달하는데, 그들의 생산은 노동자를 결정적으로 무기력하게 만든다. 동시에 그것은 살아 있는 노동에 대한 착취의 강화로 잉여가치의 추출을 극대화하는 자본의 능력을 확증한다. 결론은 다음과 같다.

> 자본주의체제 내에서 노동의 사회적 생산성을 높이기 위한 모든 방법은 개별 노동자를 희생시키면서 실행된다. (…) 생산의 발전을 위한 모든 수단은 변증법적으로 전화되어 생산자에 대한 지배와 착취의 수단이 되며, 노동자를 파편화된 인간으로 기형화하고 기계의 부속품으로 전락시키며, 그의 노동을 고통으로 바꿔놓아 노동의 실제 내용을 파괴하며, 과학이 독립된 힘으로서 노동에 결합되는 것에 비례하여 노동과정의 지적 잠재력을 노동자에게서 소외시키며, 그의 노동조건을 왜곡하고, 비열해서 더욱 가증스러운 전제(專制)에 그를 종속시키며, 그의 일생을 노동시간으로 전화시키며, 그의 처자식을 자본이라는 거대한 수레의 바퀴 밑에 밀어넣는다. 그러나 잉여가치의 생산을 위한 모든 방법은 동시에 축적의 방법이며, 역으로 축적의 모든 확대는 잉여가치 생산의 방법을 발전시키는 수단이다. 그러므로 자본이 축적되는 데 비례하여 노동자의 상황은 급여가 많건 적건 더 나빠질 수밖에 없다. 끝으로, 상대적 과잉인구 혹은 산업예비군을 늘 축적의 정도 및 힘과 평형을 이루도록 유지하는 법칙은 헤파이스토스의 쐐기가 프로메테우스를 바위에 붙박아놓은 것보다 더 단단히 노동자를 자본에 박아놓는다. 그것은 부의 축적에 상응하는 곤궁의 축적을 필연적인 상황으로 만든다. 그러므로 한쪽에서의 부의 축적은 동시에 반대쪽, 즉 자신의 생산물을 자본으로 생산하는 계급 쪽에서의 곤궁, 노동의 고통, 노예 상태, 무지, 짐승화(化), 도덕적 타락의 축적

이 된다.[2]

이 결론에 대해 두가지를 말할 수 있다. 첫째, 여기서 맑스는 자유시장 자본주의의 디스토피아적 결과들을 폭로한다. 산업화 일로에 있던 영국에서의 그 출발에서부터 가령 방글라데시나 선전(深圳)에 있는 현대적 공장들의 현재에 이르기까지 자본주의와 노동계급의 역사에는 맑스가 묘사하는 상황이 거듭 재연되어왔음을 보여주는 증거가 차고 넘친다는 것, 게다가 지난 40년에 걸친 선진자본주의 국가에서의 자유시장 정책에 대한 강조가 계급 불평등을 꾸준히 심화시켜왔다는 것에는 의심의 여지가 없다. 그러나 이것이 전부는 아니라고, 자본의 역학 내부에 어떤 다른 방향을 가리키는 보상의 요소도 작동해왔다고 말할 수 있는 증거도 차고 넘친다. 가령 세계 여러 지역에서 노동자의 기대수명은 줄어온 것이 아니라 늘어왔다. 적어도 세계의 일부 지역에서 평균 노동자의 생활방식은 온통 비관적이고 암담하지만은 않다. 심지어 그것은 어떤 곳들에서는 보상적 소비주의의 세계 안에서 매혹적으로 빛을 발하는 듯하다.

『자본』 제1권에서 맑스의 결론은 그가 기대는 가정들에 전적으로 의존한다. 모델을 구성할 때 늘 그렇듯이 가정이 바뀌면 결론도 바뀐다. 제1권은 가치증식의 견지에서 전체에 대한 시각을 제공한다. 이 측면에서 그것의 가치는 말로 다할 수 없다. 그러나 그것은 일면이다.

제2권

제2권에서 맑스는 자본이 시장에 진입하는 동안과 진입한 이후에 일어나는 자본의 순환을 탐구하고자 했다. 제2권은 제1권이 끝나는 지점에서 운동하는 가치에 관한 이야기를 시작한다. 상품에서 화폐 형태로의 가치의 변신은 하나의 결정적인 순간이다. 왜냐하면 화폐 형태로의 가치 및 잉여가치의 실현은 가치 창출의 실제 성과가 측정되고 기록될 수 있는 순간이기 때문이다. 잉여가치가 생산되었음을 보여주는, 손에 잡히는 물적 증거는 오직 이 순간에만 주어진다.

제2권은 가치의 실현과 그에 이은 순환의 관점에서 자본의 전반적 순환에 관한 시각을 제시한다. 맑스는 일정한 가정들하에서 이 목표를 추구한다. 첫째, 줄곧 맑스는 불변하는 기술을 가정한다. 그는 제1권에서 기술변화에 대한 집중적 탐구를 통해 밝혀낸 내용을 완전히 무시한다. "그러므로 여기서 우리는 상품이 그 가치대로 판매된다고, 그리고 이것이 일어나는 상황은 변하지 않는다고 가정할 것이다. 또한 우리는 그 순환과정에서 발생할 수 있는 어떠한 가치 변화도 무시할 것이다."[3] 마치 변화하는 가치생산성은 문제가 되지 않는다는 듯이 사고를 전개하는 것은 불합리하게도 비현실적인 것처럼 보인다. 그는 편의상 이렇게 가정하겠다고 말하면서 시작하지만 나중에는 다음과 같이 단언한다. "가치혁명에 관해 말하자면, 그로 인해 변하는 것은 아무것도 없다."[4] 둘째, 그는 분배에 관련된 사실들을 무시하는데, 이 사실들은 (제1권에서처럼) 임금과 총이윤만 제외하고 제3권으로 추방된다. 이 뒤의 가성이 특히 거슬리는 이유는 제2권의 여러곳에서 그가 다양한 회전시간과 고정자본 투자를 조정하는 문제는 신용제도에 의존하는 쉬운 해결책이 있다고 언급하기 때문이다. 그러나 제2권에서 그는 그런 해결책을 채택하기를 거부하는데, 이유는 이자와 금융에 관한 자신의 이론을 아직 전개하지 않았기 때문이다.[5] 가치실현의 문제에 대한 그의 관심을 고려할 때 무엇보다 기이한 것은 모든 상품이 그 가치대로 거래된다는 가정이다. 이 가정은 제1권에 제시되었던 터라 여기에 다시 등장하는 것은 뜻밖이다. 그러나 제2권에서 그것은 아주 다른 역할을 한다. 그는 모든 것이 균형을 이루고 있다는 가정에서 출발하여, 그런 상태가 초래되려면 무슨 일이 일어나야 할지를 규정하는 데로 거슬러 올라간다. 제2권의 끝에 나오는 그의 혁신적인 재생산표식(reproduction schema) 모델은 반세기도 더 지나 거시경제학의 토대가 될 경제적 모형화의 선구로 널리 인정된다. 이 모델은 수요와 공급 사이에 균형이 유지되려면 노동자를 위한 임금재의 생산과 자본가를 위한 투자재(investment goods) 및 사치품의 생산 사이에 이뤄져야 할 비례들을 수학적으로 보여준다.

그러나 이 중요하고 어떤 면에서는 대단한 성취에 시선을 뺏겨서 그 밑바탕의 가정들 때문에 생겨나는 한계를 놓쳐서는 안 된다. 흥미로운 점은 이 모델에 아주 약간의 기술변화가, 그러나 균형 잡힌 성장을 이루는 데 꼭 필요할 그런 변화만이 도입된다는 것이다. 후속 연구들이 보여준 바에 따르면 이 재생산표식에는 사실 균형 잡힌 성장을 보장할 수 있을 기술적 진화의 경로가 존재하지만, 제1권에 제시된, 상대적 잉여가치의 생산을 떠받치는 경쟁적 과정은 결코 그 경로로 제한될 수 없다. 따라서 불비례성(disproportionality)의 위기가, 불가피하지는 않더라도 발생할 가능성이 있다.

한계를 지닌 가정들이 제2권을 읽을 때 마주해야 할 유일한 문제는 아니다. 그보다 훨씬 더 거슬리는 것은 분석의 미완결성이다. 『자본』 제2권에 엥겔스가 만들어 넣은 자료는 완성된 결과물이라기보다 두서없는, 그리고 많은 경우 잠정적인 생각들이다. 그 자료는 실현과 화폐 형태로의 전화라는 관점에 입각한 자본순환의 결정적 분석을 구성하지 않는다. 그러므로 다른 연관 저작의 연구를 통해 맑스의 생각 일부를 재구성할 필요가 생긴다. 예를 들어 『요강』은 제2권의 생각과 대조해볼 필요가 있는 잠정적인 생각들로 가득하다. 그러나 잠정적인 생각에 다른 잠정적인 생각을 더한다고 꼭 결정적인 설명이 도출되지는 않는다. 기껏해야 우리는 제2권이 마무리되었더라면 무슨 내용이 들어갔을지 추측해봐야 하는 처지다. 맑스의 설명에 본질적 내용 중 무엇이 빠져 있는지 추측하는 것보다는 그의 가정들을 폐기할 경우 무슨 일이 일어날지 알아내는 편이 더 쉽다.

제2권은 전반적인 자본순환의 생산·상품·화폐자본이라는 세가지 회로로의 분해로 시작한다. 세가지는 맑스가 '산업자본'이라고 부르는 것의 회로 안에서 통일되어 있기는 하다. 개별 산업자본가는 때로 상충하는 생산자·상인·자금관리자의 세가지 역할을 수행해야 한다. 이 점은 제3권에서 자본이 다양한 분파들(특히 생산자, 상인, 금융업자)로 쪼개질 것을 암시한다. 맑스가 제시하는 분석의 주된 취지는 화폐 형태로의 가치실현의 조건은 자본이 가치증식과 상품

생산의 계기를 성공적으로 통과하는 데 있음을 보여주는 것이다. 생산자본의 재생산과 상품자본의 재생산도 마찬가지다. 이 모두는 상호의존적이고 상호 연결된, 그러나 또한 자율적인 형태들이다. 산업자본가는 순환과정의 세가지 계기 모두에 신경을 써야 한다. 맑스가 하는 말은 아니지만, 자본가 중에는 생산을 조직하는 데는 천재적인 반면 자금이나 마케팅의 문제를 이해하는 데는 형편없이 모자란 경우가 무수히 많다.

처음 네개 장에서는 자본이 생산에서의 가치증식과 시장에서의 실현에 이어 화폐자본의 재투자로 연속적으로 흘러가야 할 필요성을 강조한다. 기술적·조직적 혁명을 지향하는 자본의 성향은 여기서 교란의 힘이 된다. 그래서 맑스가 혁신을 밀쳐두고 불변하는 기술을 가정했는지도 모른다. 기술변화가 생산과 순환의 연속성에 그토록 강력하고 예측 불가능한 교란의 힘을 행사하고 있는 상황에서는 그 연속성의 조건을 탐구하는 것이 불가능하지는 않아도 어려웠을 것이다. 맑스의 분석의 전반적인 효과는 자본의 흐름을 (수문학적 순환에서 상이한 강수 형태들과 유사한) 세가지 상이한 흐름으로 분해하는 것인데, 이 흐름들은 서로 상당히 다른 특징을 지닌다. 가령 화폐는 대체로 상품보다 지리적 이동이 수월하며, 양자는 생산보다 지리적 이동이 훨씬 더 수월하다. 이는 세계화에서 금융화가 행하는 역할을 이해하는 데 중요한 함의를 지닌다. 맑스는 화폐를 자본의 '나비' 형태라고 지칭한다(화폐는 쉽게 날아다니고 어디든 원하는 곳에 내려앉는다). 이 비유를 확장해서 우리는 상품을 애벌레 형태로, 생산을 번데기로 간주할 수 있겠다.

제2권의 나머지는 시장에서의 유통과 실현을 다룬다. 이 부분은 상이한 회전시간에서, 그리고 고정자본의 순환에서 발생하는 문제들을 자세히 살핀다. 이 과정에서 신용제도의 필요성이 자주 환기되지만 그에 대한 모든 고찰은 제3권으로 미뤄진다. 여기서 우리는 상이한 노동기간(working periods, 신발 한켤레와 구별되는 자동차 한 대와 같은 개별 상품을 만드는 데 드는 시간)을 지니고, 상이한 유통시간(하나의 생산물이 판매되기 전에 시장에 머무르는 평균시간)을 지니며, 투하 자본의 평균 회전시간이라는 전반적 척도를 지닌 자본을 만나게 된다. 자본가 상호간의 경쟁으로 속도 향상과 회전시간의 가속화가 대단히 중요해지며, 많은 혁신은 이 목적에 봉사한다. 빨라진 회전시간으로 총이윤이 상승한다. 속도 향상의 성향은 생산과 마케팅의 영역에서 일상생활의 리듬을 근본적으로 바꾸는 데로 번진다. 생산에서의 속도 향상은 어느 지점에서 소비에서의 속도 향상을 요구한다(유행과 계획적 노후화planned obsolescence는 그래서 중요하다). 동시에, 생산성 향상을 촉진하기 위해 고정자본 투자에 더 크게 의존하는 것은 투자 일부의 회전시간을 둔화시킨다. 구축환경(built environment)•에 대한 투자가 특히 그렇다. 다른 자본 형태의 운동속도를 향상시키기 위해 고정자본과 기반시설 형태에서 자본 회전시간의 일부가 둔화된다. 신용제도에 의존해 대규모 장기 고정자본 투자를 행하고 유지하고 대체하는 데 필요한 비축 자금을 푸는 것은 여기서도 결정적으로 중요하게 된다. 이에 관한 논의는 제

• 자연환경에 대비되는 인공적 환경.

3권으로 미뤄진다.

제2권에 대한 어떤 총괄적 결론을 찾아보기는 어렵다. 본격적인 연구들로부터 나오는 지배적 관념이 있다면 그것은 자본순환에서의 속도 향상 및 영구적 가속화에 대한 강력한 유인의 관념일 것이다. 그러나 제1권의 결론에 뚜렷이 대비되는 점도 있다.

> 자본주의 생산양식의 모순: 노동자들은 상품의 구매자로서 시장에서 중요한 위치를 차지한다. 그러나 자기 상품—노동력—의 판매자인 노동자들을 자본주의 사회는 최저 가격에 묶어두는 경향이 있다. 또다른 모순: 자본주의적 생산이 자신의 모든 힘을 발휘하는 시기는 어김없이 과잉생산의 시기로 나타난다. 왜냐하면 생산력의 사용은 가치의 생산만이 아니라 가치의 실현에 의해서도 제한되기 때문이다. 그러나 상품의 판매, 상품자본의 실현, 따라서 또한 잉여가치의 실현은 사회 일반의 소비요구에 의해 제약을 받는 것이 아니라, 대다수가 언제나 빈곤한, 그리고 언제나 빈곤 상태에 있어야만 하는 사회의 소비요구에 의해 제약을 받는다.[6]

여기서 시장의 균형을 유지하는 데 노동계급의 유효수요가 연루되는데, 제1권의 분석에 따르면 그 유효수요는 영구적으로 위협을 받고 있다. 이 문제는 케인즈의 관심사 중 하나이기도 해서 그것을 맑스주의적 이론화 속에 끌어들이기는 어렵고, 그 문제에 관해 말하는 사람은 곧바로 맑스주의 안에 케인즈주의를 도입한다는 비난을 감수하게 되는데, 물론 영향은 그 반대 방향으로 작용한다. 하지만 여기서 왜 노동계급이 보상적 소비주의 속에 길을 잃을 운명인지가 설명되는데, 왜냐하면 그것이 자본이 자기 시장을 온전하게 유지하는 방법이기 때문이다. 그러나 제1권에서와 마찬가지로 이 잠정적인 결론은 그 가정들에 의존한다. 그러나 어떻게 분석하든지 간에, 이 문제에 관해 제2권에서 밝혀낸 것은 제1권에서 밝혀낸 것과 모순된다. 제1권에 생기를 불어넣는 임금 감축의 압박은 제2권에서 경제를 안정화할 수 있는 노동자 유효수요의 능력을 약화시킨다. 이는 운동하는 가치의 순환 내부에 있는 모순과 불안정의 지점을 암시한다. 신자유주의가 지배한 지난 40년에 걸쳐 노동자 유효수요의 상대적인 힘이 약화된 것은 지금 자본주의 세계 곳곳에서 경험되는 장기침체의 한 원인이 되었다.

제3권

제3권의 주된 초점은 분배다. 엥겔스는 어떤 다른 중요한 자료, 가령 경쟁을 다루거나 토지·노동·자본의 이른바 '삼위일체 공식'의 비판을 다루는 장들도 삽입했는데, 이는 그것들이 그 자체로 흥미롭기 때문이었다. 그러나 텍스트의 대부분은 다양한 분배 형식들과 그 결과의 분석에 집중된다. 그리하여 그것은 다른 두권에서 분석한 가치증식과 실현의 문제를 마치 없는 것처럼 가정한다. 그것은 상대적 잉여가치를 떠받치며 산업예비군의 형성에 기여하는 기술적·조직적 변화의 역학을 한쪽으로 제쳐둔다. 다른 두권에서처럼 제3권에서 맑스가 취하는 방식은 순환과정의 다른 모든 측면은 불변하는 것으로 두고 가치순환의 한가지 국면을 취해 자세히 살펴보는 것이다. 본 장의 서두 인용문에 나타나 있듯이 맑스는 이렇게 하겠다고 아주 명시적으로 밝혔다. 이 점을 염두에 두고, 이미 검토한 임금과 세금 외에, 가치와 잉여가치가 다양한 청구자들 사이에 분배되는 주요 형태들을 검토하기로 하자.

(1) 개별 자본가들 사이의 가치분배

개별 자본가들은 각자의 이윤을 극대화하기 위해 경쟁하도록 시장의 힘들에 의해 강요된다. 그 결과 이윤율은 균등화되는 경향을 띤다. 이는 기이한 분배 효과를 낳는다. 창출된 총잉여가치는 개별 자본가들이 생산한 잉여가치에 따라서가 아니라 그들이 투여하는 자본에 따라서 그들 사이에 분배된다. 맑스는 재미난 듯이 그것을 "자본주의적 공산주의"라고 부르는데, 개별 자본가들 사이의 잉여가치의 재분배가 "고용하는 노동에 따라 각 자본가에게서, 투여하는 자본에 따라 각 자본가에게로"[7]의 원칙에 기초하기 때문이다. 이런 일이 발생하는 엄밀한 이유는 너무 복잡해서 여기서 그것을 길게 논할 수는 없다. 의미심장한 결과들이 뒤따른다. 잉여가치의 재분배는 노동자를 적게 고용하는 자본집약적 산업에 유리하고 많은 잉여가치를 생산하는 노동집약적 산업에는 불리하다. 아무런 대항적 경향이 없는 상태에서 잉여가치 생산의 기초(노동자의 고용)는 축소되는 경향을 띤다.

노동자 1인당 잉여가치 추출 비율과 총노동인구가 불변하면 분배될 수 있는 잉여가치 총액은 감소한다. 그와 더불어 이윤율은 저하되는 경향을 띤다. 결과는 자본의 운동법칙 내부의 결정적 모순이다. 완전경쟁의 조건하에서 각자의 이익을 추구하는 개별 자본가는 자본가계급의 재생산을 위협하는 결과를 초래하는 경향이 있다. 이런 일이 발생하는 것은 개별 자본가가 멍청하거나 탐욕스럽거나 미쳤기 때문이 아니라, 그들이 잉여가치 생산의 극대화보다 이윤의 극대화를 추구하도록 시장의 숨은 손에 의해 추동되기 때문이다. 달리 말하면 개별 자본가들 사이의 잉여가치 분배의 법칙은 잉여가치 생산의 법칙에 대해 적대적이다. 이 적대성에 위기의 가능성이 존재한다.

어쩌면 맑스에게 이보다도 더욱 중요한 것은 이윤율의 균등화가 "잉여가치의 실제 원천을 철저히 은폐하고 불가사의하게 만드는"[8] 방식일 것이다. 자본의 본질의 '내부 핵심'은 자본가 자신뿐만 아니라 그것을 재현하고자 하는 경제학자에게도 인식할 수 없는 것이 된다. 경쟁에서는 "모든 것이 거꾸로 보인다. 경제적 관계의 실제 존재에서, 따라서 그 관계의 담지자 및 행위자가 그 관계를 이해하려는 중에 지니는 관념 속에서 표면에 현상하는 그 관계의 완결적 구성(configuration)은 그것의 본질적이지만 은폐된 내부 핵심의 구성과는, 그리고 이에 상응하는 관념과는 매우 다르다."[9] 맑스가 관심을 집중하는 대상은 물론 이 은폐되고 불가사의한 '내부 핵심'이다.

(2) 계급 분파로서의 산업자본가

상품 형태의 잉여가치를 생산할 명백한 목적으로 노동을 고용하는 자본가는 노동자가 자신을 위해 생산하는 잉여가치를 포획하기에 좋은 특권적 위치에 있을 것이다. 그러나 이윤율의 균등화는 자본가들의 투하 자본에 따라 그들 사이에 잉여가치를 불균등하게 재분배하며, 세무직원은 그들을 계속 따라다니면서 자기 몫을 뜯어내려 한다. 게다가 그런 자본가는 가치와 잉여가치의 일부를 상인에게는 이윤 형태로, 부동산소유주에게는 지대 형태로, 그리고 은행가와 금융업자에게는 이자 형태로 건네줘야 한다. 맑스가 '산업자본가'로 지칭하는 자는 잉여가치의 특권적 전유자이기는커녕, 종종 다른 모든 자들의 요구가 충족되고 남은 것을 취하는 신세가 된다.

(3) 상업자본가

자본은 끊임없이 운동하지 않으면 상실되고 가치저하를 겪는다. 생산물을 시장에 가져다 판매하는 데 드는 시간은 상실되는 시간이며 시간은 돈이다. 이런 이유에서 종종 산업자본가는 상품을 상인에게 즉시 인도하는 편을 택한다. 상업자본가는 적은 비용으로 능률적으로 판매를 조직한다(그리고 그 과정에서 만성적으로 노동력을 착취한다). (이제는 갈수록 온라인화하는) 창고·백화점·배달용역의 조성은 마케팅에서 규모의 경제를 만들어낸다. 상업자본가는 한 인구집단 내의 욕구·필요·욕망의 상태에 영향을 미치는 마케팅전략과 설득의 수법(가령 광고)에도 능하다. 이 모든 이유에서 산업생산자는 실현의 순간에 앞서 온전한 가치에서 할인된 가격에 상품을 상인에게 인도하고자 하는 강한 유혹을 느낀다. 맑스의 구도에서는 이 할인이 상업이윤의 원천이다. 대체로 상인은 가치를 창출하지 않는다(시장으로의 운송과 같은 몇가지 중요한 예외가 있기는 하다). 주로 그들은 산업자본에 의해 이미 생산된 가치의 일부를, 가치의 실현과 화폐화가 더 능률적이고 신속하며 안전하게 이뤄지도록 해주는 데 대한 댓가로서 전유한다.

(4) 지주와 지대

토지는 생산의 주요 수단이며, 울타리치기(enclosure)와 사유화를 통해 토지에 대한 노동자의 접근을 체계적으로 배제하는 것은 임금노동의 재생산에 필수적이다. 그래야만 노동자가 생존을 위해 임금노동자가 될 수밖에 없는 상황이 보장되는 것이다. 미국에서 프런티어*가 개방되었을 때 동부 산업지대를 따라 발생한 노동력의 부족은 임금 상승을 강제했으며, 이민자의 충분한 유입으로 임금이 다시 하락할 수밖에 없던 시기만이 예외였다. 이는 미개발 토지가—노동이 아직 가치생산에 투입되지 않았기 때문에—가치가 없음에도 불구하고 일정 가격에 거래될 수 있는 상품이 됨을 시사한다. 이는 토지시장에서의 자본순환을 어떻게 이해하고 분석할 것인가 하

* 동부 개척지와 서부 미개척지 사이의 경계.

는 문제를 제기한다.

자본주의적 생산자들이 토지를 두고 벌이는 경쟁은 더 나은 비옥도(fertility)에 따른, 그리고/또는 다른 경제활동 형태들과의 관계에서 더 나은 입지에 따른 차별적 이점과 마주하게 된다. (맑스가 '차액지대'differential rent라고 부르는 것에 대한 면밀한 검토를 통해 탐구하는) 이러한 차이는 애초에 자연에서 비롯된다고 볼 수 있지만, 시간이 지나면서 점점 그 차이는 (물론 도시의 건설에서 정점에 이르는) 토지와 건물의 개량에 대한 투자를 통해 생산된다. 운송 및 통신에 대한 투자와 그 혁신을 통해 이루어지는 공간 관계에서의 혁명도 마찬가지로 중요하다. 입지상의 이점은 상대적이지, 절대적이지는 않다. 상업적으로 무가치하던 오지가 철도망이나 간선도로망의 건설로 갑자기 가치 있는 곳으로 변한다.

이 차별적 이점으로부터 지대를 추출하는 부동산소유주들은 자본 일반을 위해 크나큰 봉사를 하는 셈이다. 그들은 토지에서 또는 토지를 상대로 일하는 산업(이 경우는 농업)자본가들 사이에 완전경쟁이 이뤄지도록 조건을 평등하게 만드는 것이다. 만일 산업생산자 X가 생산자 Y보다 더 나은 입지나 더 비옥한 토지를 점하여 영구적으로 훨씬 더 높은 비율의 이윤을 얻는다면 자본가들 사이의 경쟁의 추동력은 영구적으로 둔화되고 자본의 운동법칙은 영구적으로 손상될 것이다. 사실상 자본은 토지에서 노동자를 배제해주는 데 대해, 그리고 국내시장, 심지어 세계시장의 불균등한 공간들을 가로질러 완전경쟁으로 가는 길을 매끄럽게 닦아주는 데 대해 지주에게 보조금을 지급한다.

맑스의 주된 관심은 자본주의에 특유한 형태의 토지 자산과 지대에 있다. 그러나 역사적 고찰을 담은 글들에서 그는 토지소유와 지대가 다양한 전(前)자본주의적 상황에 있는 매우 상이한 종류의 사회관계를 대표하는 사회적 형태임을 충분히 인식하고 있다. 가령 봉건 잔재는 자본주의가 오랫동안 전개되어온 지금도 결코 완전히 근절되지 않고 있다. 영국에서는 아직도 국교회와 군주와 소수 귀족 가문이 방대한 규모의 토지를 소유하고 있다. 그러나 맑스가 보여준 바는 자본주의가 자신에게 특유한 지대 형태 없이는 결코 작동하지 못한다는 점이다. 그가 예견하지 못한 것은 자본주의의 진화 구조 안에서 자본주의적 지대의 새로운 형태도 발전할 수 있다는 점, 그리고 지대 추구(rent-seeking)가, 그가 성숙한 형태의 자본주의 발전을 위해 필요하고 효과적이면서도 정치적으로 용인될 만하다고 본 것보다 훨씬 더 광범위하게 이뤄질 수 있다는 점이다. 토지시장과 (유전油田 같은) 부존자원•에 대한 투기를 통한 지대 추구만 해도 무척 나쁜 일이다. 그러나 지식재산권의 소유를 통한 지대 추구는 어떻게 봐야 하는가? 이는 맑스가 예견하지 못했으나 우리, 즉 오늘날의 분석가는 맞붙어 씨름해야 하는 확장된 문제의 한가지 사례다. 분파적 파워블록으로서의 상인들이 맑스가 자본의 정상적 기능에 필요하다고 인정한 그들의 소관 범위를 훌쩍 넘어서곤 하는 것과 마찬가지로, 불로소득자는 온갖 종류의 부동산·자산시장에서 바로

• 넓은 의미로는 인적·사회문화적 자원까지 포함하는 생산요소의 총체를 일컫지만 여기서는 자연적 자원을 가리킴.

그런 짓을 하려는 성향을 지닌다.

(5) 은행과 금융기관

이것은 단연코 가장 복잡하고 문제적인 분배 범주다. 그것이 어떻게 표상되는가는 자본의 전반적 순환을 이해하는 데 무척 중요하다. 근래에 그것은 큰 주목을 받았는데, 금융화가 자본의 흐름에 외견상 결정적인 영향을 미치기 때문이다. 맑스는 이에 관해 많은 글을 썼지만, (금융투기, 이자 낳는 자본의 순환 등) 그가 마주친 활동들 중 많은 것을 어떻게 운동하는 가치라는 자본의 개념에 통합할 것인가에 관해서는 확고한 결정을 내리지 못했다. 그가 캐낸 사실은 그의 전반적 이론에 어떤 심각한 문제들을 제기한다. 우리는 논의를 펼쳐나가면서 그 문제들을 꼼꼼히 들여다볼 것이다.

산업자본가들(그리고 다른 이들)이 은행업과 금융에 신세를 지는 데는 여러가지 이유가 있다. 특정 형태의 상품생산의 투입물과 산출물을 서로 잘 맞아떨어지게 조정하는 것은 투입물과 산출물의 생산에 있어 서로 극히 다른 회전시간들 사이에서 타협점을 찾는 것이다. 면직산업에서 면화는 날마다 공급되어야 하지만 면화의 소출은 일년에 한번 난다. (수확기가 다양한 여러 지역의 수많은 공급자를 거느린 세계시장의 장점이 이 문제를 완화하는 데 도움이 되기는 한다.) 면화생산자는 일년에 한번 자기 소출에 대한 댓가를 받지만, 생산을 위해서뿐만 아니라 일년 내내 나날이 살아가기 위해서도 현금을 필요로 한다. 도움을 구할 은행이 없다면 면화생산자는 면화를 팔아 얻은 현금을 비축해두었다가 다음 판매 시기가 돌아올 때까지 날마다 매트리스 밑에서 현금을 꺼내야 할 것이다. 한편 누군가는 날마다 생산을 위해 공장으로 출하될 상품으로서 면화를 비축해두어야 할 것이다. 맑스에게 화폐 형태나 상품 형태의 그 모든 비축된 가치는 가치 저하된(devalued) 죽어 있는 자본이다. 일년 중 대부분의 시간에 그것은 사용되지 않는 비생산적인 상태로 가만히 놓여 있는 것이다.

고정자본의 순환을 고려할 때 이 문제는 더더욱 중요해진다. 하나의 기계는 선투자로 거액을 들여 구입해야 하지만 수년간 쓸 수 있다. 그 기계의 원래 가치는 연간 감가상각비를 통해 만회될 수 있다. 그러나 기계는 수명이 다하면 교체해야 한다. 자본가는 교체용 기계를 구매하기에 충분한 돈을 매년 저축(비축)해놓았어야 한다. 그 결과는 가치 저하된 어마어마한 양의 죽은 자본이 자본가의 금고 안에서 놀고 있는 것이다. 도처에 강도가 있으므로 이 비축물의 안전이 문제가 된다. 자본주의적 은행업과 신용제도는 이 문제를 처리한다. 자본가는 이자를 받고 자신의 비축된 잉여자금을 은행에 (희망하기로는) 안전하게 넣어둘 수 있고, 그러면 은행은 그보다 (약간) 높은 금리로 그 자금을 다른 누군가에게 대출할 수 있다. 그렇지 않으면 산업자본가는 먼저 돈을 빌려 기계를 사고 연간 감가상각비로 그 대출금을 갚을 수 있다. 어느 경우든 가치 저하된 죽어 있는 자본을 활동적 순환에 참여하도록 되살린다. (기반시설의 정비와 도시 건설에 대한 늘어나는 요구는 말할 것도 없고) 자본이 교차하는 가치사슬들과 분업의 측면에서 더 복잡해지고 대량의 고정자본에 더 의존하게 되면서 더 정교한 신용제도와 금융제도에 대한 요구도 커진다는 점은 자명하다. 그렇지 않으면 이 시간적 문제를 처리하기 위해 점점 더 많은 자본이 비축되면서 자본순환의 전체계는 교착상태에 빠질 것이다.

지대가 지리적·공간적 차원에서 자본주의적 활동에 일어나는 다양한 문제를 처리하는 것과 마찬가지로 신용제도는 생산활동의 조직에 연관된 다수의 시간성(temporality)을 처리한다. 신용제도는 자본주의적 생산의 일상적 조직에서 작동하는 일견 무한히 다양한 시간성들을 취하여 그것들을 단일한 측정기준, 즉 시간에 따른 금리로 환원한다. 물론 그 측정기준은 자본으로서의 화폐뿐 아니라 (사적 소비와 지주에 대한 대출을 포함한) 다른 모든 용도의 화폐의 수요·공급 상황에 따라 변할 수 있다. 신용제도는 자본의 흐름에 전적으로 새로운 차원을 도입한다. 지대가 토지는 가치는 없지만 가격이 붙을 수 있는 상품이라는 허구에 기초하는 것과 마찬가지로 신용제도는 화폐가 가격이 붙는 상품이라는 허구에 기초한다. 그 결과 가치의 표상 또는 표현인 화폐가 가치를 갖는 듯한 암시가 생겨나는데, 이는 분명 우스꽝스럽다. 그러나 화폐에 가격이 붙는 것은 사실이며, 그 가격은 이자다.

은행업과 금융은 여러가지 역할을 수행한다. 그들은 어디에든 놀고 있는 돈이 있으면 그것을 빨아들여 누구든 수익성 있는 투자 기회를 추구하는 사람에게 그 돈을 빌려주어 그것을 화폐자본으로 전화시킨다. 매개자로서 은행과 금융기관은 "자본가계급의 공동자본"[10]으로 기능한다. 그들은 이윤이 낮은 경제 부문에 투여된 자금을 빼내어 그것을 어디든지 이윤율이 더 높은 곳으로 향하게 함으로써 이윤율의 균등화를 가속화하는 데 핵심적인 역할을 수행한다. 또한 그들은 가치 산출량의 증가와 상관없이 화폐를 창출하는 일정한 능력을 지니고 있다. 금융제도에 내재하는 화폐 창출 능력과 더불어 그 독립성과 자율성은 운동하는 가치로서의 자본의 전반적 순환과정 내부로 흡수될 수 있겠지만 이 경우 어떤 상당한 충격이 동반될 것이다.

은행과 금융기관은 가치생산을 운용하는 것이 아니라 상품으로서의 화폐를 운용한다. 그들은 화폐수익률이 더 높은 곳이면 어디에나 돈을 빌려주는데, 그것이 꼭 생산활동일 필요는 없다. 토지에 대한 투기에서 수익을 얻을 수 있다면 은행은 부동산 구입을 위한 자금을 빌려줄 것이다(실제로 2001년에서 2007년까지 미국에서 은행은 이런 일을 대대적으로 벌였다). "이로써 자본의 물신적 성격과 이 자본 물신의 표상은 완성된다."[11] 맑스가 여기서 말하고자 하는 바는 가치 창출에서 비생산적 경로로 자본주의적 활동을 전환시킬 수 있는 다양한 분배영역 내의 화폐 및 이윤의 신호에 금융제도가 필연적으로 반응한다는 것이다. 은행은 다른 은행에, 부동산 회사에, 상업자본가에게, 소비자에게(노동계급인지 부르주아계급인지는 문제되지 않는다), 국가에게(국가부채는 엄청나다) 돈을 빌려줄 수 있다.

그 결과는 맑스가 "가공자본"(fictitious capital) 순환이라고 부르는 것의 세계다.[12] 은행은 자신이 실제로 소유한 자산의 몇배를 대출하기 위해 자신의 예금을 레버리지(leverage)로 활용한다. 은행의 대출액은 자신이 예금으로 가지고 있는 자산의 3배, '이상과열'의 시기에는 30배까지 될 수 있다. 이는 현행 가치생산과 가치실현을 감당하는 데 필요한 양을 훨씬 상회하는 화폐 창출이다. 이러한 화폐 창출은 부채의 형태를 띠는데, 부채는 미래의 가치생산에 대한 청구다. 축적된 부채는 미래의 가치생산으로 상환되거나 아니면 위기의 과정에서 가치 저하된다. 물론 모든 자본주의적 생산은 투기적이지만, 금융제도에서 그 특징은 최고의 물신으로 격상된다. 금융업자는 "협잡꾼과 예언자가 그럴듯하게 뒤섞인 형상"[13]이라고 맑스는 말한다. 가공자본은 미래의 어느날 가치증식과 실현을 통해 실현될 수도 있고 안 될 수도 있다. 세계 금융·화폐제도의 정점에는 가치생산의 상태가 어떠하든지 간에 일견 무한해 보이는 화폐 창출 능력으로 무장한 중앙은행들이 자리하고 있다. 이것은 어떻게 자본순환 및 축적의 이론과, 그리고 가치증식 및 실현의 요구와 맞아떨어질까?

신용과 부채에는 셀 수 없이 많은 전(前)자본주의적 형태가 있지만, 상인 및 지주와 관련해서도 그렇듯이 여기서 맑스가 관심을 두는 것은 신용수단이 자본순환에서 취하는 특유의 형태다. 자본주의의 발흥은 부채와 신용의 본질을 혁명화했다. (데이비드 그레이버 David Graeber는 자신이 쓴 부채의 역사에서 이 혁명을 간파하지 못한다.[14]) 맑스의 시대에 이 특유의 형태는 빠르게 성장하고 또 변화했다. 주식회사와 새로운 신용수단이 형성되고 있었다. 우리 자신의 시대에 은행업과 금융 분야의 혁신으로 사태는 또다시 새로운 차원으로 진입했다.

분배를 순환과정의 수동적인 종점으로 보는 것은 앞에서도 말했지만 어처구니없는 오류다. 화폐 형태로 행해지는 분배는 자본의 운동에서 하나의 변별적 이행 국면을 이룬다. 그러나 이것이 어떻게 가치증식과 실현에 관계하는가? 이 문제에 대한 확실한 답을 얻기는 어려우나, 맑스가 밝혀낸 한가지 사실이 우리가 적어도 잠정적인 결론을 향해 나아갈 수 있는 방법에 관해 분명 중요한 단서를 제공한다.

(6) 이자 낳는 자본의 순환

사실 제3권에는 어떻게 화폐가 다시 가치증식과 실현의 원으로 투입될 수 있는지를 이해하기 위한 틀이 나타나 있다. (중앙은행을 정점으로 하는) 은행·금융제도에 내재하는 자율적 신용 창출 능력은 순환 속에 이자 낳는 자본의 흐름을 만들어놓는다. 그 이자 낳는 자본이 가치증식으로 흘러들어가게 강제하는 어떤 필연성도 존재하지 않는다. 소비자 신용에서 상업자본가에 대한 대출, 지주와 부동산투기꾼에 대한 대출, 전쟁 수행 국가에 대한 대출, 심지어 외국 열강에 대한 대출까지, 이자 낳는 자본에는 여러가지 다른 기회가 있는 것이다. 순환하는 이자 낳는 자본은 능동적 생산에 대한 기여에 기초해서가 아니라 순전히 재산권에 의거해서 잉여가치 중의 자기 몫을 청구한다. 이 권리는 상품으로서의 화폐를 소유함으로써 부여받는데, 그 상품의 사용가치는 그것이 더 많은 돈을 버는 데 사용될 수 있다는 데 있다.

여기서 순환의 그림에 새로운 차원이 도입된다. 그것은 맑스가 변별적 형태를 지닌 화폐자본의 순환을 살피는 제2권에서 이미 제시된 바 있다. 산업자본가가 화폐로 가치를 실현할 때 그는 이자를 그 가격으로 갖는 상품을 소유하게 된다. 여기서 자본가는 선택을 할 수 있다. 더 많은 가치생산에 투자할 수도 있고, 이자를 벌기 위해 화폐시장에 그 화폐를 내놓을 수도 있는 것이다. 사업을 계속하려면 산업자본가는 현행 금리보다 더 많이 벌어야만 한다. 그렇지 않으면 생산을 조직하는 데 들어가는 그 모든 노력과 괴로움은 경제적으로 무의미해진다. 산업자본가의 손을 거쳐 가는 자본의 흐름은 사실상 두가지 경로로 나뉜다. 화폐보유자로서의 자본가는 투여 자금에 대한 이자를 받고, 생산자로서의 자본가는 생산에서의 노동착취로부터 이윤을 취하는 것이다. 자본가는 "자기 자본을 이자 낳는 자본으로서 대부할지, 생산자본으로서 손수 증식시킬지 선택할 수 있다."[15] 산업자본가는 창업에 필요한 자금을 빌리고 그에 대한 이자를 지불하면서 이윤의 남은 몫은 자신이 차지하기를 기대할 수 있다. 그런데 맑스는 이를 부르주아 자본가계급의 힘과 정당성을 유지해주는 자본주의적 금융의 유일한 미덕으로 간주한다. 그것은 상속재산의 힘을 상쇄하고, 공격적인 기업가와 벼락부자들이 그냥 두면 자신들에게 방해가 될 계급 장벽을 깨부술 가능성을 제공한다. 이 새로운 요소가 지배계급 내에 통합됨으로써 자본가계급의 정치적·심리적 힘이 강화된다.

이 이중의 역할은 소유와 경영 사이의 구별을 만들어낸다고 맑스는 이어서 지적한다. 주식보유자는 자신의 화폐자본 투자에 대한 수익을 요구하는 반면 경영진은 생산의 능동적 조직을 통해 자신의 몫을 주장한다. 주식보유자와 투자자(화폐자본가) 계급은 자신들의 가용 화폐자본의 투자에서 얻는 화폐이득을 추구한다. 이 계급은 단순한 화폐의 화폐자본으로의 전화를 재촉하고 강화한다. 은행제도 내부에서 형성되어, 순환하는 이자 낳는 자본으로서 대출되는 가공자본은 더욱더 능동적이다.[16]

여기서 자본은 종종 상호적대적인 관계 속에 움직이곤 하는 부분적 흐름들로 해체된다. 예를 들어 최근에 가치생산과 관련된 자본의 흐름은 감소하는 경향을 띤 반면 화폐자본은 다른 곳에서 높은 화폐수익률을 추구해왔다. 그 결과 2007~2008년의 대혼란 이후 세계경제의 대부분에서 눈에 띄게 나타난 가치생산의 장기 침체는 더욱 악화되어왔다.

너무 거대해서 도저히 잘못될 수는 없다고 생각되는 막강한 몇몇 은행들이, 혹시 그들이 잘못되면 세금납부자들이 그 손실을 메워줄 것이라고 그들을 안심시키는 국가에 의해 조장되는 도덕적 해이의 상태에서 무모한 투자를 하는 오늘날의 상황을 맑스는 예견할 수 없었을 것이다. 이자 낳는 자본의 순환은 가치증식과 실현 모두에 엄청난 압박을 가한다. 그것은 운동하는 것으로서의 자본의 전체제에 퍼지며, 어떤 경우에는 그 체제를 타락시킬 수 있다. 그러나 맑스가 이자 낳는 자본의 순환을 자본가계급 전체의 이해를 대변하는 것으로 묘사하는 데는 그럴 만한 이유가 있다. 우선 그것은 엄청나게 다양한 시간성을 금리라는 단일한 잣대로 환원한다. 그것은 그것이 아니었더라면 결여되었을 유동성을 가치증식과 실현에 도입한다. 소비자 대출은 실현을 부추기는 유효수요를 지탱한다. 가령 주택시장에서 금융업자는 개발업자가 주택을 짓도록 자금을 대는 한편으로 소비자가 시장에서 주택 가치를 실현하도록 대출을 해준다. 이자 낳는 자본의 순환은 가치증식과 실현 사이에서 가교 역할을 하여 양자의 모순적 통일을 달성하고 양자를 조화시킨다. 맑스는 분명히 이 특징을 인식하고 있다. 가치증식을 용이하게 하기 위한 대출(생산설비를 갖추도록 산업자본가에게 해주는 대출)과 실현을 용이하게 하는 데 관련된 대출(맑스의 시대에 흔하던 환어음 할인과 같은 것)은 분명히 서로 연관되어 있기는 하지만 서로 크게 다르다.

그러나 여기에는 위험이 따른다. 압류(foreclosure)라는 단어는 여기서 편리하게 이중적인 의미를 띤다. 소비자는 주택담보대출금을 갚지 못할 경우 압류로 집을 상실하지만, 갚을 경우에는 자기 미래가 여러모로 압류되는데, 왜냐하면 30년간의 부채노역 형에 처해지기 때문이다. 물론 언제든 자유롭게 집을 팔아치울 수 있다. 하지만 만일 집값이 떨어지면 소비자는 현재의 집값보다 대출금이 더 많은 '언더워터'(under water) 상태가 된다. 게다가 빚 청산을 위해 집을 팔아치울 경우 살 곳을 다시 찾아야 한다.

이는 금융시장을 통과해 가는 자본순환의 이런 측면에 알맞은 결론이지 싶다. 물론 아직도 할 말이 꽤 많고 필요한 연구도 꽤 많지만, 우리가 받아들여야 할 중요한 점은 자본의 추가 순환을 촉진하는 데 다양한 형태의 분배가 행하는 능동적인 역할이다. 여기서 금융의 측면이 그 무엇보다 중요한데, 왜냐하면 그것은 화폐자본, 신용, 그리고 금융제도 내부에서 형성되는 가공적 형태의 자본을 직접 다루기 때문이다. 그것은 가치생산의 확대를 통해 부채를 상환하라는 자신의 명령을 통해 추가적 축적의 가장 집요한 추동력 중 하나가 된다. 광적인 이윤 추구는 부채상환의 광적인 필요로 보충된다. 가치증식이 두가지 목표를 동시에 달성한다면 바람직할 것이다. 운동하는 가치로서의 자본의 시각화는 이에 따라 조정되고 수정되어야 한다.

자본의 총체

맑스는 총체로서의 자본을 묘사하겠다는 포부를 여러군데에서 밝힌다. 우리가 여기에서 그려본 자본 흐름의 지도는 이 총체가 지닐 법한 모습을 시각화하는 단순화된 방법을 제공한다. 『자본』의 각 권은 그 총체를 특정 관점에서 바라보는 일정하게 한정된 시각을 제공한다. 그것은 마치 어느 광장(가령 타흐리르나 탁심 광장*)에서 일어나는 일의 동영상을 세개의 다른 창문을 통해 찍는 것과 같다. 각각의 영상은 자기 이야기를 할 테고 그 자신의 관점에 충실할 테지만, 광장에서 진행되는 일의 총체는 세가지 영상 모두를 종합해서 볼 때 가장 잘 포착된다. 『자본』을 읽을 때 우리는 제1권에 정교하게 제시된 가치증식의 관점을 다른 두권에서 분석·묘사되는 실현 및 분배의 관점보다 선호하는 경향이 뚜렷하다. 이런 편향된 강조는 심각한 오류를 낳는다고 나는 주장하는 바이다. 총체로서의 자본을 고려하는 것의 의미는 바로, 그 상이한 국면들이 어떻게 서로를 전제

* 각기 이집트 카이로와 터키 이스탄불에 있다.

하며 예시(豫示)하는가를 인식하는 데 있다. 각각의 국면은 자율적이고 독립적이지만 모든 국면은 그 총체의 운동 속에 포괄된다. 여기서 내가 쓰는 언어는 맑스가 금융자본을, 그리고 이자를 낳는 그 파생물의 운동을 묘사할 때 명시적으로 사용한 언어다.

자본순환 과정 내부의 그 상이한 계기들은 기능적으로 서로를 끌어안으면서 긴밀히 결합되어 있다기보다는 서로 느슨하게 연결되어 관련을 맺고 있다. "총체로서의 이 유기적 체제 자체는 자신의 전제들을 가지고 있으며, 총체로의 그것의 발전은 바로 사회의 모든 요소를 자신에게 종속시키는 데, 또는 자신에게 아직까지 결여된 기관들을 사회로부터 창조해내는 데 있다. 역사적으로 그것은 이런 방식으로 총체가 된다. 이러한 총체가 되는 과정은 그것의 과정, 그것의 발전의 한 계기를 이룬다."[17] 다른 곳에서 맑스는 다음과 같이 말한다.

> 우리가 도달하는 결론은 생산, 분배, 교환, 소비가 동일하다는 것이 아니라 이들 모두가 하나의 총체의 지체(肢體)들, 통일성 안의 차별성들을 형성한다는 것이다. 생산은 그 대립적 규정 속에서 그 자신에 대해 지배적일 뿐 아니라 다른 계기들에 대해서도 지배적이다. 그 과정은 언제나 생산으로 돌아와 새로 시작된다. 교환과 소비가 지배적일 수 없다는 점은 자명하다. 생산물의 분배로서의 분배도 마찬가지다. 반면 생산 행위자들의 분배로서의 분배는 그 자체로 생산의 한 계기다. 그리하여 일정한 생산이 일정한 소비·분배·교환을, 그리고 이 상이한 계기들 간의 일정한 관계를 규정

> 한다. 그러나 물론 일면적 형태로서의 생산은 그밖의 계기들에 의해 규정된다. 예를 들어 시장, 즉 교환영역이 확대되면 생산량은 증가하고 상이한 부문들 간의 분화는 심화된다. 분배에서의 변화와 더불어 생산도 변화한다(가령 자본의 집중, 도시와 시골 간의 상이한 인구분포 등). 마지막으로, 소비의 필요가 생산을 규정한다. 이 상이한 계기들 간에 상호작용이 일어난다. 이는 모든 유기적 전체에 해당되는 이야기다.[18]

여기서 말하는 총체는 인간 신체와 같은 단일한 유기체의 총체가 아니다. 그것은 생태계적 총체로서, 거기에는 경쟁하거나 협력하는 다수의 활동 종(species of activity)이 있으며, 진화의 역사는 침공에, 새로운 분업과 새로운 기술에 대해 열려 있다. 그것은 어떤 종과 하위체계가 멸종되는 사이에 다른 것들이 형성되고 번성하며, 동시에 에너지의 흐름이 온갖 방식의 진화 가능성을 가리키는 역동적 변화를 창조하는 체제다. 맑스는 과학적 유비와 은유를 좋아했지만 유기체적·진화론적 유비를 무엇보다 좋아했다. 『자본』 제1권 초판 서문에서 그가 밝히듯이 그의 "관점"은 "사회의 경제구성체의 발전을 자연사의 과정으로 보는" 관점이다.[19] 다윈(C. R. Darwin)의 열렬한 숭배자였던 맑스는 다윈이 자연과학에서 자신의 진화론을 발전시키는 데 수행한 일을 사회·역사과학에 대해 수행하고자 한다.

이 유기적 총체를 온전히 분석하려면 최소한 『자본』 세권의 시각들을 하나의 전체론적 이론으로 녹여내야 할 것이다. 맑스는 한번도 그렇게 하려고 하지 않았다. 『요강』에 제시된 그의 다양한 연구계획

개요들은 그가 계획을 완수하려면 경쟁, 국가(그리고 아마노 세금), 세계시장, 위기 등과 같은 주제를 다루는 책을 몇권 더 써야 하리라는 점을 보여준다.[20] 그는 이 목표를 달성하는 것과는 거리가 멀었다. 그러나 그는 자본을 구성하는 유기적 생태계 내부에서 서로 교차·횡단하는 불안정성들이 위기를 생산하는 경향을 띠게 되는 복잡한 방식을 인정하기는 했다. "부르주아 생산에 존재하는 모순들은 조정과정에 의해 해소되지만 그 과정은 동시에 위기로, 즉 상호독립적으로 작동하면서도 상관적인 단절된 요인들의 폭력적 결합으로 현상한다"[21]고 그는 썼다.

정치적 연관성에 관하여

분명 어느 시점에는 이러한 시각화의 정치적 관련성에 관해 질문이 제기될 것이다. 내 답변은 이렇다. 그것은 자본순환에 대한 이해의 맥락 속에서 쟁점과 제안 들을 살펴보게 해주며, 그럼으로써 정치적 제안들이 그 목표를 이룰 가능성이 얼마나 되는지 평가할 수 있게 해준다. 민주당 예비선거 캠페인 기간에 버니 샌더스(Bernie Sanders)는 자신의 정치적 강령의 핵심적인 일부로서 최저임금 15달러를 아주 강하게 밀고 나아갔다. 2016년 8월, '블랙 라이브스 매터'(Black Lives Matter, 흑인의 생명도 소중하다) 주위에 형성된 연합세력은 기본소득을 기초적인 정치적 제안으로 내세우는 문서를 발간했다(이 제안은 노예제 시절에 대한 일괄 보상의 일부로서 우선적으로 흑인집단을 겨냥한 것이었다). 이 두가지 제안의 발상은 피고용인들의 유효수요(샌더스의 경우), 또는 고용이 됐든 안 됐든 역사적으로 노예제의 피해를 입은 모든 이들의 유효수요('블랙 라이브스 매터'의 경우)를 증가시킴으로써 노동력의 재생산과 연관된 삶의 질을 근본적으로 향상시킬 수 있으리라는 것이었다. 두가지 제안에서는 화폐임금의 등가를 증가시켰다. 이런 유효수요의 증가는 각각의 인구집단이 받는 재화와 용역의 증가를 의미할 것이다. 그러나 그런 효과는 〔가치—옮긴이〕실현의 지점에서 그 효과의 가능성을 감소시키는 어떤 일도 발생하지 않음을 전제한다. 그러나 실현의 지점에서 약탈을 통한 대대적 가치 전유가 일어남을 우리는 자본순환의 분석을 통해 알고 있다. 만일 헤지펀드가 압류된 주택과 제약특허를 매점하고 가격을 (때로는 천문학적으로) 올려서 해당 인구집단이 행사하는 증대된 유효수요로부터 자신의 호주머니를 채운다면 최저임금의 인상이나 기본소득의 도입은 물거품이 되고 말 것이다. 늘어나는 대학등록금, 고리대 수준의 신용카드 이율, 통신료와 의료보험에 붙는 온갖 종류의 숨은 요금이 그 모든 이득을 훔쳐갈 수 있을 것이다. 한 인구집단은 이런 생활비를 통제하기 위한 엄격한 규제적 개입, 실현의 지점에서 일어나는 방대한 규모의 부의 전유를 제한하기 위한 개입으로 더 많은 이익을 얻을 수 있을 것이다. 실리콘밸리의 벤처 자본가들 사이에서도 최저 기본소득의 제안을 지지하는 강한 정서가 발견된다는 것은 놀라운 일이 아니다. 그들은 자기네 기술이 사람들을 수백만씩 실업으로 내몰고 있다는 것, 그 수백만명은 소득이 없다면 자기네 물건을 사줄 시장을 형성하지 못히리라는 것을 일고 있는 것이다. 그런 제안을 여기에 제시된 시각화 속에 위치시킴으로써 우리는 그 실행을 가로막는 장벽이 무엇인지, 또 숨은 동기는 무엇인지를 즉각 알아볼 수 있다. 그 시각화는 또한 자본순환 전반의 연속성에 대한 잠재적 장벽들의 지도를 제공한다. 그것은 장애물이 위기를 촉발할 만한 지점들을 짚어준다. 예를 들어 가치가 변신하는 모든 지점은 위기가 형성될 잠재적 장소다.

그 시각화는 또한 그 총체 구석구석에 영향을 미칠 다양한 형태의 사회적 투쟁을 흥미롭게 조명한다. 가치증식 지점에서의 투쟁은 필연적으로 계급적 성격을 띤다. (이는 자주 이론화의 대상이 되며, 사람들에게 잘 알려져 있다.) 실현 지점에서의 투쟁은 구매자와 판매자를 중심으로 이뤄지는데, 시장에서의 약탈적 행위와 강탈에 의한 축적에 대한 (가령 젠트리피케이션과 압류에 대한) 싸움을 촉발한다. 그런 투쟁은 좀처럼 이론화의 대상이 되지 않는다. 사회적 재생산의 영역에서는 사회적 위계, 젠더, 섹슈얼리티, 친족과 가족 등등의 문제가 훨씬 더 우세해지며, 우선적인 정치적 초점은 노동과정보다 일상생활의 질에 놓이게 된다. 맑스주의 문헌에서 이러한 투쟁은 빈번히 무시되어왔다. 분배를 둘러싼 투쟁은 다양한 자본 분파들과 국가장치 사이에 종종 나타나는 적대적인 관계에 대한 분석을 요구한다. 시장에서의 임금률을 둘러싼 자본-노동 간 투쟁과 더불어 그러한 투쟁으로, 자본순환 전반의 안팎에서 벌어질 가능성이 있는 정치적 투쟁의 다양한 지점들이 표시된 잠정적인 지도가 완성된다. 그리하여 자본순환의 총체 내에서 자본의 힘에 대항하는 사회적·정치적 투쟁은 다양한 형태를 띠며, 성공하기 위해서는 다양한 종류의 전략적 동맹을 필요로 한다는 결론이 나온다. 지금까지 전통적인 '좌파' 운동이 그러한 동맹의 중요성, 그리고 그 동맹의 작동에 필요한 타협의 중요성을 늘 인정한 것은 아니다. 나아가 자본순환의 맥락을 이루는 영역에서 발생하는 그 모든 투쟁들이 있다. 인간 본성은 어떠한가뿐만 아니라 인간 본성은 어떠할 것인가의 문제는 정치적으로 크나큰 의미를 지닌다. 도널드 트럼프, 헤이르트 빌더르스(Geert Wilders), 마린 르펜(Marine Le Pen), 레제프 타이이프 에르도안(Recep Tayyip Erdoğan), 나렌드라 모디(Narendra Modi), 빅또르 오르반(Viktor Orbán), 블라지미르 뿌찐(Vladimir Putin)* 등의 지지자들 사이에서 드러나는 인간 본성은 마하트마 간디(Mahatma Gandhi), 데즈먼드 투투(Desmond Tutu) 주교, 넬슨 만델라(Nelson Mandela), 에보 모랄레스(Evo Morales) 등의 추종자들에게서 보이는 인간 본성과 매우 다르고, 후자는 블라지미르 레닌(Vladimir Lenin), 피델 까스뜨로(Fidel Castro), 가말 압델 나세르(Gamal Abdel Nasser), 우고 차베스(Hugo Chavez), 프란츠 파농(Frantz Fanon), 레오뽈 쌍고르(Léopold Senghor), 아밀까르 까브랄(Amilcar Cabral) 등의 경우와는 또 매우 다르다. 어떤 종류건 정치·경제적 기획을 추구하려면 대중의 감정과 마음을 먼저 유인하고 형성하고 사로잡아야 한다는 것이 정치의 진부한 공식일지 모르지만, 그럼에도 인간 본성의 '본성'('the nature' of human nature)으로 불릴 만한 것을 둘러싼 정치적 투쟁이 자본순환의 경제적 문제들에서

* 각기 미국, 네덜란드, 프랑스, 터키, 인도, 헝가리, 러시아의 포퓰리즘 성향 정치인.

발원하는 관심사의 기저에 당연히 놓여 있다고 봐야 할 것이다. 그러나 한편으로 자본으로서 순환하는 가치와 다른 한편으로 더 광범위한 정치적·문화적·미적 가치의 끊임없는 구성과 재구성 사이의 관계는 그 자체로 대단히 중요한 문제로, 이 점은 운동하는 자본의 시각화가 분명히 해준다고 생각된다. 그러나 후자에 관한 사유와 능동적 투쟁을 우선시하는 사람들은 자신들이 특정 형태의 사유와 행동을 조장하고 다른 형태는 제약하는 자본의 순환이라는 맥락 속에서 주장을 펴고 있음을 인식해야 한다. 자본이 욕구·필요·욕망의 구성과 재구성에 영구적이고 필연적으로 관여하는 만큼, 이것은 간혹 인간 행동이 지닌 별개의 두 영역처럼 보일 수 있는 것들 사이를 잇는 하나의 중요한 가교가 된다. 따지고 보면 마거릿 새처(Margaret Thatcher)는 경제만 변화시키려 한 것이 아니고 '영혼을 변화시키려' 했으며 이 방면에서 어느정도 성공을 거두었다. 많은 이들이 '대안은 없다'는 그녀의 언명을 받아들이게 된 것이다. 바로 이런 부류의 서로 갈등하는 관심사들은 환경변화의 긴 역사를 통해 많은 면에서 이미 '제2의 본성'으로 재구성된, 끝없이 진화하는 '본성'에 대한 우리의 기존 관계 및 미래의 관계를 둘러싼 정치적·문화적 투쟁의 방대한 영역으로 뻗어나간다. 현재 우리가 어떻게 본성을 생산하고 있는가 하는 것은 엄청나게 논란이 되는 문제로, 이는 또 자본의 순환과 확대가 어떻게 이뤄지는가에 대한 이해와 무관하게 다뤄질 수 없다.

나는 이 더 광범위한 투쟁이 운동하는 가치의 영속화에 관련된 투쟁 안에 포괄된다고 생각하지 않는다. 포괄이 있다면 그 방향은 정반대다. 그러나 운동하는 가치에 대한 연구로 우리는 이 더 광범위한 정치 안에 포괄되어야 할 것이 무엇인지를 훨씬 더 잘 이해할 수 있는데, 그중 많은 부분은 소화하기가 꽤 어렵다.

3장

가치의 표상으로서의 화폐

『자본』 전체에 걸쳐 맑스의 이론적 논증 대부분은 가치의 용어로 표현되어 있다. 세계의 경제적 데이터와 맑스의 실제 사례들 대부분은 화폐의 용어로 표현되어 있다. 화폐가 가치의 정확하고 문제없는 표상(representation)이라고 가정해야 할까? 아니라면 왜 아닌가, 그리고 그 결과는 무엇인가? 표상 형태의 역사를 고려할 때, 화폐가 그것이 표상하게 되어 있는 가치의 체제적(systemic) 왜곡에 기초한다고 할 수 있을까? 지도투영법(map projections)*은 지구 표면의 어떤 지형들을 정확히 표상하면서 다른 지형들은 왜곡하는 것으로 악명이 높다. 화폐의 경우 가치와 관련하여 유사한 왜곡이 일어날 가능성을 염려해야 하지 않을까?

* 경위선으로 이뤄진 지구 표면상의 가상의 망을 체계적으로 변형하여 평면에 전개하는 방법.

가치는 사회적 관계다. 그러므로 그것은 '비물질적이면서도 객관적'이다. 가치의 "유령 같은 객체성"이 생겨나는 것은 "가치로서의 상품의 객체성에 단 한조각의 물질도 들어 있지 않"기 때문이다. 가치로서의 상품의 지위는 "물리적 객체로서의 상품이 지닌 거칠게 감각적인 객체성"과 대조된다. "하나의 상품을 아무리 돌리고 뒤집어보아도 그것을 가치를 지닌 사물로 파악하기는 여전히 불가능하다."[1] 상품의 가치는 사회적 삶의 다른 많은 특징들—권력, 명성, 지위, 영향력이나 카리스마 같은—처럼 물질적 표현을 갈망하는 비물질적이면서도 객관적인 사회적 관계다. 가치의 경우 이 필요는 맑스가 '눈부신'(dazzling) 화폐 형태라고 부르는 것을 통해 충족된다.

맑스는 언어 사용에 매우 신중하다. 그는 화폐를 거의 전적으로 가치의 '표현 형태' 또는 '표상'이라고 지칭한다. 그는 화폐가 가치의 화신이라거나 화폐는 관습에 의해 교환관계에 들씌워진 자의적 상징이라는 생각(당대 정치경제학에 널리 퍼져 있던 관점)을 주도면밀하게 피한다. 가치는 그 표현 양태인 화폐 없이는 존재할 수 없다.[2] 반대로 화폐는 아무리 자율적인 것처럼 보여도 자신이 표상하는 것에 자신을 연결하는 탯줄을 끊어버릴 수 없다. 화폐와 가치는 자율적이고 상호독립적이지만 변증법적으로 긴밀히 연관되어 있다고 보아야 한다. 이런 종류의 관계에는 긴 역사가 있다. 맑스는 이에 관해 다음과 같이 생각한다.

우리의 설명 과정에서 분명해진바, 하나의 추상으로 나타난 가치는 (…) 화폐가 정립되는 순간에야 가능하다. 한편 이 화폐의 유통은 자본에 이르고, 따라서 일반적으로 자본의 토대 위에서만 유통이 생산의 모든 계기를 장악할 수 있듯이 이 토대 위에서만 유통은 완전히 발전할 수 있다. 그러므로 이 발전은 자본처럼 특정한 역사적 시대에 속한 형태들의 역사적 성격을 드러내줄 뿐 아니라, (그 과정에서) 가치처럼 순전히 추상적으로 나타나는 범주들은 그것들이 추상되는 역사적 토대, 그 기초 위에서만 그것들이 나타날 수 있는 역사적 토대를 드러내며, (…) 또한 화폐처럼 다소간 모든 시대에 속한 범주들은 자신들이 겪는 역사적 수정을 드러낸다.[3]

맑스에게, 종합적으로 고려된 『자본』의 모든 주요 범주는 자본주의의 역사적 경험과 실천에 근거를 둔 추상이다. "고대에는 가치의 경제적 개념이 생겨나지 않는다. (…) 가치의 개념은 가장 근대적인 경제에 전적으로 특유한데, 그것은 자본 자체와 자본에 기초한 생산의 가장 추상적인 표현이기 때문이다." 지대, 이자, 상업자본 수익처럼 역사가 더 긴 범주들은 시간이 지나면서 자본주의 생산양식의 요구들에 적응하게 된다. 화폐의 경우도 그렇다. 문제는 자본주의에 고유한 화폐적 특징과 자본주의에 선행하는 (개오지 조개껍데기나 조가비 구슬 같은*) 다양한 화폐 형태를 어떻게 구별할 것인가 하는

* 개오지는 바다에 사는 복족류(배에 다리가 붙은 형태의 연체동물)로, 화려한 빛을 내는 그 껍데기가 고대 동아시아와 남아시아 및 아프리카 지역에서 통화로 쓰였다. 쇠고둥과 대합 껍데기를 다듬어 엮은 조가비 구슬은 북미 인디언과 유럽에서 건너온 초기 식민주의자들 사이에서 화폐로 사용됐다.

짐이다. 신용을 분석하는 데로 오면 이 문제는 이중으로 중요해진다.

> (순환)과정의 부단한 연속성, 가치가 한 형태에서 다른 형태로, 또는 과정의 한 국면에서 다음 국면으로 막힘없이 흐르듯 이행하는 것은 이전의 그 어떤 생산 형태에서보다 자본에 기초한 생산에서 훨씬 더 근본적인 조건으로 나타난다. (…) 그리하여 자본에 기초한 생산에서 (이) 본질적 조건이 (…) 실제로 구현되는가 아닌가 하는 것은 우연의 문제로 나타난다. 자본 자체에 의한 이 우연성의 중지가 신용이다. (…) 이전의 어떤 생산양식에서도 그 어떤 발달된 형태의 신용이 나타나지 않는 이유가 그것이다. 과거의 경우에도 차용과 대부가 있었고, 고리대금은 자본의 태곳적 형태 가운데서도 단연 가장 오래된 것이다. 그러나 일하기(working)가 산업노동이나 자유 임금노동이 되지 않듯이 차용과 대부가 신용이 되지는 않는다. 게다가 본질적인, 발달된 생산관계로서의 신용은 역사적으로 자본에, 또는 임금노동에 기초한 유통에서만 나타난다. (상이한 생산 부문들에서 요구되는 시간의 불균등함이 교환을 방해하는 한에서, 화폐 자체가 그 불균등함을 중지시키기 위한 한 형태다.)[4]

자본주의 생산양식 내에서 화폐와 신용의 변별적인 질은 운동하는 가치로서의 자본의 운동의 연속성을 보장하게 되어 있다. 역으로 연속성을 보장해야 할 필요성은 화폐, 신용, 가치라는 범주들을 특정한 역사적 구성으로 결합시킨다.

『자본』의 첫 장은 이런 종류의 문제들을 어떻게 연구하는지를 보여주는 좋은 본보기다. 맑스는 어떻게 고전정치경제학자들이 마치 자신의 범주들이 자연 상태에서 생겨난 듯이 (그래서 만고불변이고 변하지 않고 있으며 변할 수도 없는 듯이) 그 범주들을 '자연화'하는 데 허구적 과거, 즉 로빈슨 크루소 신화의 과거를 활용하는지 지적한다. 그들과 달리 맑스는 어떻게 범주들이 허구적 이야기에서 나오기보다 실제 역사에 뿌리를 두고 있는지를 강조하기 위해 전(前)자본주의 사회들을 검토하는 편을 택한다. "이제 햇빛 찬란한 로빈슨의 섬에서 어둠에 감싸인 중세 유럽으로 이동해보자(…)"라고 그는 말한다. 그는 봉건적 강제노역에, 그리고 "소농 가족의 가부장적 농업"에 전형적인 사회적 관계와 범주 들을 간략히 검토한다. 그러나 이어 그는 자본주의가 극복된 이후에 그 범주들이 어떻게 보일지 상상해봄으로써 오늘날의 자본의 특징에 관해, 말하자면 삼각측량을 한다. 그는 전자본주의적 과거와 공산주의라는 전미래(futur antérieur)를 지금의 자본의 특수한 본질(그리고 화폐와 신용의 성질)을 이해하기 위한 입지로 이용하는 것이다. 전미래는 발생할지도 모르는 것에 관한 유토피아적 상상계가 아니라 우리가 공산주의에 다다른다면 반드시 발생할 것의 상술(specification)이다. "기분 전환을 위해, 공동의 생산수단으로 노동하며, 자신들이 지닌 여러 다양한 형태의 노동력을 온전한 자각 속에 단일한 사회적 노동력으로 쓰는 자유인들의 연합을 상상해보자." 소외되지 않은 그런 상태에서 "개별 생산자들이 자신의 노동과 노동생산물에 대해 맺는 사회적 관계는 여기서 생산에서나 분배에서나 단순하고 명료하다."[5]

이 세계에는 아무도 모르게 작동하며 우리 자유를 제한하는 시장의 숨은 손이나 운동법칙이 없고, 확실히 국가의 지시도 없다. 바로 이런 이전과 이후의 시각에 입각해서 맑스는 정치경제학자들의 저술에 만연한데다 가격 결정 시장에서 상품교환에 대한 상식적 표상을 오염시키기까지 하는, 그가 '물신주의'라고 부르는 것의 '베일'을 걷어낸다. 화폐는 그런 물신주의의 최상의 예다. 우리는 화폐가 우리와 타인들에 대해서 사회적인 힘을 소유하고 있다고 믿는데, 물론 어느정도 그것은 사실이다. (맑스의 물신주의 이론의 요체는 바로 여기에 있다—물신주의는 실재적이지만 오도된wrong-headed 것이다.)

자, 그러면 가치와 화폐로의 그 표상 간의 변증법적 관계를 어떻게 이해해야 하는가? 맑스의 시대에 이것은 논란이 심한 정치적 문제였다. 1840년대 말, 『자본』의 핵심적 발상들 가운데 많은 것이 전개되기 한참 전에 맑스는 영국의 리카도주의 사회주의자들과뿐만 아니라 훨씬 더 중요하게는 프랑스 숙련공들 사이에 추종자가 많았던 기세등등한 프루동과 정치적으로 사이가 틀어져버렸다. 프루동과 그 추종자들은 다음과 같이 더할 나위 없이 합당한 질문을 제기했다. 당대의 모든 주도적 정치경제학자들—가장 주목되는 인물은 데이비드 리카도인데—이 경제적 가치는 전적으로 노동에 의해 생산된다고 역설하는데 어째서 자본가들은 그토록 부유하고 노동계급은 그토록 빈곤한가?

프루동은 노동의 가치가 시장에서 표상되고 있는 방식에 잘못이 있다고 결론 내렸다. 화폐의, 그리고 시장교환의 불합리성이 문제의 핵심이었다. 필요한 것은 노동가치를 측정하고 가격을 정하는 대안적 방식, 노동자가 생산물을 만들 때 쓰는 실제 시간에 직접 기초한 방식이라고 그는 제안했다. 노동자는 실제로 일한 노동시간을 나타내는 노동시간 전표, 노동시간수(labour hours), 심지어 동전으로 임금을 지급받아야 한다. 프루동주의 운동은 사회적 불평등 문제를 해결하고 노동자의 권리를 회복할 수 있도록 화폐제도를 개혁하고 무상 신용을 제공하는 체계를 만들며 중앙은행 업무를 혁신하고 상호신용 기관을 설립하기를 고대했다.

『철학의 빈곤』(*The Poverty of Philosophy*, 1847)에서 맑스는 이런 발상들에 격렬히 반대했다. 1857년의 미출간 메모를 담은 『요강』의 첫 부분은 프루동 추종자인 알프레드 다리몽(Alfred Darimon)*의 화폐에 관한 생각에 대한 긴 논박이다.[6] 맑스가 프루동과 그 추종자들에게 지닌 불만은 그들이 가치를 규정하는 사회관계를 파고들지 않는다는 점이었다. 자본주의하에서 중요한 것은 사회적 필요노동시간이지 실제 노동시간이 아니다. '사회적으로 필요한'이라는 말은 자본가와 노동자가 모두 그에 예속되는 어떤 '숨은 손'이나 '운동법칙'의 존재를 함축한다. 『1844년 경제학 철학 수고』(*Economic and Philosophic Manuscripts of 1844*)에서 이미 맑스는 자본주의하에서 가치란 생산에서 자본에 의해 착취되고 가격 결정 시장에서 사유재산과 상품교환에 의해 확보되는 소외된 노동이라는 결론을 내렸다. 이것이 노동자가 자본의 가치증식에 종사하면서도 겪을 수밖에

* (1819~1902) 프랑스의 정치인이자 저술가.

없는 사회적 불평등과 영락(零落)한 삶을 낳는 조건이었다. 사회주의 혁명의 목표는 노동자가 노동하는 조건이 되는 사회적 관계의 근본적 변혁이었다. 그러한 변혁 없이는 연합된 노동자들이 결정을 내리고, 사회적 필요노동시간 대신 실제 노동시간이 가치의 척도가 될 세계를 창조하는 일은 불가능할 것이었다.

외적 계급권력에 지배되는 소외된 노동이 문제의 핵심이었다. 맑스가 볼 때 화폐는 (소외된) 노동가치를 표상했다. 그러므로 "생산관계는 그대로 두고 시장에서 이루어지는 가격 형성의 불합리성을 제거하려는 것은 본질상 실패를 자초하는 일인데, 왜냐하면 그것은 가격 형성의 불합리성이 그 표현인 가치생산의 불합리성 자체를 마치 없는 것처럼 가정하기 때문이다."[7] 프루동의 입장에서 잘못된 점은 그것이었다.

자본주의적 가치법칙의 토대가 되는 사회적 관계를 비판하지 않고 (시간 전표 같은) 소외된 노동에 대한 더 나은 방식의 표상을 구하는 것은 그저 그 소외가 계속되도록 놓아두는 것이었다. 맑스의 생각에 수많은 리카도주의 사회주의자들과 더불어 프루동과 그 추종자들이 무의식적으로 하고 있던 일은 그것이다. 이것이 『자본』 제1권에서 맑스가 시도한 공산주의라는 전미래의 묘사가 그토록 중요한 이유다. 그것은 사회적 필요들이 자본-노동 간 지배관계에나 (국가나 시장 같은) 그 어떤 외적 권력의 개입에 좌우되지 않고, 생산수단이 공유된 상태에서 연합된 노동자들(프루동은 이 개념에 질색을 했다)이 완전히 투명하게, 의식적이고 따라서 소외되지 않은 결정을 내리는 상황을 그린다.

프루동이 자기 범주들을 이끌어낸 매뉴팩처(공장제 수공업)의 세계는 1840년대 빠리의 작업장들이었다.[8] 대체로 이것들은 자기 자신의 노동과정을 통제하는 장인이 운영하는 소규모 사업체로서 뒤쪽에는 작업장이, 앞쪽에는 가게가 있었다. 주로 마주치는 자본 형태는 상업자본으로, 상인들은 작업장에서 물건을 사서 (1850년대에 생겨난 백화점의 전신인) 자신들의 포목점에서 통합 판매하곤 했다. 장인들은 자신들의 노동과정을 통제했으므로 노동과정에 대해 불평하지 않았다. 그들의 입장에서 볼 때 생산 시점에 노동은 소외되지 않았다. 그들의 주된 불평거리는 상인이 제시하는 낮은 가격과 선대제도(a putting out system)를 통한 상인 지배의 강화였다. 후자의 경우 상인은 주문을 넣고 완제품의 성질에 관한 세부사항을 지시했으며, 경우에 따라 원자재를 제공하고 심지어 (종종 고리대의 이율로) 선대(先貸)를 했다. 이런 상황에서 상인이 제공하는 보잘것없는 화폐적 보상 대신 수행 노동시간에 대한 충분한 인정을 요구하는 것은 이해할 만했다. 그들의 노동의 가치는 시장에서 강탈(소외)되고 있었다. 화폐와 시장에 관한 프루동의 주장은 이 청중들에게 직관적 차원에서 어느정도 이치에 맞는 것으로 여겨졌다. 그가 노동자 권리의 대변자로 간주된 것은 크게 놀라운 일이 아니다.

맑스는 생산의 시점에 자본가가 노동과정을 통제하고 소외된 노동이 지배하는 공장체제의 맥락에서 글을 쓰고 있었다. 우리로서는 그 역사적 시기에 이 차이가 얼마나 엄청나 보였는지 상상하기 어렵다. 독일의 장인노동 체제를 잘 알고 있던 엥겔스는 영국의 공장체제 및 자본주의적 산업주의와 처음 맞닥뜨렸을 때 느낀 놀라움과 공포를 기록한다. 1844년에 『잉글랜드 노동계급의 상태』(*The Condition of the Working Class in England*)를 쓴 그는 그 특성들을 묘사한 최초의 논평자 중 한 사람이었다. 이 두 산업체제는 노동과정에서 서로 엄청나게 달랐다. 공장노동에 관한 엥겔스의 설명은 맑스에게 강한 인상을 남겼다. 맑스는 공장체제를 목적론적으로, 자본의 미래로 보는 경향이 있었다. 『자본』 제1권은 이 미래에 헌정된 것으로, 맑스는 그 세계로부터 자기 범주들을 이끌어냈다.[9]

프루동과 맑스를 갈라놓는 차이들은 그들이 다뤘던 상이한 노동체제를 반영한다. 그러므로 우리 역시 오늘날의 노동 관행을 반영하는 우리 자신의 범주들을 재평가해야 할지도 모른다. 예를 들어 맑스가 자본주의의 미래로 가정한 공장노동은 선진자본주의 국가에서 상당히 축소되어왔으며, 그가 대략적으로 가정한 목적론은 그가 상상한 방식으로 전개되지 않았다. 현재 자본은 상이한 시간과 장소에 속한 매우 상이한 노동체제들의 놀라운 혼합으로 구성되어 있다. 세계의 어떤 지역(가령 동아시아)에서는 공장노동이 여전히 지배적이지만 북미와 유럽에서는 그런 노동이 상당히 축소되었으며 다양한 다른 노동체제(디지털노동 등등)로 대체되었다.

오늘날 지역 통화, 시분할(time sharing),• 노동시간 화폐 등을 사용하는 프루동 식의 화폐적 개입이 재화와 용역 교환의 관습적 양식에 대한 대안으로서 많은 관심을 끌고 있다.[10] 어떤 정치적 운동에

• 하나의 장치를 동일한 시간에 복수의 목적을 위해 사용하는 방식. 한 컴퓨터의 CPU 자원을 시간적으로 분할하여 여러 사용자에게 번갈아 할당하면 사용자들이 동시에 작업을 수행하는 효과를 얻는다.

서는 이것이 (가급적이면 노동자 통제하의) 탈중심화된 소규모 생산체제를 부활시키려는 시도와 결합되어왔다. 후자가 가능해진 것은 1980년대에 출현한 유연전문화(flexible specialisation) 및 소단위 생산의 새로운 기술과 조직 형태 덕분이다. 그 시기에 피오레이(Michael Piore)와 세이블(Charles Sable)은 큰 관심을 불러일으킨 그들의 저서 『2차 산업분리: 번영의 가능성』(*The Second Industrial Divide: Possibilities for Prosperity*)에서 그것을 좌파가 작업장 상호주의라는 프루동의 꿈을 실현할 기회로 읽었다. 또스까나에서 출현한, 자발적으로 조직된 소단위 생산체제는 1980년대에 사회주의적 미래의 모델이 되었다. 불행히도 이 노동체제는 신자유주의의 덫으로 드러났는데, 그것은 탈중심화된 불확실성과 불안정성에 기초한 노동체제 안에서 노동자의 조직된 힘을 해체하고 착취율을 확대한 것이다. 유연전문화는 자본주의적 기업을 위한 유연축적이 되었다.[11] 한편 디지털노동과 소액금융의 고용 패턴이 고도로 탈중심화되는 중에도—물론 이것도 갈수록 전통적 산업노동에 비해 한치도 덜 억압적이지 않은 자기착취의 구성으로 조직되고 있다—대규모 공장체제는 동아시아와 동남아시아에 건재하다.[12]

노동가치론에 표현된 사회적 관계가 화폐제도의 개혁에 의해 개조될 수 있으리라고 가정하는 것은 크나큰 오류일 것이다. "부르주아사회의 악은 은행을 '변형'하거나 합리적인 '화폐제도'를 만듦으로써 치유할 수 없다."[13]

특수한 상품들과 나란히 화폐가 존재함으로써 생겨나는 혼란과

> 모순을 그서 화폐 형태를 바꿈으로써 중지시킬 수는 없듯이(낮은 단계의 화폐 형태에 특징적인 난점을 높은 단계의 형태로 이행함으로써 피할 수는 있겠지만), 교환가치가 생산물의 사회적 형태로 남아 있는 한 화폐 자체를 철폐할 수도 없다. 불가능한 과제를 설정하는 것을 피하기 위해서, 그리고 화폐 개혁과 유통의 변형이 생산관계와 이 생산관계에 의존하는 사회적 관계에 새로운 모습을 부여할 가능성의 한계를 인식하기 위해서 이 점을 명확히 이해할 필요가 있다.[14]

맑스에 관한 한, 유일한 궁극적 해결책은 교환가치의 완전한 철폐인데, 물론 이는 그가 자본주의에서 도출해낸 범주들 가운데 사용가치의 조직적 교환만 유일하게 남겨두고 사회적 필요노동시간으로서의 가치를 철폐하는 것까지 함축한다.[15]

맑스는 다리몽을 비판하는 글을 쓰면서 두가지 기본적인 질문을 제기한다. "기존의 생산관계와 이에 상응하는 분배관계가 유통수단과 유통조직의 변화로 혁명화될 수 있는가?" 이 질문에 대한 맑스의 답은 단호한 '아니다!'이다. "다음 질문. 그런 유통의 변형이 기존의 생산관계와 이에 상응하는 사회적 관계를 건드리지 않고 이뤄질 수 있는가?" 맑스는 애매하게 답한다. "여러가지 문명화된 화폐 형태—금속, 종이, 신용화폐, (사회주의적 형태로 불리는) 노동화폐—가 화폐의 범주 자체에 표현된 생산관계 자체를 중지시키지 않고서 자신에게 요구되는 바를 달성할 수 있는지, 그리고 형태의 수정을 통해 어떤 관계의 본질적 결정요인들을 우회하기를 소망하는 것은 자기모순적 요구가 아닌지는 이 일반적 문제의 일부분일 것이다." 그러나 (그는 이어서 말한다) "다양한 화폐 형태가 다양한 단계의 사회적 생산에 더 잘 맞을 수 있다. 한가지 형태가 또다른 형태로서는 속수무책인 악을 치유할 수 있다. 그러나 그것들이 여전히 화폐 형태인 한, 그리고 화폐가 여전히 하나의 본질적 생산관계인 한, 그것들 중 어느 것도 화폐관계에 내재하는 모순을 극복할 수 없고 이런저런 형태로 그 모순을 재생산하기를 기대할 수밖에 없다." "임금노동의 한가지 형태가 다른 형태의 악폐를 바로잡을 수 있지만 임금노동의 그 어떤 형태도 임금노동 자체의 악폐를 바로잡을 수는 없는" 것과 마찬가지로, 한가지 화폐 형태는 "또다른 형태보다 더 간편하고 더 적절하며 불편함이 덜할 수 있지만 모든 특정한 교환수단의 존재, 모든 특정하지만 일반적인 등가물의 존재로부터 생겨나는 불편함은 모든 형태에서 어떤 다른 방식으로든 반드시 재생산될 수밖에 없다."[16]

신용제도의 등장과 변형은 맑스가 여기서 말하고 있는 것의 명백한 사례다. 먼저, 큰 편차를 지닌 자본 회전시간들, 고정자본 형성, 집단적 소비수단에 대한 장기 투자 등과 연관된 과잉 비축의 문제를 해결하기 위해서 오래 지속돼온 관행들이 변형되었다. 더 최근에는 이자 낳는 자본이 그 자체로 축적의 강력하고 독립적인 추동력이 되었다. 그 결과는 인간이 욕구와 필요로부터 해방된 것이 아니라 순환 및 잉여가치 생산의 효율성이 증대하는 것인데, 이는 부채노역의 증가와 일상생활의 정치 전반에 걸친 소외의 증가를 댓가로 한다.

자본의 역사를 통틀어 화폐 형태·화폐 사용의 기술은 여러번 혁형화되었다. 이는 실로 해석의 문제를 제기한다. 가령 중앙은행이 양적 완화를 시행하고 있거나, 또는 은행제도 내에서의 신용 창출이 그토록 통제 불능인 것처럼 보일 때 우리는 노동가치론을 어떻게 이해해야 하는가? 몰상식하리만치 투기적인 경제에서 가치가 화폐 형태에 부과한다고 하는 그 규율은 어디에 있는가? 온라인뱅킹 기술과 (비트코인이 선도했으나 이제는 은행들이 능동적으로 개발하고 있는) 블록체인 기술을 보면 화폐 형태에 혁명이 일어나고 있는지도 모른다는 생각이 드는데, 그런 혁명이 저변의 가치관계를 거스르지는 않을지라도 사회관계에 어떤 영향을 미칠지 면밀히 주시할 필요가 있다.[17] 맑스는 그런 문제들이 존재함을 알고 있었다. 그는 그 답을 찾아서 자기 연구의 토대 자체로 되돌아간다.

상품교환이 정상적인 사회적 행위가 되면 한두 상품이 일반적 등가물의 역할을 수행하기 위해 결정화된다. 자본주의 시대에는 금과 은이 선호하는 가치 표현 형식이 되었다. 그러나 이는 곧바로 어떤 모순을 낳는다. (하나의 감각적 상품인) 금의 사용가치가 "그 대립물, 즉 가치의 현상 형태가 된다."[18] 금의 생산에 체화된 구체적인 육체노동이 "그 대립물, 즉 추상적인 인간 노동"[19]의 표현 양식이 된다. 금의 생산에 연관된 "사적 노동"이 "그 대립물의 형태를 취하여 직접적으로 사회적인 형태의 노동이 된다."[20] 마지막으로, 어쩌면 이 점이 가장 의미심장한데, "화폐 자체가 하나의 상품, 즉 누군가의 사유재산이 될 수 있는 외형적 물체가 된다. 그리하여 사회적 노동에서 나오는 사회적인 힘이 사적 인간의 사적인 힘이 된다."[21]

여기에 제시된 왜곡들은 체제적이고 주요한 것이지, 우연적이고 소소한 것이 아니다. 화폐는 개인의 부와 힘의 척도, 욕망의 최고의 대상이 된다. 그것은 계급권력과 계급지배의 단일한 기초를 형성한다. 더더욱 중요한 점은 그것이 가치증식이 계속되는 데 긴요한 생산수단이 된다는 것이다. 그러나 이 사회적인 힘은 화폐제도의 바탕에 그 소중한 금속들이 자리하고 있는 동안 내내 체제적으로 제한된다. 사회적 분업과 교환관계가 확산되고 그 복잡성이 증대되면서 "화폐의 힘도 커지며," 그리하여 "교환관계는 생산자들에 대해 외적이며 독립적인 힘으로 확립된다. 원래는 생산을 증진시키는 수단으로 나타난 것이 생산자들에 대해 외생적인(alien) 관계가 된다. 생산자들이 교환에 더 의존하게 될수록 교환은 그들에 대해 더 독립적이 되는 것으로 나타난다."[22] 화폐는 교환의 하인으로 도입되지만 곧 그것의 전제적(專制的) 주인이 된다. 애덤 스미스의 '숨은 손'이 권력을 장악하기 시작한다. 생산자들은 가격 결정자가 아니라 가격 수용자가 된다. "생산물로서의 생산물과 교환가치로서의 생산물 사이의 격차가 심화되는 것으로 나타난다." 맑스의 설명은 다음과 같다. "화폐가 이런 대립과 모순을 창조하는 것은 아니다. 오히려 이런 모순과 대립의 전개가 일견 초월적인 화폐의 힘을 창조하는 것이다."[23] 지금 사방에서 우리를 둘러싸고 있는 것이 이 초월적인 힘이다.

이 모순은 맑스의 저작 전체에 걸쳐 반향을 일으킨다. 자본의 노동가치론에 대한 그의 설명은 그 모순과 뗄 수 없이 얽혀 있다. 맑스가 화폐의 다양한 기능을 더 깊이 천착할수록 이 주제는 더욱더 복잡해진다. 화폐는 가치의 척도, 저축의 양식, 가격의 기준, 유통의 수단이 될 수 있으며, 계산화폐로, 신용화폐로, 그리고 끝으로 그러나

마찬가지로 중요하게, 자본을 생산하기 위한 생산수단으로 기능할 수도 있다.[24]

이 기능들 가운데 몇가지는 양립 불가능하다. 금은 (산화되지 않는 금속이므로) 가치의 척도로서, 가격의 기준으로서, 저축을 위한 매체로서 훌륭한 반면 유통수단으로서는 가망이 없다. 후자의 역할을 더 잘 수행하는 것은 주화, 국가가 발행하는 명목화폐, 그리고 궁극적으로 전자화폐 같은 화폐의 상징들이다. 이 화폐 형태들은 애초에는 금속 기반(metallic base)과 관련되어 있는 그 질(qualities)에 대한 보증 없이는 존재할 수 없다. "가격의 도량기준을 확립하는 것과 마찬가지로 화폐 주조는 국가의 업무다. 금과 은이 주화로서 국내에서 입고 있는 다양한 국가별 제복"은 "그것들이 세계시장에 나타날 때 다시 벗겨"지는데, 이는 "상품유통의 내부적, 즉 국내적 영역과 그 보편적 영역, 즉 세계시장 간의 분리"를 나타낸다.[25]

그렇다면 이 근본적으로 상이한 가치 표현 형태들 (가령 금 대 주화 대 중앙은행 화폐, 국내적 화폐수단 대 국제적 화폐수단) 사이의 상호관계에 관한 질문이 제기된다. 여기서 지도투영법과의 비교가 유용하다. 어떤 투영법은 방향의 정확성을 보존하지만 다른 모든 것을 왜곡시키는가 하면 다른 투영법은 지역이나 모양이나 거리를 정확히 표상하면서 다른 모든 특징은 희생시킨다. 상이한 화폐 형태들도 마찬가지다. 상이한 표상은 상이한 목적에 부합하는 것이다. 목적이 엇갈리는 일이 없기를 바라지만 물론 그런 일은 늘 일어난다. 한가지 방식(가령 축적의 수단)으로 사용되던 화폐가 갑자기 유통수단의 역할로 전환되거나 그 반대가 될 수 있다. 맑스가 재미난 것처럼 언급하듯이, 만일 우리가 상품을 유통시키는 수단으로서의 화폐에만 관심이 있다면 위조주화나 위조지폐도 국가가 보증하는 명목화폐 못지않게 효과적이다.[26]

아이러니한 것은 사회적 가치의 물리적·물질적 표상을 찾아야 할 필요에서 화폐에 대한 확실한 금속 기반(금과 은)을 채택했는데, 이는 일상적 용도로는 매우 부적합했기 때문에 그것이 효력을 갖기 위해서는 그것 자체의 상징적 표상(지폐와 전자화폐)이 필요했다는 점이다. 무역이 확대되면서 상징적 화폐는 점점 더 지배적인 것이 되었다. 1970년대 초에 금속 기반을 없애자 두가지 상징체계 — 가치와 화폐 — 가 어색한 변증법적 포옹 속에 나란히 존재하게 되었다.

이 어색함은 맑스가 "가격 형태 자체에 내재"하는 "화폐 가격과 가치 크기 사이의 양적 불일치"라고 부르는 것으로부터 부분적으로 발원한다. 시장에서 제안되고 실현되는 가격(그것이 금으로 표현되든, 명목화폐로 표현되든, 아니면 심지어 노동시간 화폐로 표현되든 상관없다)은 도처에서 오르내릴 수 있지만 이것이야말로 "이 형태를 어떤 생산양식, 즉 지속적인 불규칙성들 사이의 맹목적으로 작동하는 평균으로서만 그 법칙이 관철되는 생산양식에 적합한 형태로 만들어준다."[27] 이런 방식으로만 수요와 공급은 균형을 이룰 수 있으며, 가치에 가장 근접하는 것은 그 균형가격이다.

더 곤란한 점은 화폐 형태가 "또한 질적 모순을 내포할 수 있다"는 것인데, 이 경우 "가격은 전혀 가치를 표현하지 않게 된다. (…) 그 자체로는 상품이 아닌 것, 가령 양심이나 명예 따위를 그 소유자가 팔려고 내놓을 수 있으며, 그리하여 그것은 그 가격을 통해 상품의 형태를 취할 수 있다. 따라서 어떤 것이 가치를 갖지 않으면서 형식상으로 가격을 가질 수 있다." 어떤 경우 이 가격은 "실제적인 가치관계나 그로부터 파생되는 가치관계를 숨기고 있을 수 있다. 가령 그 안에 인간 노동이 전혀 대상화되어 있지 않아서 가치를 갖지 않는 경작되지 않은 토지의 가격이 그렇다."[28]

겉으로 보면 이 점은 노동가치론에 특히 곤란하다. 일찍이 신고전학파 경제학자들이 불평했듯이, 그토록 많은 일이 가치의 범위를 넘어서서 가격의 영역에서 일어나고 있다면 왜 가치의 문제는 완전히 접어두고 시장가격과 그 운동을 직접 분석하지 않는가? 이런 시도의 단점은 자명하다—가격과 가치의 변증법적 관계를 지워버리면, 노동자가 자본을 위해 임금노동을 수행하는 과정에서 다른 이들을 위해 하도록 요구받는 사회적 노동의 화폐적 표상을 비판할 입지가 사라져버리는 것이다. 위기의 화폐적 측면이 어디서 오며 위기 일반이 왜 필연적으로 화폐 형태로 표현되는가를 우리는 설명할 수 없을 것이다. 『자본』 제1권에서 맑스는 이 점을 설명하고자 애쓴다. "위기에서 상품과 그 가치 형태인 화폐 사이의 대립은 절대적 모순의 수준으로까지 격화된다." 그렇다면 이 모순은 어디에서 오는가? 맑스에 따르면 그것은

> 지불수단으로서의 화폐의 기능에 내재한다. 여러 지불이 서로 상쇄되는 경우 화폐는 계산화폐로서, 가치의 척도로서 명목상으로만 기능한다. 그러나 지불이 실제로 이뤄져야 하는 경우 화폐는 순환하는 매체로 (…) 등장하는 것이 아니라 사회적 노동의 개별

> 적 화신으로 (…) 등장한다. 이 모순은 화폐위기로 알려진 산업적·상업적 위기의 국면에 폭발한다. 그러한 위기는 계속되는 지불의 연쇄가 그 지불을 정산하기 위한 인위적 체제와 더불어 충분히 발달한 경우에만 발생한다. 이 기제가 전반적으로 교란될 때면 언제나 그 원인을 불문하고 화폐가 계산화폐라는 그저 명목적인 모습에서 경화(硬貨)로 갑자기, 즉각적으로 변한다. 이제 세속적인 상품은 그것을 대체하지 못한다. 상품의 사용가치는 무가치하게 되며, 상품의 가치는 그것 자체의 가치 형태 앞에서 사라져버린다. 부르주아는 번영에 취하여, 오만하게 자기 확신에 차서 화폐는 순전히 상상의 산물이라고 방금 단언했다. "상품만이 화폐다"라고 말한 것이다. 그러나 이제 정반대의 외침이 세계시장에 가득 울려 퍼진다—화폐만이 상품이다. 사슴이 신선한 물을 목말라하듯이 그의 영혼은 화폐를, 그 유일한 부를 목말라한다.[29]

이것이 가치와 연관된 변증법적이고 유동적인 화폐의 운동을 인식함으로써 가능해지는 그런 종류의 분석이다. 그러나 이 변증법의 힘은 또한 가치 자체가 방금 묘사된 운동에 영향을 받지 않을 수 없도록 만든다. 가치가 화폐에 매개된 시장교환의 확산을 통해 생겨난다면 화폐의 질, 그리고 화폐가 측정하는 것의 질은 가치의 사회적 질에 영향을 미칠 수밖에 없다. 가격과 가치 사이의 질적 불일치는 무시될 수 없다.[30]

금속 기반의 포기가 일어나기 전에 맑스는 상이한 목적들을 위해 상이한 화폐들이 존재할 뿐 아니라 화폐제도 내부에 흥미로운 위계가 존재함을 간파했다. 금속 기반은 말 그대로 가치 금본위제였는데, 그것은 바로 시간이 지나도 변치 않는 금의 물질적인 질, 그리고 아울러 이미 지상에 존재하는 금의 세계적 재고에 비해 아주 천천히밖에는 늘어날 수 없는 양 때문이었다. 이 심히 제약된 화폐 형태는 신용제도의 비등함(effervescence)과 극적인 대조를 이루었다. 맑스는 이를 다음과 같이 표현한다. "화폐제도는 본질적으로 가톨릭적이고 신용제도는 본질적으로 프로테스탄트적이다. 지폐로서, 상품의 화폐적 실존은 순전히 사회적인 실존만을 갖는다. 구원을 가져오는 것은 믿음이다. 상품의 내재적인 영(靈)으로서의 화폐가치에 대한 믿음, 생산양식과 그것의 예정된 질서에 대한 믿음, 스스로 가치를 증식시키는 자본의 인격화된 존재로서의 개별 생산 행위자에 대한 믿음. 그러나 프로테스탄티즘이 가톨릭교의 토대에서 해방되지 않은 것처럼 신용제도는 그 기초로서의 화폐제도에서 해방되지 않는다."[31] 좋은 시절에는 신용이 "부의 사회적 형태로서, 화폐를 밀어내고 그 자리를 찬탈"하며, 그리하여 "생산물의 화폐 형태는 그저 일시적이고 관념적인 어떤 것, 생각에 불과한 것으로 나타난다. 그러나 신용이 흔들리는 즉시 (…) 모든 실질적인 부는 실제로, 그리고 급작스럽게 화폐로—금과 은으로—전화되어야 하는바, 이는 가당찮은 요구지만 제도 자체로부터 필연적으로 생겨나는 요구다. 그리고 이 엄청난 요구를 충족시켜야 하는 금과 은은 다해봐야 잉글랜드은행 지하금고에 있는 수백만 파운드스털링뿐이다."[32] 상품의 가치는 그렇다면 "화폐 형태로 된 이 가치의 환상적이고 자율적인 존재를 보장하기 위해 희생"되어야만 한다. 이 희생은 "자본주의적 생산에서 불가피하며, 이 생산 특유의 매력 가운데 하나이기도 하다."[33]

"총생산에 비하면 보잘것없는 일정량의 금속이 이 제도의 중심축으로 인정된다." 그 구조는 다음과 같다. "중앙은행은 신용제도의 중심축이다. 그리고 금속준비(the metal reserve)는 은행의 중심축이다." 어려운 시기에 "신용제도가 화폐제도로 붕괴하는 것은 불가피하다." 그 결과 금속 기반은 "부와 그 운동에 대한 물질적이면서 또한 상상적인 장벽"이 되었다. 자본주의적 생산이 "이 금속의 장벽을 넘어서기 위해 끊임없이 노력"하고 그러면서 "자꾸만 거기에 머리를 부딪치는" 것은 불가피했다. 맑스는 이 장벽은 결코 넘어설 수 없다고 생각했다. 그러나 그는 틀렸다. 이제 금속 기반은 포기되었고 자본은 더이상 "거기에 머리를 부딪칠"[34] 필요가 없는 상황에서 유일한 장벽은 중앙은행과 국가의 정책과 정치가 만드는 장벽이다. 이렇게 되면 화폐의 질과 양(그리고 형태)의 문제는 외적 제약으로 작용하는, 공급되는 금의 고정되고 불변하는 물리적 질과 양에 의존하는 대신 사회의 손에 맡겨진다.

1970년대 초 화폐제도의 금속 기반의 포기로 이자 낳는 자본의 순환은 무한한 자본축적의 지배적 원리이자 제어되지 않는 추동력이 되었다. 이 현상의 분석은 은행업과 금융이 더 일반적인 분배의 장 내에서 차지하는 위치를 더 면밀히 살펴볼 것을 요구한다.

먼저 말해둘 것은 분배의 장 전반에 걸쳐 엄청나게 복잡한 어떤 상호작용이 일어난다는 점이다. 금융업자는 화폐와 투자를 부동산 투기 쪽으로 유도해서 다른 모든 것을 희생하고 부동산 소유 계급의 활동을 지원할 수 있다. 지주는 자기 토지를 대출을 받기 위한 담보로 이용한다. 영국에서는 그 결과 많은 귀족 지주가 은행가가 되었다. 상업자본가는 종종 외상판매를 하고 그것에 의존한다. 세계 여러 지역에서 신용카드의 사용으로 노동자의 소득이 늘어난다. 노동자는 주택보유자가 될 꿈을 안고 주택담보대출을 받음으로써 이자 낳는 자본의 순환에 편입될 수 있다. 세계은행은 이것이 사회적 안정을 가져올 것이라고 장담한다. 옛 격언에도 있듯이, 빚더미에 눌린 주택보유자는 파업을 일으키지 않는다. 노동자는 또한 때때로 자기 돈을 연금기금에 넣기를 요구받는데, 그 기금은 다른 노동자를 착취하여 일정 수익을 얻기 위해 모처에 투자를 해야 한다. 금융업자는 정부에 돈을 빌려주고 정부는 다시 세금을 이용하여 신용기관의 활동을 보증하고 보장한다. 한편 흑자 은행은 적자 은행에 돈을 빌려주고, 양자는 필요시 중앙은행의 준비금을 이용한다. 이 다양한 역할들은 선명히 구분되지 않으며 때로는 내적으로 모순적이다. 자동차회사는 소비자가 차를 구매할 수 있도록 융자를 해주는 판매장치를 지원하는데, 회사의 수익이 가치증식에서 오는지, 실현에서 오는지, 아니면 분배활동에서 오는지 불확실할 때가 많다. 금융업자는 개발업자에게 주택 건설 자금을 빌려주고 노동자에게는 주택 구매 자금을 빌려주며, 이런 식으로 수요와 공급을 자신이 관장하는 단일한 활동 안에 내재화한다. 노동자는 임금인상을 위해 애쓰는데, 임금인상이 되면 자신의 연금기금이 투자한 주식의 가격이 하락할 수 있다. 노동조합은 자신들을 고용하는 회사의 부채에 투자하도록 강요받을 수 있다. 엔론(Enron)이 파산했을 때 그곳 노동자들의 연금이 사라졌다. 1970년대 뉴욕시 재정위기 상황에서 시의 노조들은 결과가 뻔히 보이는데도 자신들의 연금기금을 시의 부채에 투자하도록 강요당했다. 정부는 피고용인들의 수익공유 체계를 세우고, 그러면 그들은 자신의 임금 요구를 억제하는 데 이해관계를 지니게 된다.

이 예시들이 보여주듯이, '분배의 장'으로 부를 만한 것(이것이 『자본』 제3권의 영역이다) 내부의 흐름과 교차흐름(cross-flows)은 시간이 지나면서 범주들과 역할들이 서로 더 중첩되고 구분이 불분명해지는 가운데 점점 더 복잡해지고 규모가 커졌다. 세계 일부 지역에서 분배의 장 내부의, 그리고 그 장 전체에 걸친 거래량 및 이와 연관된 자본 회전은 가치증식 활동을 매우 큰 폭으로 앞지른다. 매뉴팩처에 대한 재투자와 비교할 때 외환거래 시장은 거대하다. 파악하기 쉽지 않은 것은 이 활동 가운데 가치 창출과 아무 상관이 없는 투기 거품이나 거래 소음(transactional noise)에 불과한 것이 얼마나 되는가 하는 점이다.

맑스는 잉여자금이 화폐 형태로 금융제도 내부에 집중된 것은 자본으로서의 화폐의 재투자의 역학을 이끌어나가는 데 있어 그 잉여자금의 지출이 반드시 핵심적 역할을 하게 됨을 의미했다는 점을 명확히 이해한다. 이 문제는 결론 대목에서 다시 거론될 것이다. 금융제도는 사실상 유동자산의 거대한 저장고를 형성하는바, 은행업과 금융은 자본가계급의 공동자본에 울타리를 치며(enclose) 그것을 대표하게 되었다. 때로 이 공동자본은 레버리지, 즉 가공자본 대출에 의해 증가한다. 이는 결국 은행제도 내에서의 화폐 창출이 된다. 때로는 이 화폐 창출이 과도하게 될 수 있다. (가령 은행이 예금으로

가지고 있는 화폐액의 30배를 대출할 때 그리하다.) 금융제도는 또한 모든 종류의 거래를 위한 어음교환소(a clearing house)의 기능을 담당한다. 사실상 그것은 자본 일반의 중추신경계가 되어, 이윤율이 현실적으로나 잠재적으로 더 높을 것 같은 곳이면 어디에서나, 광범위한 활동으로 구석구석 흘러드는 화폐자본의 흐름을 조율한다.

이 모든 것의 뒤에서, 자기 화폐자본에 대한 일정 수익을 필사적으로 구하는 투자자 계급—개인, 기관, 단체, 기업—이 출현한다.[35] 이는 아무것도 하지 않고 일정 수익을 얻기 위해 이자 낳는 자본의 순환을 추진하는 하나의 변별적인 재산소유자 계급—'금융 귀족'—이다.[36] 연금기금은 자기 자본에 대한 수익을 원하며(사실 그 기금에게는 그래야 할 수탁자 의무•가 있다), (사립대학 같은) 비영리기관의 기본재산도, 또 튼실한 투자자산을 보유하고 있는 부유한 개인도 마찬가지다.

우리는 또한 『자본』 제2권에서 자본순환을 상품·화폐·생산 형태로 분리한 맑스의 훌륭한 작업 덕분에 다음 사실을 알고 있다. 즉, 화폐자본의 순환의 관점에서 가치증식 및 실현의 과정은 이윤 형성을 향해 가는 데서 겪는 불편함에 불과하다는 것이다. 이자 낳는 자본은 만일 가치증식과 실현을 거치지 않고 스스로 증가하는 길을 찾을 수 있다면 그렇게 할 것이다. 분배의 장 내에서 일어나는 그 모든 동요로 가능해지는 것이 바로 이것이다. 은행은 다른 은행에 돈을 빌

• 투자자의 이익을 위해 최선의 주의를 기울여야 하는 기관투자자의 의무. '신의성실의무'라고도 한다.

려주는데, 0.5퍼센트의 이자를 내고 미국 연방준비제도이사회에서 돈을 빌려 2퍼센트의 이자를 주는 10년 만기 재무부 채권을 구입하는 것보다 더 쉬운 선택이 어디 있겠는가? 화폐자본이, 특히 이윤율이 낮거나 노사관계가 말썽일 때, 가치증식에 대한 투자를 건너뛰게 하는 유인은 많다. 투자가 없어 생겨난 결핍으로 가격과 이윤율이 상승하고 그리하여 화폐자본이 다시 가치증식으로 흘러들도록 고무되리라는 희망은 있다. 그러나 그 모든 동요의 한가운데서, 오름세와 내림세, 장기와 단기를 막론하고 시장의 모든 움직임에 베팅을 해서 곧바로 이윤을 획득하는 헤지펀드와 사모투자회사가 생겨난다. 이들의 활동을 정당화해주는 논리는 그들이 추정컨대 시장의 더 효율적인 청산•을 돕는다는 것인데, 그들이 (대개 그렇듯이) 성공적일 경우 그들은 자본의 전반적 순환으로부터 거대한 화폐이득을 빨아들임으로써 그런 일을 한다. 맑스가 뱀파이어 이미지를 즐겨 쓰는 것은 생산에서 그렇듯이 여기서도 적절해 보인다.

사실 맑스는 당대의 이자 낳는 자본의 순환에 대해서조차 신랄한 논평을 가했다. 그에 따르면 이자 낳는 자본과 더불어 "자본은 그 자신의 증가의 (…) 신비로운 자기창조적 원천으로 나타난다." 바로 여기서 자본관계는 "그 순수한 형태, 스스로를 증식시키는 가치, 화폐를 낳는 화폐로 전개된다." "이로써 자본의 물신적 성격과 이 자본 물신의 표상은 완성된다." 이는 "가장 현란한 형태의 자본의 신

• 어떤 재화의 수요와 공급이 일치하여 남는 수요나 남는 공급이 없는 상태를 시장청산이라 한다.

비화다."[37] 그것은 가치의 화폐화를 통한 가치의 대(人)배신이다. 그것은 화폐가 자신이 표상하게 되어 있는 가치 형태에 가하는 왜곡의 정점이다.

그 결과는 불안정한 시장에서 벌어지는 투기 행위의 표면적 거품보다 훨씬 더 심대하다. 맑스는 자본의 흐름이 갈수록 금융제도 내부로 집중되는 데 따른 어떤 제도적 변화를 어떻게 이해해야 할지 몰랐다. 1860년대에 주식회사와 상대적으로 규모가 큰 금융기관이 출현한 것은 기업의 소유와 경영이 분리됨을 의미했다. 쌩시몽의 결사체주의(associationism) 사상을 경모(敬慕)하던 그는 자본의 결합이 가져올 어떤 진보적 결과를 기대하는 헛수고를 했고, 한번은 이것이 "자본주의 생산양식 자체 내에서의 자본주의 생산양식의 철폐"를 의미할지도 모른다고 말했다. 그러므로 그것은 "새로운 생산형태로의 이행 지점에 불과"하다는 것이었다.[38] 그러나 제2제정기* 빠리에서 쌩시몽 사상이 반혁명적으로 동원되는 것—여기에는 새로운 신용기관의 형성과 자본주의적인 거대 프로젝트에 대한 국가금융이 포함되었다—을 보면서 맑스는 곧 생각을 바꿨다. 신용제도는 "어떤 영역들에서 독점을 낳고, 따라서 국가 개입을 유발한다. 그것은 새로운 금융귀족, 즉 기업의 발기인, 투기꾼, 그저 명목뿐인 이사 등의 모습을 한 새로운 종류의 기생집단을 재생산한다. 기업진흥, 주식 발행, 주식거래 등과 관련한 협잡과 사기의 전체계를 재

* 프랑스에서 루이 나뽈레옹(Louis Napoléon)이 나뽈레옹 3세로 즉위하여 다스린 1852년부터 1870년까지의 기간.

생산하는 것이다. 그것은 사적 소유에 의해 제어되지 않는 사적 생산이다."[39]

자본은 "타인의 화폐에 대한 지배"로 재규정되었을 뿐 아니라 가치관계의 통제를 완전히 벗어난 공간을 창출하는 것이 되었다. "모든 측정기준, 자본주의 생산양식 내에서 아직 다소간 정당화되던 모든 해명이 이제 사라져버린다. 투기하는 업자가 위험을 무릅쓰는 대상은 사회적 재산이지 **자기** 재산이 아니다. 자본의 원천이 저축이라는 말도 마찬가지로 터무니없게 되는데, 왜냐하면 이 투기자가 요구하는 것은 바로 **타인**이 자기를 위해 저축하는 것이기 때문이다."[40] 미국의 부과방식(pay-as-you-go)* 사회보장제도를 주식시장 연금기금으로 바꾸라는 끊임없는 압력은 그래서 있는 것이다!! 이것의 결과는 맑스의 시대에조차 결코 고무적이지 않았다.

> 자본주의적 생산의 더 낮은 발전단계에서는 아직 어떤 의미를 가졌던 생각들이 이제 완전히 무의미해져버린다. 성공과 실패가 모두 자본의 집중으로, 따라서 엄청난 규모의 수탈로 이어진다. 이제 수탈은 직접적 생산자에게서 중소자본가 자신에게로까지 확대된다. 수탈은 자본주의 생산양식의 출발점이다. (…) 자본주의 체제 자체의 내부에서 이러한 수탈은 소수에 의한 사회적 재산의

* 적립금을 보유하지 않고 일정 기간에 필요한 연금급여 재원을 동일 기간에 제도 가입자에게서 걷어서 조달하는 방식. 이에 대비되는 적립방식은 미래에 나갈 연금급여를 미리 적립하는 방식으로, 이 경우 기금 운용의 수익률이 중요한 변수로 작용한다.

전유라는 형태를 취하고, 신용은 점점 더 이 소수에게 단순한 모험가의 면모를 부여한다.[41]

수탈의 경제, 강탈에 의한 축적의 경제는 교란을 야기하며 등장하고, 이는 부채와 신용제도를 통해 조율되지만, 1970년대 이후 실제 그렇듯이 전통적 경로로 자본축적을 이루기가 점점 어려워지면서 이같은 경제가 다시 강화된다. 맑스는 자본의 재생산이 맞닥뜨릴 장래의 모든 위험 가운데서 결국 치명적인 것으로 드러날 위험은 이것임을 분명히 감지했다. 아이러니한 것은 이 경우 핵심적 모순이 자본과 노동 간의 모순이 아니라는 점이다. 모순은 자본의 상이한 분파들 간의 적대적 관계에 있는 것이다.

4장

반(反)가치: 가치저하 이론

『자본』 제1권 1장 1절을 끝맺는 구절은 다음과 같다. “어떤 것도 사용의 대상이 되지 않고는 가치가 될 수 없다. 만일 그것이 쓸모가 없다면 그것에 내포된 노동 역시 그러하다. 노동은 노동으로 인정되지 않고, 따라서 어떤 가치도 만들어내지 못한다.”[1] 이 한번의 예리한 발언으로 맑스는 우리를 다음과 같은 생각으로 인도한다. 즉, 자본의 순환은 취약하고, 갑자기 멈춰 설 수 있으며, 그 순환의 과정 중에 가치저하의 위협, 가치상실의 위협이 언제나 그 위를 맴돈다는 것이다. 게다가 상품에 내포된 생산수단의 가치는 노동에 의해 부가된 가치가 상실되면서 같이 상실된다. 상품 형태에서 가치의 화폐적 표상으로의 이행은 위험이 수반된 이행이다.

앞서 살펴보았듯이 제1권 전체에 걸쳐 맑스는 물질적 상품과 잉여가치의 생산과정에 집중하기 위해 실현의 문제는 대부분 제쳐놓는다. 물론 그는 “살아 있는 노동이 가치를 창조하는 반면 자본의 순환은 가치를 실현한다"는 점을 아주 잘 알고 있다. 그러나 생산과 실현 사이에 필연적으로 성립하는 통일성은 "모순적 통일성"이다.[2] 제1권의 앞 대목에 나오는 경고는 그래서 있는 것이다. 상품은 화폐와 사랑에 빠질지 모르지만 "진실한 사랑의 과정은 결코 순탄했던 적이 없다."[3]

가치 같은 핵심 개념을 정식화하면서 그것에 대한 부정의 가능성을 그 내부에 포함시키지 않는다면 매우 맑스답지 않을 것이다. 맑스에 대한 어떤 독해들에서는 헤겔의 '부정의 부정'이 그의 사유에 미친 영향을 중시한다. 확실히 그는 헤겔의 정식들을 (그 자신의 표현대로) '가지고 노는'• 데 거부감이 없었다. 맑스에 따르면 지금처럼 그 당시에도 부르주아의 정신은 변증법을 "추문"이자 "혐오스러운 것"으로 간주했는데, 왜냐하면 변증법은 "현존하는 것에 대한 긍정적 이해 속에 그것의 부정, 그것의 필연적 파멸에 대한 인식을 동시에 간직하고 있고, 또 변증법은 역사적으로 발전된 모든 형태를 유동적 상태에 있는 것, 운동하는 것으로 간주하며 따라서 그것의 일시적 측면까지 파악하기 때문이다."[4]

맑스에게 가치는 반가치(anti-value)와의 관계 속에서만 존재한다. 이것은 이상한 정식으로 들릴지 모르지만, 오늘날의 물리학자들은 물질과 반물질의 관계에 의존해 근본적인 물리적 과정을 해석한다. 맑스는 종종 자신의 개념틀과 자연과학에서 발견되는 개념틀 사

• 『자본』 제1권의 제2판 후기(1873)에서 맑스는 독일 식자층 일부가 헤겔을 '죽은 개'로 취급하는 데 분개하면서 자신은 가치이론에 관한 장에서 일부러 헤겔의 고유한 표현방식을 '가지고 놀았다'(coquetted with)고 말한다.

이의 유사성을 언급하곤 했다. 그가 앞의 비유를 쓸 수 있었다면 아마도 그렇게 했을 것이다. 물리학의 법칙이 물질과 반물질의 관계에 의존하는 것과 거의 마찬가지로 자본의 진화법칙은 가치와 반가치 사이에 전개되는 관계에 달려 있다. 심지어 교환 행위에도 이 대립이 존재하는데, 하나의 상품은 구매자에게는 사용가치여야 하고 판매자에게는 반(反)사용가치여야 하기 때문이다. 맑스가 『요강』에서 더 철학적으로 주장하듯이, "가치는 자본의 토대를 형성하고 따라서 반드시 반대가치(counter-value)와의 교환을 통해서만 현존하므로, 그것은 반드시 자기 자신으로부터 반발한다. (…) 자본들의 상호 반발은 실현된 교환가치로서의 자본에 이미 내재한다."[5]

실현 지점에서 이루어지는 가치의 부정은 전혀 신비롭거나 모호하지 않다. 모든 자본가는 자기 상품이 자신이 애초에 임금과 생산수단에 지출한 것보다 더 큰 화폐가치로 팔렸을 때라야 자기 사업의 성공이 보장된다는 점을 알고 있다. 그렇게 만들지 못하면 그들은 더이상 자본가라고 할 수 없다. 그들이 임금노동자에게 어떤 상품을 만들도록 일을 시킨 다음에 갖게 되리라고 상상한 가치가 구현되지 않을 테니까 말이다. 그러나 반가치 개념은 여기서보다 더 보편적인 역할을 수행한다. 맑스의 세계에서 그것은 불행한 우발적 사건, 계산착오의 산물이 아니라 자본의 핵심에 속하는 심층적이고 지속적인 특징이다. "생산과정에서 자본은 가치와 사용가치로서 재생산되나, 동시에 그것은 비(非)가치(not-value)로서, 교환을 통해 먼저 가치로 현실화되어야 하는 어떤 것으로서 정립된다."[6] 반가치의 전망도, 그 실재도 상존한다. 가치생산이 순환의 노고 끝에 살아남으려면 반가치가 극복되어야 ― 말하자면 상환되어야 ― 한다.

자본은 운동하는 가치이며, 어떤 이유로든 이 운동이 잠시 멈추거나 심지어 속도를 늦추는 것은 가치의 상실을 의미하고, 자본의 운동이 재개되는 때에만 부분적으로나 전체적으로 가치를 되살릴 수 있다. 자본이 특정한 형태 ― 생산과정, 판매되기를 기다리는 생산물, 상업자본가의 손에서 유통되는 상품, 이체되거나 재투자되기를 기다리는 화폐 등의 형태 ― 를 취할 때 자본은 "잠재적으로 가치저하된다." 이들 중 어느 하나의 상태에서 "쉬고 있는" 자본은 "부정된"(negated), "유휴"(fallow), "휴면"(dormant), "고정된"(fixated)• 자본 등 여러가지로 일컬어진다.[7] 다음과 같은 언급도 있다. "자본이 완성된 생산물의 형태로 동결되어 있는 한 그것은 자본으로서 활동적일 수 없다. 그것은 **부정된** 자본이다." 이 '잠재적 가치저하'는 자본이 자신의 운동을 다시 시작하자마자 극복되거나 '중지된다'. 여기에 모아놓은 맑스의 언급들을 볼 때, 그가 반가치를 운동하는 가치에 대한 외적인 위협으로서 그 '위를 맴도는' 것이 아니라 자본순환 자체의 바로 그 심부(深部, gut)에서 영구적으로 그것을 교란하는 힘으로 간주했음이 분명하다.

가치저하를 '실현 과정의' 필수적 '계기'로 보는 것의 이점은 그것을 통해 우리가 자본의 일반적 가치저하, 즉 위기의 가능성을 즉시 볼 수 있다는 것이다. 자본순환이 생산·실현·분배라는 다양한 국

• 『요강』에서 맑스는 고정자본(fixes Kapital/fixed capital)에 대해 "실제로는 고정된 자본(fixiertes Kapital/fixated capital)"이라고 말한다.

면을 통과하면서 일정한 속도를 유지하지 못하면 언제나 곤경과 혼란에 처할 것이다. 우리는 순환의 연속성과 속도를 유지하는 것의 중요성을 인식하지 않을 수 없다. 운동하는 가치의 속도저하는 언제나 가치의 상실을 초래한다. 반대로 자본 회전시간의 가속화는 가치생산의 향상에 꼭 필요한 특징이다. 이것이 『자본』 제2권에 함축된 주요 결론 중 하나다. 그러나 이런 특징들은 모든 것이 그 가치대로 교환된다는 『자본』 제1권의 가정이 피하고 있는 바다. 재고 품목이 쌓이면, 화폐가 절대적으로 필요한 기간보다 더 오래 놀고 있으면, 너무 많은 재고가 너무 오랫동안 생산에 붙잡혀 있으면, 또 그밖의 경우에 위기가 올 것이다. "상품을 팔 수 없기 때문만이 아니라 상품을 특정 기간 내에 팔 수 없기 때문에 위기가 발생한다."[8] 생산에 소요되는 노동시간에도 이와 동일한 원칙이 똑같이 강력하게 적용된다. 한국의 공장이 디트로이트에서 필요로 하는 시간의 절반에 차 한대를 생산할 수 있다면 디트로이트에서 소요되는 추가 시간은 아무 쓸모가 없다. "〔자본이—인용자〕 생산과정에 머무르는 한 그것은 순환할 수 없고 잠재적으로 가치 저하된다. 순환에 머무르는 한 그것은 생산을 할 수 없다. (…) 시장으로 끌어올 수 없는 한 그것은 생산물로 고정된다. 시장에 머물러야 하는 한 그것은 상품으로 고정된다. 생산조건들과 교환될 수 없는 한 그것은 화폐로 고정된다."[9]

그러므로 자본가는 가치를 생산할 뿐 아니라 그 가치의 잠재적 부정과 싸우기도 하는 영구적인 투쟁에 사로잡혀 있다. 생산에서 실현으로의 이행은 이 투쟁이 아주 장대하게 치러지는, 자본의 전반적 순환 내의 한 핵심 지점이다.

시장에서 가치가 실현되는 것을 불가능하게 만들 만한 상황은 어떤 것인가? 우선, 특정 장소, 특정 시간에 팔리도록 제공된 특정한 사용가치를 어느 누구도 욕구하거나 필요로 하거나 욕망하지 않는다면 그 생산물은 가치가 없다.[10] 그것은 상품으로 불릴 자격조차 없다. 잠재적 구매자는 또한 그 사용가치의 비용을 지불하기에 충분한 화폐를 소유하고 있어야 한다. 이 두가지 조건 중 어느 하나라도 충족되지 않으면 그 결과는 가치 없음이다. 뒤에서 우리는 왜 이 두가지 조건이 충족되지 않을 수도 있는지 상세히 살펴볼 것이다. 그러나 자본주의의 역사에서 새로운 욕구·필요·욕망의 생산과 관리는 분명 엄청난 효과를 발휘했으며, 우리가 인간 본성이라고 부르고 싶어하는 것을 주어진 불변의 것이 아니라 필연적으로 변하며 변형 가능한 어떤 것으로 만들었다. 자본은 우리의 욕망에 더해 우리의 머리에도 제멋대로 간섭한다.

그러나 실현의 계기에는 매우 중요한 하나의 특징이 있다. 실현에 연관되는 근본적인 사회적 관계는 구매자와 판매자의 관계다. 최하의 임금을 받는 노동자라도 소비자 선택권이라는 신성한 권리를 부여받고 시장에 진입하는 것이다.[11] 이는 가치증식 과정에서 지배적인 자본-노동 관계와는 매우 다르다. 물론 시장에서 자본과 노동이 조우할 때는 형식상 시장교환의 규칙이 적용된다. (비록 자본이 기술변화와 산업예비군의 생산을 통해 노동력의 수요와 공급 상황 모두에 지배력을 행사하기는 하지만 말이다.) 그러나 가치증식의 경우 정말로 중요한 것은 생산의 숨은 공간에서 벌어지는 일—노동과정에서 경험되는 자본과 노동 간의 계급관계—이다. 실현의 과정에는 이에 상응하는 것이 없다. 후자의 경우 상품구매자는 (계급에 상관없이) 어느정도 (개인적으로든 집단적으로든) 소비자 선택권을 행사한다. 구매자의 욕구·필요·욕망이 자본이 규정하는 '합리적 소비' 패턴을 띠도록 오랜 기간에 걸쳐 온갖 종류의 직간접적 수단을 통해 조작되어온 것은 대체로 사실이지만, 언제나 그런 조작에 대한 국지적 저항이 있었고 때로는 사회 전반적 저항운동이 있었다. 집단적 소비자 선택권은 다양한 방식으로 행사될 수 있는데, 예를 들어 오랜 정치적 운동의 요구에 따라 입법으로 강제되는 사회임금에 관한 국가정책이 그 한 수단이 될 수 있다. 저항은 도덕적인, 정치적인, 문화적인, 미학적인, 종교적인, 심지어 철학적인 이유에서 발생한다. 어떤 경우 저항은 상품화의 개념, 기본적 재화 및 용역(교육, 보건, 휴대용 식수 등)에 대한 접근의 시장적 배당이라는 개념 그 자체에 대한 것이다. 많은 사람들은 그런 재화를 사고파는 상품이라기보다 기본적인 인권으로 간주할 것이다. 자본순환의 기술적 결함(technical glitches)과 정체(停滯)로부터 생겨나는 반가치는 상품화와 사유화에 대한 정치적 저항이라는 능동적 반가치로 변형된다.

반가치는 이로써 반자본주의 투쟁의 능동적인 장을 규정한다. 성공하는 경우는 드물지만 소비자 불매운동은 이런 종류의 정치의 한 가지 표현이다. 하지만 과시적 소비주의, 심지어 보상적 소비주의에 대항하는 모든 운동은 실현에 대한 정치적 위협이 된다. 이 위협에 맞서기 위해 자본가들은 뭉쳐야 한다. 그러나 실현의 정치 안팎에서 수많은 투쟁이 진행되고 있음은 부인할 수 없다. 노골적으로 반자본주의 투쟁을 표방하든 그렇지 않든, 일상생활의 문제들을 둘러싼 조직적 투쟁, 저항, 선동은 흔하고 흔하다. 맑스는 이런 문제들을 탐구하지 않았다. 그저 지나가며 언급할 뿐이다. 그러나 그가 자본의 순환을 표상하기 위해 구성하는 전반적인 틀의 미덕은 여기서 더욱 명확해진다.

실현된 가치는 생산으로 돌아가서, 생산을 위한 노동의 추가적 사용을 통해 '가치 증식됨'으로써만 자본으로 남아 있을 수 있다. 자본이 소외되고 반항적인 노동자의 형상을 한, 능동적 부정의 또다른, 더 집요한 위협을 마주하는 것은—화폐가 노동과정에 다시 자금을 대기 위해 돌아가는—가치증식의 지점에서다. 노동계급(이것이 어떻게 정의되든)은 반가치의 화신이다. 이런 소외된 노동의 개념에 기초해서 뜨론띠(Mario Tronti)와 네그리(Antonio Negri), 그 밖의 이딸리아 자율주의자들은 생산의 지점에서 나타나는 노동자의 저항과 계급투쟁에 관한 자신들의 이론을 구축한다.[12] 노동 거부의 행위는 인격화된 반가치다. 이 계급투쟁은 생산의 숨은 공간에서 일어난다. 그것은 실현의 계기에 지배적인 구매자와 판매자 간의 정치와는 아주 다른 정치를 수반한다. 잉여가치를 생산함으로써 노동자는 자본을 생산하고 자본가를 재생산한다. 노동하기를 거부하는 것은 둘 다를 거부하는 것이다.

맑스가 지속적 자본축적의 관점에서 생산과 실현의 모순적 통일이라는 관념을 소환하는 것과 마찬가지로, 반자본주의 운동 역시 생산에 연관된 투쟁과 실현을 둘러싸고 벌어지는 투쟁의 모순적 통일을 인식할 필요가 있다. 표면상 실현의 정치는 가치증식의 정치와는 매우 다른 사회적 구조와 조직 형태를 지닌다. 이런 이유로 좌파 쪽에서는 가치증식이 더 중요한 것으로서 우선시되는 가운데 실현의 정치가 전혀 별개의 투쟁으로 다뤄지곤 한다. 그러나 두 종류의 투쟁은 모두 하나의 총체로 파악된 자본순환의 전반적 논리와 역동성 안에 포괄된다. 반자본주의 운동이 그 둘의 모순적 통일을 인식하고 또 다루지 않을 이유가 어디에 있는가?

이 모순적 통일을 연구함으로써 우리는 사회적 노동—우리가 타인을 위해 수행하는 노동—이 중심적 특징으로 남을 것이 거의 확실한 모든 탈자본주의적 질서 안에서 전개될 모순들에 관해 많은 것을 알게 된다. 어떤 반자본주의적 사회든 현시대 자본주의의 자궁으로부터, 즉 맑스의 표현을 빌리면 모든 것이 "자신의 대립물을 배태하고 있는" 세계로부터 발달해 나와야 할 것이다.[13] "시간의 경제"로 "모든 경제가 궁극적으로 환원"되는 한, "사회적 생산은 지속되면서 자본주의 생산양식이 철폐된 이후에도 가치의 결정은 여전히 지배적인데, 노동시간의 규제와 다양한 생산집단들 사이에서 이루어지는 사회적 노동의 배분, 그리고 이에 관한 부기(簿記)가 이전보다 더욱 긴요해진다는 의미에서 그렇다."[14] 가령 자신들의 노동과정과 생산수단을 통제하는 연합된 노동자들이 자신들의 역량을 타인들의 역량과 조율하기 시작하고 자신들의 욕구·필요·욕망을 그 타인들의 도움을 받아 충족시키는 경우에 그러할 것이다. 맑스의 텍스트들에서는 가치의 현실태와 반자본주의적 세계에서의 가치의 가능태 사이에 끊임없는 경합이 펼쳐진다.[15] 그 목적은 가치를 철폐하려는 것이 아니라(그런 식으로 표현하고 싶어하는 사람들이 일부

있기는 하다) 그 의미와 내용을 변형하려는 것인 듯하나. 이 경합에서는 반가치가 지속적으로 소환되고 있다. 이런 의미에서 반가치는 반자본주의가 이론과 실천 양면에서 번성할 수 있는 지하 토양을 구성한다.

생산의 숨은 공간에서 벌어지는 반자본 투쟁은 시장에서 벌어지는 투쟁과는 종류가 다르고 따라서 정치적 의미가 더 깊다고 보는 맑스의 관점은 확실히 올바르지만, 생산이 반가치가 중요성을 지니는 유일한 장소는 아니라는 점을 우리는 이제 분명히 알고 있다. 가치와 반가치는 자본의 순환 내에서 다양한 방식으로 서로 관계한다. 반가치의 역할이 언제나 적대적인 것은 아니다. 그것은 자본의 미래를 규정하고 확보하는 데 핵심적인 역할을 담당하기도 하는 것이다. 반가치에 대한 투쟁은 말하자면 자본을 늘 긴장하게 한다. 반가치를 상환해야 할 필요는 가치생산을 지배하는 강력한 힘이다.

부채 경제

이제는 반가치의 한 결정적 형태로서 부채가 하는 역할을 연구할 차례다. 맑스가 제기하는 질문은 왜, 그리고 어떻게 부채가 생겨나며, 완벽하게 돌아가는 자본주의 생산양식에서 부채는 어떤 역할을 하는가 하는 것이다. 장기 고정자본 투자의 경우를 보자. 상대적으로 긴 수명을 지닌 기계를 구입하는 데 자본이 투여된다. 낡은 기계가 닳아 없어질 때 새 기계를 구입하기 위해서는 기계의 수명 전기간에 걸쳐 매년 되돌려받는 기계 가치의 몫을 비축(저축)해야 한다. 그러나 비축된 화폐는 가치 저하된 죽은 자본이다. 부정된 자본의 형태를 한 반가치는 때가 되었을 때 새 기계를 구입하기에 충분할 만큼의 화폐가 저축될 때까지 매년 축적된다.[16] 자동차나 주택처럼 거금이 들어가는 물품을 구매하기 위한 소비자의 저축도 이와 유사한 구조를 지닌다. 막대한 양의 죽은 자본(소비자의 경우에는 매트리스 밑에 숨어 있는 유휴 저금)이 쌓여간다. 기계화가 확대되고 내구성 소비재의 소비가 늘면서 비축·저축 화폐의 축적도 늘어난다. 신용제도가 구조에 나선다. 무슨 용도로든 비축되는 화폐는 은행에 거치되어 다른 자본가들에게 대출됨으로써 이자 수익을 올릴 수 있다. 사실 산업자본가는 선택을 할 수 있다—기계 살 돈을 빌리고 나서 기계의 수명 전기간에 걸쳐 그 부채를 할부로 상환하든지, 아니면 기계를 현찰로 사고 나서 그 기계를 교체해야 할 때까지 연간 감가상각비를 화폐시장에 내놓아 이자 수익을 올릴 수 있는 것이다.

어느 경우든 대출된 화폐—발생된 부채—는 이자 낳는 자본으로 신용제도 내부를 순환하는 일종의 반가치가 된다. 부채의 거래는 금융제도 내의 한 능동적 요소가 된다. 이는 더 많은 유동성을 창조하며, 회전시간이 서로 크게 다른 자본들이 만들어내는 연속적 순환의 방해물을 우회할 수 있도록 돕는다. 상품생산 자체는 거북하게도 들쑥날쑥하고 빈번히 단절될지라도 화폐는 계속해서 부드럽게 순환할 수 있다. 이 점 때문에 신용제도는 자본주의 생산양식 내에서 그토록 특별한 것, 이전의 모든 구조물과는 차별적인 것이 된다. "생산시간과 유통시간의 모순은 신용의 원리 전체를 담고 있다"고 맑스는 말한다. "미래의 노동 결실에 대한 예상은 (…) 신용제도의 발명품이 아니다. 그것은 고정자본의 특정한 실현 양식, 회전 양식, 재생산 양식에 그 뿌리를 두고 있다."[17] 신용제도는 자본순환의 내부에서 형성된다. 그것은 외부로부터 부가되는 것이 아니다.

신용 개입의 즉각적인 역할은 비축된, 따라서 '죽은' 화폐자본을 되살려 다시 운동하게 하는 것이다. 그러나 부채는 미래의 가치생산에 대한 청구로서, 이는 가치생산을 통해서만 상환될 수 있다. 미래의 가치생산이 부채가 상환되기에 불충분할 경우 위기가 온다. 가치와 반가치의 충돌은 주기적으로 화폐·금융 위기를 촉발한다. 결국 자본은 부채 경제와 신용제도 내부에 쌓여가는 반가치를 상환하기 위해 미래의 가치에 대한 갈수록 불어나는 청구와 마주해야 한다. 자본이 초래하는 것은 가치와 부의 축적이 아니라 상환되어야 할 부채의 축적이다. 가치생산의 미래는 압류된다.

부채라는 반가치는 가치와 잉여가치의 추가적인 생산을 보장하는 주요 유인이자 수단 중 하나가 된다. 자본순환을 추동하는 힘이 어디에서 오는지에 대한 전통적·관습적 시각의 답은 언제나 개별 자본가의 이윤추구(탐욕)였다. 확실히, 정부의 규제로 옴짝달싹 못하는 소규모 자영업자와 진취적 사업가의 형상은 자본주의를 대단히 역동적으로 만든다고 추정되는 그 무엇—그게 무엇이든—의 주인공으로 나타나곤 한다. 아마도 이런 환기는 실재이기보다는 수사적 가면일 것이다. 그러나 이윤 극대화의 추구가 잉여가치 생산의 극대화로 이어지는 것은 아니다. 이윤의 신호는 완전히 잘못된 것은 아니더라도 우리를 오도한다. 그런 신호를 쫓아가는 것은 이윤의 저하와 위기로 이어질 수 있음을 맑스는 보여준다. 그렇다면 두 가지 해결책이 떠오른다—경쟁의 힘을 약화시키기 위한 대기업으로의 자본집중, 그리고/또는 유효수요의 창출과 실현 조건의 조작을 통해 축적의 유인을 제공하기 위한 국가의 개입. 국가와 민간의 부채금융(debt-financing)*은 가치생산의 연속성을 유지하는 중요한 수단이 된다. 자본주의 세계의 대부분에 걸쳐 1945년부터 1980년까지의 기간이 그런 경우였다. 경쟁자본주의는 국가독점자본주의에 자리를 내주었고 케인즈적 국가정책은 부채금융에 의한 총유효수요에 집중하는 아주 다른 노선을 따라 시장 유인책을 마련했다. 이 체제는 두가지 난관에 직면했다. 첫째, 노동계급의 상당 부분, 즉 1960년대를 거치면서 반가치, 반자본주의의 정서가 뚜렷해진 집단이 힘을 얻게 되었다. 둘째, 부채금융에 갈수록 더 크게 의존하는 쪽으로 변한다는 것은 이자 낳는 자본이 자본순환 과정에 더 광범위하게 유입됨에 따라 반가치의 힘이 증가함을 의미했다. 그 결과는 가치생산을 저 먼 미래 안에 봉해두고 대안들을 배제(foreclose)하는 것이었다—어떤 대대적인 혼란이 그런 채무의 불이행(부도)을 초래하지 않는 한 말이다. 1970년대 중반 이후 쌓여온 부채위기는 여기서 유래한다. (그것은 1975년 뉴욕시의 기술적 채무불이행 technical default**에서 시작되어 1982년 멕시코를 시발점으로 한 개

* 부채금융 또는 채권금융은 국채, 공채, 사채 등 채권을 발행하여 자금을 조달하는 행위를 말한다.

** 기술적 채무불이행은 대출 원리금의 상환을 정상적으로 이행했음에도 대출 약정상의 다른 의무(가령 주택조합의 건물 보수 의무, 개인의 재산세 납부 의무, 기

발도상국 부채위기를 통해 확신되었다.)

가치증식, 실현, 분배는 언제나 자본순환의 총체 내에서 독립적이지만 상호 연관된 '계기들'(맑스는 그것들을 이렇게 부르기를 좋아했다)로서 작동해왔다. 그러나 상황의 변화와 더불어 그것들의 상대적 중요성도 변화해왔다. 미래의 가치생산을 보장하기 위해 금융제도 내에서 반가치가 대대적으로 전개되는 것은 비교적 새로운 일이다. 지리적 변화도 있었다. 아주 최근까지 중국에서 자본축적은 생산적 소비(물리적 기반시설)에 대한 국가의 투자에 지배되었으나 금융제도의 해방을 향한 극적인 변화가 진행 중인지도 모른다. 이런 종류의 변화는 반자본주의적 저항에 문제를 던진다. 계급적 적수의 얼굴을 확인하기가 점점 더 어려워지는 한편 부채의 촉수는 지갑에 신용카드를 단 한장이라도 넣고 다니는 사람은 전부 걸려들도록 사방으로 뻗어나간다.

애초에 자본은 특정 문제들에 대한 해결책으로서 반가치인 부채를 만들어냈는데, 가령 다양한 산업의 다양한 자본 회전시간에 대처할 때 과도한 비축이 지니는 위험 같은 문제다. 모든 휴면 가치를 풀어서 가능한 한 연속성을 보장하는 데 반가치의 힘이 사용되었다. "한없는 치부의 충동은 자본가와 수전노에게 공통된 것"일지 모르나, "수전노가 미쳐버린 자본가에 불과하다면 자본가는 합리적인 수전노다. 수전노가 자기 화폐를 순환시키지 않고 아낌으로써 이루려 하는 가치의 끊임없는 증식을, 더 명민한 자본가는 자기 화폐를 순환

업의 특정 부채비율 유지 의무)를 지키지 못해 발생하는 부도 상황을 말한다.

에 반복해 투입함으로써 달성한다."[18] 그런데 오직 활발한 신용제도와 공개 화폐시장이 존재한다는 조건하에서만 자본가는 이렇게 할 수 있었다. 맑스는 『자본』 제1권에서 이 문제를 가볍게 다룬다. "채권자나 채무자의 역할은 (…) 단순 상품유통으로부터 발생한다." 이 관계는 시장교환에 내포되어 있다. 그러나 이어서 맑스는 이 역할이 "더 심층에, 경제적 존재조건의 차원에 있는 적대의 반영일 뿐"임을 어렴풋이 암시한다.[19] 이러한 더 심층에 있는 적대가 무엇에 관한 것인지는 글에 분명히 나와 있지 않다. 여기서 맑스는 가치-반가치 관계의 숨은 변증법을 가리키고 있는 것일까? 나는 그렇게 믿고 싶다.

채무자와 채권자의 관계는 지배적 생산양식으로서의 자본주의가 생겨나기 훨씬 이전부터 있었다. 지대와 상업자본 이윤의 경우에서처럼, 맑스와 우리에게 논점은 그 채무자-채권자 관계가 어떻게 영속화되고 운동하는 가치의 근본적 추동력으로 전화되는가, 그리고 이것은 자본의 역사에 걸쳐 어떤 결과를 초래하는가 하는 것이다. 예를 들어 인도에서는 소액금융의 발전으로 약 1200만명의 사람들이 가능한 한 많은 가치를 생산하여 대출금을 갚아야 하는 신세로 전락했다. 그들이 그러지 못하거나 정치적 의지의 문제로서 그러기를 거부할 경우 그들의 자산(보통은 부동산)은 압류된다(이것이 비우량sub-prime 주택담보대출의 그 유명한 속임수다).[20] 취약하고 주변화된 인구집단 위에 빚더미를 쌓아올리는 것은 요컨대 생산적 노동자가 되도록 대출자를 훈육하는 한 방식이다(여기서 '생산적'이란 '가치생산적'이라는 뜻인데, 자본은 터무니없는 금리의 형태로 그 가치를 전유할 수 있다). 더 실감나게 말하면 빚더미에 눌린 학생과 빚더미에 눌린 주택보유자의 미래의 자유는 심각하게 제한된다. 자본이 전통적 노선에 따라 가치생산을 조직하기가 점점 더 어려워지면서 가치생산을 달성하는 이런 방식이 전면에 등장한 것은 우연이 아니다. 이 문제는 결론에서 다시 다뤄질 것이다.

원장(元帳)*의 뒤편에서는 내 연금기금이 부채에, 그 부채가 상환될 것이라는 믿음하에, 투자된다.[21] 그러나 그 미래가 현실화되지 않으면 내 연금기금의 (가공의) 가치는 반가치의 블랙홀 속으로 사라진다. 오늘날 세계적으로 연금이 처한 상태를 조사해보면 미적립채무(unfunded liabilities)**가 미래로 끝없이 뻗어나가는 위기가 닥쳐옴을 알 수 있을 것이다. 국가부채는 더욱더 위협적으로 보인다. 개인이 자기 부채에 의해 통제되듯이 국가도 국채보유자가 휘두르는 반가치의 무게에 짓눌린다. 경제체제가 반가치의 중압(dead weight)에 눌려 붕괴될 위험이 현존한다. 2011년 이후 그리스에 일어난 일은 하나의 작은 사례다. 부채가 하도 어마어마해져서 미래의 가치생산으로 그것이 상환될 가망이 없을 때 부채노역, 부채노예 상태가 지배한다. 우리는 과거의 아테네를 민주주의의 요람으로 찬양한다. 오늘날의 아테네는 비민주적 부채노역의 전형이다.

이자 낳는 자본의 형성과 순환은 사실상 반가치의 순환이다. 오늘날 세계자본주의의 주요한 금융중심지, 가령 시티 오브 런던, 월가, 프랑크푸르트, 상하이 등지를 반가치 형성의 중심지로 간주하는 것

* 자산, 부채, 자본의 상태 등을 표시하는 모든 계정의 거래를 전부 기록하는 장부.
** 부채상환이나 연금 지급을 위한 충분한 기금이 따로 적립되어 있지 않은 채무.

은 이상해 보일지 모르나, 이 세계적 도시들의 스카이라인을 지배하는 그 모든 부채 병입(甁入)공장(debt-bottling plants)•이 진정으로 의미하는 바는 바로 그것이다. 자본은 작년의 부채를 오늘 더 많은 돈을 빌려 상환하는 하나의 거대한 폰지 사기••로 퇴화할 위험이 있는데, 이에 관해서는 맑스가 은행업, 금융, 가공자본 형성 등에 관한 자신의 저작들에서 암시한 바 있다. 현재 중앙은행들은 '지금 여기'의 과두지배세력의 이익을 위해 증권거래소와 자산 가치를 유지하기에 충분한 신규 화폐를 만들어내고 있다. 이에 따라 중앙은행들은 자기 대차대조표에 누적되어온 부채를 어떻게 상환할 것인가 하는 문제에 직면한다. 맑스가 『자본』 제1권의 결론에서 묘사한 사회적 불평등의 심화라는 시나리오는 한층 더 뚜렷해질 텐데, 다만 이번에는 그것이 금융적 조작과 배제라는 상이한 기제를 통해 달성될 것이다. 부자는 금융조작을 통해 더 부유해지는 반면 빈자는 자기 부채(개인적인 부채와 국가채무에서와 같은 집단적인 부채)를 상환해야 할 필요를 통해 더 빈곤해진다. 한편 가치증식은 지구상의 최빈국들이 붙들고 씨름할 문제로 남겨져서, 마치 뒤늦게 생각난 것처럼 보일 지경이다.

반가치의 개념은 중대한 위기의 시기에 발생하는 대대적인 가치

• 음료를 병에 주입하는 공장을 '병입공장'이라 하는데, 여기서 하비는 음료 대신 부채가 개인이나 국가에 차례로 채워지는 장면을 상상하고 있다.

•• 1920년대 미국에서 찰스 폰지(Chales Ponzi)가 써서 유명해진 수법으로, 신규 투자자에게서 받은 돈으로 기존 투자자에게 이자나 배당금을 지급하는 다단계 금융사기를 가리킨다.

지하에서 절정에 달한다. 『자본』 제1권에서 맑스는 이것이 작동하는 방식의 구체적인 예를 제시한다. 모든 판매는 구매를 함축하므로 판매와 구매는 언제나 균형을 이뤄야 한다는 (리카도가 받아들인) 쎄의 법칙(Say's Law)•을 그는 반박한다. 이른바 이 '법칙'의 수용은 일반적 위기는 불가능하다고 생각함을 뜻한다.[22] 순수한 물물교환 경제의 경우는 그럴 것이다. 그러나 화폐화된 경제에서 단순 순환은 상품에서 화폐로, 그리고 다시 상품으로 가서 과정을 반복하는 형태를 취한다. 화폐를 위해 판매한 사람으로 하여금 즉시 그 화폐를 사용해서 또다른 상품을 구매하도록 재촉하는 것은 아무것도 없다. 만일 모든 경제 행위자가 어떤 이유에서 (가령 체제에 대한 신뢰가 무너져서) 화폐를 보유하고 저축하기로 결심한다면 순환은 중단되고, 가치가 부정됨에 따라 경제는 붕괴한다. 나중에 케인즈가 '유동성 함정'(liquidity trap)이라고 규정한 것이 이것이다. 반가치가 가치를 압도하는데, 왜냐하면 가치는 연속적 운동을 통해서만 계속 가치일 수 있기 때문이다. 가령 2007~2008년 위기에서 미국 자산 가치의 누적 상실(가치저하)액은 15조 달러 수준이었다. (이는 재화·용역의 연간 총생산량의 시장가치에 근접한다.)

맑스의 사유에서 가치와 반가치의 짝짓기가 지니는 중요성은 이 주제에 관한 설명에서 무시되거나 짧게 처리되고 만다. 그러나 가치의 부정에 기초한 변증법적 정식화(고전경제학과 신고전학파 경제

• 장바띠스뜨 쎄(Jean-Baptiste Say, 1767~1832)는 프랑스의 자유주의 경제학자였다.

학은 그 실증적 성향으로 인해 도저히 파악할 수 없는 정식화)는 자본의 위기 경향을 이해하는 데 긴요하다. 맑스 자신이 이것의 모든 함의를 이해했는지 여부는 흥미로운 문제다. 영국의 금융제도에 관한 『자본』 제3권의 장황한, 그리고 종종 읽기에 혼란스러운 연구를 보면 그는 "화폐자본의 축적은 대부분 생산에 대한 (…) 청구권의 축적에 지나지 않는다"[23]는 점을 아주 잘 이해하고 있었다. 은행업과 신용은 "자본주의적 생산을 그 자신의 장벽 너머로 추동하는 가장 강력한 수단"이 되고 있었다. 그것들은 또한 "위기와 협잡의 가장 효과적인 매개체"가 되고 있었다. 가공자본의 제어되지 않는 축적은 "자본의 실제 가치증식 과정과의 모든 연관이 그 마지막 흔적까지 상실된다"는 것을 의미할 수 있었다. 그 결과는 "자본이 그 자신의 힘으로 자동적으로 가치 증식된다는"[24] 환상을 확증하는 것일 터였다. 내가 예금계좌에 돈을 넣고 시간이 지나면 복리로 이자가 붙는다. 마술 같다. 나는 아무 일도 안 하는데 돈이 불어난다! 그러나 이제 이것이 경제 전체가 성장하게 되어 있는 방식인 듯하다. 맑스가 금융제도를 자본주의의 물신적 경향의 최고봉이라고 생각한 것도 놀랍지 않다.

신용제도는 "자본주의 생산양식의 내재적 형태"이며 자본의 무한축적의 핵심적 추진력 중 하나다.

> 자본주의적 생산의 대립적 성격에 토대를 둔 자본의 가치증식은 실제의 자유로운 발전을 일정한 지점까지만 허용하는데 (…) 이것은 신용제도를 통해 계속해서 파괴된다. 따라서 신용제도는 생

산력의 물질 발전과 세계시장의 형성을 촉진한다. (…) 동시에 신용은 이런 모순의 폭력적인 폭발, 즉 위기를 촉진하고, 그럼으로써 낡은 생산양식을 해체하는 요소들을 촉진한다.

신용제도는 이중의 성격을 지닌다. 한편으로 그것은 자본주의적 생산의 동기, 즉 타인 노동의 착취를 통한 치부를 더없이 순전한, 그리고 가장 거대한 도박과 협잡의 제도로 발전시키며, 이미 소수인 사회적 부의 착취자들을 더 소수로 제한한다. 그러나 다른 한편 그것은 새로운 생산양식에 이르는 과도기적 형태를 구성한다. 이런 면모로 (…) 신용의 주요 대변자들은 협잡꾼과 예언자가 그럴듯하게 뒤섞인 형상을 하게 된다.[25]

유감이지만 오늘날의 '우주의 지배자들'(월가 사람들은 종종 이렇게 불린다)은 자신들의 협잡을 정당화하기 위해 거짓 예언의 기술을 개발하면서도 협잡꾼의 노릇은 훨씬 더 잘 수행해왔다. 역시 유감이지만 신용제도의 진화, 그리고 확실히 커지고 있는, 이자 낳는 자본의 순환의 미래 결정력이 어떤 새로운 생산양식의 출현을 향한 과도기적 디딤돌을 구성한다는 표지는 별로 없다. 실로 우리에게 남겨진 상상계란, 그 어떤 심각한 반대도 거의 다 매수할 수 있을 만큼 깊은 호주머니를 차고, 나머지 사람들에게는 소화할 수 없는 신용화폐라는 음식을 강제 주입하고 있는, 아무리 가져도 만족을 모르는 탐욕스러운 투자자 무리에 관한 것이다.

금융업자는 왜 위기의 폭력적인 폭발을 반길까?• 언뜻 보면 이것은 직관에 반하는 듯하다. 그러나 반가치순환의 문제로 오면, 위기는 가치의 생산과 실현에 종사하는 모든 사람에게는 절망을 안겨주지만, 그것은 실로 반가치의 힘이 승리한 순간이다. 오래전, 1920년대에 은행가 앤드루 멜런(Andrew Mellon)**은 다음과 같이 말했다. "위기를 통해 자산은 그 정당한 소유자에게 돌아온다." 즉 그 자신에게 말이다.[26] 대개 위기가 지나간 자리에는 가치 저하된 자산이 대량으로 널리게 되는데, 그 값을 지불할 현금(아니면 특권적 연줄)이 있는 사람은 그것을 헐값에 주워 올 수 있다. 1997~98년에 동아시아와 동남아시아에서 일어난 일이 바로 이것이다. 아주 멀쩡한 기업이 유동성 부족으로 파산했고, 외국 은행들에 인수되었으며, 수년 후 엄청난 이윤을 남기고 되팔렸다.

맑스는 위기에 대해 대체로 다음과 같은 가능성을 환기한다. (1) 사용가치의 물리적 **파괴**(destruction)와 **하락**(degradation), (2) 교환가치의 강제적인 화폐적 **평가절하**(depreciation), (3) 과잉축적의 불합리성을 극복할 수 있는 유일하게 '합리적인' 방법으로서, 앞의 가능성들에 수반하는 가치의 **가치저하**(devaluation).[27] 여기에 나오는 용어에 주목하자. 연관된 각각의 형태—사용가치, 교환가치, 가

---

* 이 문장(원문은 "Why would financiers celebrate the violent outbreaks of crises?")은 앞서 인용된 맑스의 문장 "신용은 이런 모순의 폭력적인 폭발, 즉 위기를 촉진하고"(credit celebrates the violent outbreaks of this contradiction, crises)를 염두에 둔 것으로 보인다. 두 문장에 모두 동사가 'celebrate(s)'로 나오지만, 맑스의 경우 실제 쓰인 동사는 '촉진하다'라는 의미의 'beschleunigt'(beschleunigen)로, 맑스 문장의 우리말 번역에는 이를 반영하였다. 하비 자신의 문장은 있는 그대로 옮긴다.

** (1855~1937) 미국의 은행가, 사업가, 정치가, 자선가, 미술품 수집가.

치—는 특정 형태의 부정에 종속되는데, 한 형태가 자동적으로 다른 형태를 함축하지 않는다. 가치저하와 교환가치의 평가절하가 반드시 사용가치의 물리적 파괴를 의미하지 않는다. 사용가치는 자본주의적 축적의 부활에 쓰일 무상 재화가 될 수 있는 것이다. 반가치가 가치생산의 조건을 회복시키려 작동하는 방식들 중 하나가 이것이다. (지하철을 가치 저하시키고 투자자들의 자본을 평가절하시키면서) 파산한 지하철시스템은 터널의 사용가치를 뒤에 남겨서, 우리는 런던 지하철을 이용해 이동할 때 여전히 그 터널을 사용한다. 미국의 2007~2008년 위기에서 주택 가치의 평가절하는 엄청나게 쌓인 주택 사용가치를 뒤에 남겨서, 사모투자회사와 헤지펀드가 그것을 헐값에 사들였다가 다시 이윤을 남기는 데 사용할 수 있었다. 맑스는 이런 가능성들을 잘 알고 있었다. 그는 자본이 "수지가 맞지 않는, 일정 정도 **가치저하**가 이뤄졌을 때라야 수지가 맞는 **투자**를 시도한다. (…) (그리고—인용자) 첫번째 **투자**는 망해서 손해를 보고, 첫번째 기업가는 파산하고, **가치저하** 때문에 투자자본이 작아진 두번째나 세번째에 가서야 수익을 내기 시작하는 투자시도*가 많다"는 데 주목한다.[28] 같은 맥락에서 (가령 부동산시장에서) 교환가치의 급격한 절상(appreciation)이 반드시 가치의 그 어떤 증가를 함축하지는 않으며, 또 그것은 사용가치의 그 어떤 실질적 향상도 의미하지 않을 수 있다.

* 또는 사업(undertakings). 이 인용문 바로 앞에서 맑스는 자본은 이익이 나는 사업을 추구하지만 잘못된 투자를 하기도 하며 또 "그럴 수밖에 없다"고 말한다.

비생산노동의 중압

반가치의 이론은 자본이 기능하는 데는 본질적이고 필수적이지만 가치를 생산하지는 않는 모든 활동을 포괄해야 한다. 이는 애덤 스미스가 길게 논한 바 있는 비생산노동이라는 난처한 문제로 우리를 인도한다.

맑스는 유통(가령 마케팅)에 종사하는 노동자는 가치를 생산하지 않는다는 데 동의했다. (그렇지 않았다면 그는 시장교환에 의해 가치가 생산될 수 있다고 인정해야 했을 것이다.) 그러나 그들은 잉여가치의 원천이 될 수 있다. 그들은 기계와 같은데, 기계는 가치를 생산하지는 못하지만, 그것의 사용은 임금재의 비용을 낮추고 따라서 노동력의 가치를 축소해서 자본가를 위해 더 많은 잉여가치를 생산함으로써 상대적 잉여가치를 증가시킬 수는 있는 것이다. 유통과 국가 행정에 수반되는 비용은 가치 및 잉여가치 생산으로부터 공제되는 것으로 봐야 한다고 맑스는 주장한다.[29] (수송비용을 제외한) 시장에서의 유통비용은 산업자본가가 부담하든 상업자본가가 부담하든 이미 생산된 잠재적 가치로부터의 필수적 공제액으로 간주된다. 이 유통비용의 절약과 유통시간의 단축은 "창출된 가치의 부정을 줄이는 것"과 마찬가지라고 맑스는 말한다. 그러나 비생산노동의 착취율을 높인 결과 공제액이 줄어든다면 더 많은 잉여가치가 자본가의 몫으로 남게 된다. 부기, 소매, 제대로 된 국가규제와 법집행 같은 비생산적이면서 사회적으로 필요한 활동은 본래 반자본주의적인 것은 아니다.

그러나 모든 사람이 그런 수단을 통해 생계를 유지하려 하고 아무도 생산에 종사하지 않는다면 자본은 소멸할 것이다. 반가치가 지배할 것이다. 결론은 자명하다—어떤 가치도 생산하지 않는 (기업과 국가 부문에서의) 초(超)관료화(hyper-bureaucratisation)와 더불어 (가치를 생산하지 않는) 유통으로의 노동력의 (사회적으로 필요한 것에 대비되는) 과도한 흡수는 형태나 의도에서 명시적으로 반자본주의적이지는 않아도 자본의 재생산에 위협이 된다. 그것은 운동하는 가치가 교착상태에 빠질 수 있는 우발적인 방식 가운데 하나다. 유통, 규제, (치안을 포함한) 관료적 지원 등의 불어난 비용과 커지는 비효율성은 방대한 양의 가치를 비생산적으로 흡수할 수 있다. 어떤 전통적 경제학자들이 주장하듯이 현재 미국 경제의 너무 많은 부분이 '분주하나 쓸모없는' 활동에 쏠려 있다면, 이는 가치·잉여가치 생산 및 순환의 장애물로 작용한다. 어떤 이들은 이로부터 현대 자본주의의 '대(大)침체'(great stagnation)가 초래된다는 가설을 제기한다. 과도한 규제와 관료화가 시장 자유의 대적(大敵)이며, 따라서 추정컨대 모든 이를 이롭게 하는 완전한 자본주의적 발전의 대적이라는 말은 거의 모든 우파적 국가 비판의 단골 메뉴다. 물론 맑스의 가장 혁혁한 성취는 규제가 전혀 없는 자유시장 자본주의가 모든 이를 이롭게 하는 것이 아니라 단지 갈수록 많은 부와 권력을 상위 1퍼센트에 집중시키리라는 것을 『자본』 제1권에서 결정적으로 보여준 데 있었다. 하지만 우파적 비판은 비생산노동에 대한 과도한 의존이 가치의 생산과 순환에 악영향을 끼친다는 것을 강조한 점에서 상당한 진실을 담고 있다.

그러므로 비생산노동이 부지불식간에라도 반가치의 주요 소재지가 되지 않으려면 필수적 유통비용에 있어서의 경제와 효율성 증대가 긴요하다고 맑스는 주장했다. 하나의 당연한 결과로, 이 비생산적 활동에서 살아 있는 노동의 착취 조건은 생산에서만큼이나 (어떤 경우에는 거기서보다 더욱더) 열악할 수 있다.

사회적으로 필요한 비생산노동과 과도한 비생산노동 사이의 균형은 규정하기 힘들다. 규제 환경을 둘러싼 정치적 논쟁은 많은 경우 바로 적합한 규범을 확립하기 위한 노력에 휘말린다. 노동일 길이의 규제에 관한 맑스의 논의는 이 점에 관해 흥미로운 범례를 제공한다. 절대적 잉여가치를 놓고 벌어지는 자본가들 간의 치열한 경쟁은 노동자의 생명과 건강과 노동능력을 위험에 빠트릴 만큼 노동일을 연장하고 노동강도를 높이는 결과를 초래한다. 그러므로 자본의 입장에서조차 어떤 집단적 규제 형태를 마련하여 — 말하자면 경쟁을 안정화하여 — 치명적인 경쟁이 자기에게 속한 노동인구에 미칠 파괴적 결과로부터 자본을 보호할 필요가 있었다. 그러나 다른 이익집단과 동맹을 맺은 노동자의 조직된 힘이 점점 더 강력해져서 노동일의 길이를 한층 더 극적으로 제한할 정도가 되면 이는 다른 방향으로부터 오는 반자본주의적 위협이 될 터였다. 노동자의 권리와 자본의 권리 사이에서 노동시간에 관한 판결은 계급세력들 간의 균형에 의존한다. "동등한 권리들 사이에서는 세력이 결정한다."[30] 마찬가지로 어떤 자본주의 사회구성체에서도 생산노동과 비생산노동 사이의 균형은 사회적·정치적 과정과 투쟁이 어떻게 전개되느냐에 달려 있다.

반가치의 직접적 정치

상품생산과 상품교환 바깥의 대안적 생활방식을 고안해내는 데 기초한 반자본주의적 활동과 정치는 보통 소규모이긴 하지만 널리 퍼져 있다. 만일 올먼(Bertell Ollman)•의 주장대로 정말 가치가 소외된 노동이라면, 소외되지 않은 존재를 향한 정치적 탐색은 개인적·집단적인 삶에서 자본주의적 가치법칙에 대한 능동적이고 의식적인 부정을 수반한다. 반가치의 정치에는 다양한 형태가 있다. 예를 들어 연대경제(solidarity economies)••와 계획공동체(intentional communities)•••는 가치생산의 범위를 넘어서서 자신들의 재생산을 확보하려 노력할 수 있다.[31] 그들이 자신들 사이에서나 타인들과 맺는 교환관계는 꼭 시장 기제에 기초하지는 않을 것이다. 무정부주의적 꼬뮌, 종교 기반 공동체, 토착 사회질서 등은 자본주의 체제의 틈새 안에 있으나 가치법칙의 지배 바깥에 있는 이소(異所, heterotopic) 공간을 구성한다. 가치를 생산하지 않는 그런 활동이 자

• (1935~) 뉴욕대학 정치학 교수.

•• 지역사업과 비영리활동을 통해 공동체의 재생산과 삶의 질 향상을 모색하는 경제로, 협동조합, 오픈소스 개발, 공정무역 등 여러가지 형태를 포괄하는 개념이다.

••• 사회정치적이거나 종교적인 이념을 공유하는 사람들이 모여서 집단적·주체적으로 만들어가는 공동체.

본에 의해 가치생산의 기초로 전유되거나(가령 인간 본성의 무상 증여물로서 전유되거나 취해지는 경우), 아니면 갈수록 쓸모없는(redundant), 처분 가능한(disposable) 존재가 되어가는 노동자들의 산업예비군을 재생산하는 일종의 예비풀로 기능할 위험은 늘 존재한다.

자본은 순환하고 확대되면서 대항정치를 위한 기회를 창조한다. 예술과 과학과 기술의 힘을 동원함으로써, 엉겁결에 자본은 사회적 필요노동시간으로서의 가치의 지배와 처분 가능한 노동시간 또는 '비(非)노동시간' 사이의 대립을 창조한다. 자본은 "한편으로 처분 가능한 시간을 창조하고 다른 한편으로 그것을 과잉노동시간으로 전화시키는" 경향이 있다. "만일 자본이 앞의 일을 너무 잘 해내면 과잉생산에 시달리게 되고 그렇게 되면 필요노동이 중단되는데, 어떤 과잉노동도 자본에 의해 실현될 수 없기 때문이다."[32]• 이어 가치실현의 불가능성은 넘어설 수 없는 장벽이 된다. "이런 모순이 발전할수록 다음이 분명해진다—즉, 생산력의 성장이 더이상 타인 노동의 전유와 밀접하게 연관될 수 없다는 것, 노동자 대중 자신이 자기의 과잉노동을 전유해야 한다는 것." 이는 "사회적 생산력의 발전"을 가능하게 하여 "처분 가능한 시간이 모두에게서 증가할 것이다. 왜냐하면 진정한 부는 모든 개인의 발전된 생산력이기 때문이다. 그러면 이제 부의 척도는 결코 노동시간이 아니라 처분 가능한

• 여기에 인용된 구절은 맑스의 『요강』에 나오는 것으로, 이어 나오는 인용문의 바로 앞에 위치한다.

시간이다."[33] 노동자는 자본과의 애초의 (허구적인) 임금노동 계약을 통해 상실한 저 측정 불가능한 가치감각을 되찾을 수 있다. 그 계약은 자본의 가치증식이 자신의 유일한 운명이 되는 소외된 존재의 삶을 노동자에게 강요한 것이다.

여기서 우리는 어떤 흥미로운 정치적 역설들과 마주친다. 가치의 계산에 지식과 과학, 무급 가사노동, 자연의 '무상 증여물' 등을 포함시키는 것이 최근 비판적 평론의 크나큰 관심사였다. 그런 것들은 결국 가치의 원천이 아닌가? 맑스의 답변은 그것들이 기계의 경우와 유사하다는 것이다. 즉, 그것들은 노동력의 생산성에 기여하는 한에서 자본가계급을 위한 상대적 잉여가치의 원천이지만 자본이 규정하는 가치의 원천일 수는 없다는 것이다. 이제까지 '가치를 부여받지 않은'(not valued) 것을 자본주의적 가치생산·순환 체제 안에 포함시키고자 하는 욕망이 현재 널리 퍼져 있다. 이러한 전략은 (부분적으로는 가치 같은 용어가 지니는 긍정적 함의를 고려할 때, 그리고 너무나 빈번히 무시되는 대상을 인정하라는 합당한 요구를 고려할 때) 이해할 만하다. 그러나 그것은 정치적으로 사태를 완전히 오도한다. 그것은 대항정치에서 비가치나 반가치가 (그리고 소외되지 않은 노동과 처분 가능한 시간이) 행하는 변증법적 역할을 이해하지 못하는 것이다. 바로 그 비가치와 소외되지 않은 노동의 공간으로부터 자본주의 생산양식과 그 고유의 가치 형태 및 그 소외들에 대한 심오하고 광범위한 대중적 비판이 제기될 수 있다. 또한 바로 이곳에서 탈자본주의 경제의 윤곽이 가장 잘 식별될지도 모른다. 자본주의 생산양식 내에서 가치 및 잉여가치의 생산자가 되는

것은 맑스의 말에 따르면 축복이 아니라 "불행"이다.[34]

지식, 정보, 문화적 활동 등등은 모두 상품화될 수 있고 자본주의에 통합될 수 있다. 동시에 그것들이 지닌 소외되지 않은 자유로운 활동의 잠재력은 반자본주의적 정치의 첨단을 형성한다. 이런 모순적 입장에서 모든 종류의 문화생산자들은 급진적인 정치적 행동을 구성하는 하나의 의미심장한 잠재적 단위를 형성한다. 기생적인 불로소득 계층이 자신들의 생산물을 전유하는 데 맞서 문화생산자들이 소외되지 않은 삶을 추구하는 것은 점점 더 긴장의 요인이 된다. 그러나 그들의 생산의 조건이 자본주의적 통제가 도전받는 영역일지라도 그들의 정치는 대부분 실현의 조건을 둘러싸고 벌어진다.

마찬가지로, 가사노동이 가치의 계산에 산입되지 않는다는 사실은 (젠더, 가부장제, 섹슈얼리티, 육아 관행 등등과 관련한 그 자체의 내적 모순과 소외가 해소될 수 있다는 전제하에) 그것이 반자본주의적 정치가 뚜렷이 나타날 수 있는 또다른 잠재적 장소임을 시사한다. 점점 더 많은 가사노동 활동이 상품화되고 시장에 끌어들여지고 있지만(포장음식에서 손톱 소제와 이발에 이르는 모든 것), 노동절감 가사기술(세탁기와 로봇진공청소기)의 출현에도 불구하고 (어떤 이들에 따르면 그것 때문에) 가정에서 보내는 노동시간은 늘고 있다. 그러나 가정 안에서, 그리고 공통재(the commons)의 생산과 보호를 중심축으로 하여 형성된 광범위한 사회적 연대를 가로질러 타인을 위해 수행되는 노동은 자본주의적 상품생산 및 이와 연관된 사회적 관계의 지배에 대한 강력한 해독제가 될 수 있다. 가사노동에 임금을 부여하는 것은(그것이 실현 가능하다는 가정하에 하는 말이지만, 다행히 그렇지는 않다) 그저 우리에게 가사노동이 원칙상 자본주의 생산양식에 편입될 수 있다(그리고 소외된 노동의 지위를 부여받을 수 있다)는 확신을 줄 뿐이다. 1970년대에 페미니스트들이 시작한 '가사노동에 임금을'(wages for housework) 캠페인은 맑스주의 전통에서 젠더 문제가 철저히 무시돼온 점에 주의를 집중한 탁월한 개입이었으나, 거기서 제안한 정치적 해법은 (캠페인의 주창자들 일부가 나중에 터놓고 인정했듯이) 방향이 완전히 잘못되었다.[35] 자본주의 생산양식 내에서의 가치와 반가치의 관계가 더 충분히 이해되었더라면 이런 일은 일어나지 않았으리라는 것이 나의 주장이다.

아울러 어떤 자의적 가치평가 장치(가령 환경경제학자들이 제안하는 것)를 통해 자연의 무상 증여물을 가치생산의 흐름에 편입시키려는 움직임이 존재해왔다. 이는 결국 정교한 위장환경주의(green-washing)*에 불과하고, 또한 자본주의 생산양식의 헤게모니를, 그리고 상품화를 통한 그 생산양식의 (그리고 우리의) 자연에 대한 소외된 관계를 매섭게 공격할 수 있는 공간의 상품화에 불과하다. 이 모두는 반자본주의적 비판이 형성될 수 있는 전형적 공간이다. 그러나 최근의 지배적인 정치적 운동은 가치이론의 틀 속에 그것들을 편입시키려는 운동이다! 자본주의하에서 가치의 핵심이 소외된 노동과 소외된 노동자를 생산하는 데 있다면, 진보주의자인 누

* 위장환경주의, 또는 그린워싱은 결점의 은폐를 뜻하는 화이트워싱(whitewashing)에 빗대어 환경보호를 위장한 기업의 상술(유사 환경주의적 광고 등)을 꼬집는 표현이다.

군가가 도대체 왜 그런 체제에 포섭되기 위한 운동을 벌이겠는가?

가치저하는 결국 상품으로서의 노동력의 담지자인 노동자에게도 타격을 줄 수 있다. 노동자가 자신의 기량과 노동역량을 계속 보유하더라도 임금이 삭감되고 그의 건강과 복지가 위협을 받는다. 예를 들어 2008년 제너럴모터스가 사실상 국유화되는 와중에, 기존 노동자들은 자기 임금과 수당을 유지하고 신입들은 훨씬 낮은 임금과 훨씬 빈약한 수당을 받고 고용되는 이원적 고용구조가 출현했다. 노동의 연장이나 심화에 따른 노동력의 가치저하와 그 가치의 평가절하는 노동인구의 물리적 파괴로 이어질 수 있는데, 물론 자본은 자명한 이유에서 보통 그 지경까지 나아가지는 못한다. 그러나 이 모든 일은 노동자(개인과 집단 모두)에게서 모종의 정치적 반응을 이끌어내게 되어 있다.

우리는 가치이론과 관련하여 반가치의 힘과 정면으로 맞서야 한다. 내 짐작대로 그것이 운동하는 가치로서 순환하는 자본의 심부에 감추어져 있는 '더 심층적인 적대'라면, 이 모순을 알아볼 수 있게 만드는 일은 갈수록 우리 현재의 사회적 관계와 복지뿐 아니라 우리 미래의 삶의 전망까지 좌우할 권능을 지닌 것처럼 보이는 부채노역과 정면으로 맞서기 위한 중요한 한걸음이다. 수많은 사람들이 세계의 종말을 상상하는 것보다 자본주의의 종말을 상상하는 것을 더 어려워한다는 사실은 반가치로서 엄청나게 쌓여가는 부채 속에 자본축적의 미래가 압류된다는 사실과 큰 관련이 있다. 어떤 외적 개입—모종의 세계종말적 사건—이 우리를 구원하리라는 것이 많은 이들에게 유일한 희망처럼 보인다. 그런 것은 우리를 구원하지 못할 것이다. 우리를 구원할 수 있는 유일한 것은 우리 미래를 좌우하는 부채의 탑을, 폭파하지는 않더라도 명백하게 점점 축소해나가는 것이다.

반가치는 자본순환의 연속성이 깨질 가능성을 예고한다. 그것은 어떻게 자본의 위기 경향이 다양한 형태를 취할 수 있고 하나의 계기(가령 생산)에서 또다른 계기(가령 실현)로 옮겨다닐 수 있는지를 예시(豫示)한다.[36] 이 통찰은 매우 중요하기도 한데, 유감스럽게도 그것은 종종 무시된다. 위기는 반드시 자본주의의 종말을 초래하는 것이 아니라 그 갱신의 장을 마련한다고 맑스는 (많은 통념에 반하여) 말한다. 자본의 재생산에서 반가치가 수행하는 변증법적 역할이 가장 분명히 드러나는 것은 이 지점에서다. "위기는 기존 모순의 일시적이고 폭력적인 해결책, 흐트러진 균형을 잠시 회복시키는 폭력적인 폭발 그 이상이 결코 아니다."[37] 그러나 자본의 재구성은 불안하며, 한계가 있다. 부채(미래의 가치생산에 대한 청구)의 축적은 미래의 가치 및 잉여가치 생산 능력과 실현 능력을 넘어설 수 있다. 부채가 성공적으로 상환된다 해도 그것을 갚아야 할 의무가 대안적 미래를 압류한다. 부채노역은 개인의 미래와 경제 전체의 미래에 족쇄를 채운다.[38] 이 주제는 결론 대목에서 다시 다뤄질 것이다.

5장

가치 없는 가격

가치와 가격 사이의 질적 불일치는 곤혹스러우며, 맑스가 인정한 것보다 더 중요할 수 있다. 둘 사이의 모순은 시간이 흐르면서 더 첨예해졌을지 모른다. 투자자가 가치와 잉여가치 창출에 투자하는 대신, 가격 결정 시장에서 (예술품이나 통화 선물先物, 탄소배출권 선물 같은) 가치가 없는 자산에 대한 투기적 이익을 추구할 경우, 이는 가치가 (가치 전유와 대비되는) 직접적인 가치생산이 이뤄지지 않는 가공의 시장에서 화폐로서 순환되도록 자본의 전반적 순환으로부터 걸러져 나올 수 있는 경로를 나타낸다. 가격신호(price signals)* 가 그것이 표상하게 되어 있는 가치를 배반할 때 투자자는 잘못된 결정을 내릴 수밖에 없다. 만일 부동산시장이나 그밖의 자산투기 형

* 재화나 용역의 공급이나 수요를 늘리거나 줄이도록 생산자와 소비자에게 제공되는 가격 정보.

태에서 화폐적 이윤율이 가장 높다면 합리적인 자본가는 생산활동의 영역보다 거기에 자기 화폐를 배치할 것이다. 그 합리적인 자본가는 진화해가는 총체로서의 자본의 재생산 과정의 관점에서 보면 비합리적으로 행동한다. 그 결과는 경제 전체의 장기 침체 경향이 심화되는 것일 수도 있다.

이를 상쇄할 만한 것은 어떤 사용가치들이 '무상 증여물'로서 자본주의적 생산에 진입한다는 사실이다. "금속, 광물, 석탄, 석재 등의 경우처럼 노동의 대상이 (…) 자연이 무상으로 제공하는 어떤 것"[1]일 때 그런 일이 일어난다. 자본은 자연과의 신진대사적 관계에 물질적으로 의존하지만 이는 자연 그 자체가 가치를 지님을 의미하지 않는다. 자연은 자본이 어떤 댓가도 지불하지 않고 사용할 수 있는 무상 증여물들의 저장소다. 그러나 그런 사용가치가 울타리쳐져 다른 이의 사유재산이 되면 그것은 가격을 지닐 수 있다. 그러면 그것이 가치를 지니지 않더라도 그 소유자는 그 자원으로부터 화폐지대(money rent)*를 추출할 수 있는 위치에 있게 된다. 구축된 환경, 개척·경작지, 먼 과거로부터 물려받은 문화적 가공물도 마찬가지다. 간혹 '제2의 자연'으로 지칭되는 것도 생산에서 사용가치로 기능할 무상 증여물의 보고(寶庫)다.[2] 가사노동으로부터, 또 자급자족하는 소농 및 그외의 비(非)상품 생산 인구의 생산물로부터도 앞의 경우와 유사한, 자본에 주어지는 '무상 재화'의 '기증물'이 추출될 수 있다. "노동계급의 유지와 재생산은 언제까지나 자본 재생산의

* 화폐로 내는 지대.

필수 조건이지만 (…) 자본가는 이를 노동자의 자기유지 본능과 생식 본능에 안심하고 맡길 수 있다."[3] 노동자가 스스로 쌓은 기량조차 자본에 의해 무상으로 전유될 수 있다. 노동자가 직무에 관해 쌓은 기량, 그리고 그 지식이 두뇌에 저장된 경우는 특히 그렇다. "노동자가 일정한 조건하에 놓이면 언제나 노동의 사회적 생산력이 자본에 주어지는 무상 증여물로서 개발되는데, 노동자를 그 조건하에 두는 것은 자본이다. 이 생산력은 자본에 어떤 비용도 요구하지 않고, 다른 한편 노동자는 그의 노동 자체가 자본에 속한 이후에야 그 생산력을 개발하기 때문에, 그것은 자본이 그 본성상 소유하는 생산력으로 나타난다."[4] 그러나 숙련노동자는 그의 기량이 재생산하기 어려운 것일 경우 그것에 대한 독점지대(monopoly rent)•를 뽑아낼 수 있다. 따라서 자본은 노동인구 내에 독점 가능한 기량이 재생산되는 것을 막고자 전쟁을 벌인다. 근년에 — 숙련된 전문가에서 일과(日課) 수행자로 — 빠르게 변하고 있는 컴퓨터 프로그래머의 지위가 좋은 예다.

이는 먼 과거로부터 전수되어 남아 있는 관행이 아니다. 노동자가 직무를 수행하며 배우는 것은 갈수록 자본의 정치경제의 강력한 특징이 된다. 그러나 그것은 무상 재화로서 자본의 힘으로 나타나는, 또 그런 힘으로 전유되는 노동력이다. 오늘날 문제가 심각한 디

• 어떤 생산요소의 사용에 대해 일반적으로 지급하는 수준을 초과하여 지급하는 금액을 경제지대(economic rent)라 하는데, 독점지대는 그 일부로서 생산물의 질, 수요와 공급의 불일치, 특허나 판권 등에 따른 독점가격에 의해 발생하는 초과지출이나 초과수익을 가리킨다.

지털노동의 경우를 생각해보라. P2P 재단의 창립회원인 미셸 바우엔스(Michel Bauwens)는 말한다. "인지자본주의체제하에서 사용가치의 창출은 기하급수적으로 확대되지만 교환가치는 선형적으로(linearly) 증가할 뿐이며, 자본이 거의 배타적으로 교환가치를 실현하는바, 이는 초(超)착취(hyper-exploitation)의 형태들을 유발한다. (…) 고전적 신자유주의에서는 노동소득이 정체되지만 초(超)신자유주의(hyper-neoliberalism)에서는 사회가 탈프롤레타리아화한다. 즉 고립되고 대체로 불안정한 프리랜서들이 점점 더 임금노동을 대체해가는 것이다. 갈수록 많은 사용가치가 아예 노동의 형태를 벗어"나며, "사용가치의 창출자들은 교환가치의 측면에서 전혀 보상을 받지 못하고, 독점적 플랫폼만이 교환가치를 실현한다."[5] 실제로 작업을 하는 이들의 시간당 평균소득은 "2달러를 넘지 않는데, 이는 미국 최저임금을 한참 밑도는 것이다." 여기서 가격 형태는 바우엔스가 전통적인 자본주의보다도 못한 새로운 '신봉건적' 가치체제로 간주하는 것 안에서 이루어지는 '초착취'를 은폐한다. 이 체제는 "점점 더 무보수 '부역'(corvee)*에 의존하며 광범위한 부채노역을 창출한다." 이는 공통재를 지향하는 동료생산(peer production)**에서 발휘되는 자발적 노동에 기초한 정치경제체제를 의미한다. 원래는 해방적인, 자유이용(open access) 공통재의 협동생산 체제로 구상된 것이 자본이 자유롭게 배를 채우는 초착취체제로 전화되었다.

* 봉건영주가 가신이나 농노에게 요구한 일정 기간의 무보수 강제노역.

** 개인의 자발적 참여와 협력에 기초한 공동체주의적 생산방식. P2P(Peer-to-Peer) 생산으로 번역되기도 한다.

스스로 기량을 쌓은 노동인구가 생산하는 무상 재화를 (아마존과 구글 같은) 거대 자본이 무제한적으로 약탈하는 것은 우리 시대의 주요한 특징이 되었다. 이는 이른바 문화산업으로까지 이어진다. 창의적이고 창조적인 작업이 에이전트와 문화사업가에 의해 무자비하게 이용당하고 강탈당해서 수익이 나는 상거래로 전화된다. 우리는 이런 종류의 노동이 가치와 잉여가치의 창출 및 전유와 관련하여 갖는 위치를 더 자세히 살펴볼 필요가 있다. 이는 오늘날의 논쟁에서 '인지자본주의'의 역할이라는 문제로 우리를 인도하는데, 이 문제는 다시 창조적 활동 및 지식생산의 가치생산성이라는 문제에 기초해 있다.[6]

정신적 관념, 지식, 상상이 자본순환에 어떤 영향을 미치고 어떻게 관여하는지 생각해보라. 그것들은 가치 및 잉여가치 생산에 어떻게 관여하는가? 인지자본주의 이론가들은 지식이 자본으로서 순환하는 가치의 한 형태가 되었다는 생각을 중시한다. 예전에는 경제가 상품에 기초했는데 이제는 지식에 기초한다는 것이다. 지식재산권이 현대 자본주의의 중요한 특징으로 부상한 상황에서, 요즈음 생산되는 지식의 많은 부분은 확실히 가격을 지닌다. 그러나 그것이 순환하는 가치라는 주장은 신빙성이 없고 정설도 아니다. 특히 과학적·기술적(technical) 지식은 가격은 지닐 수 있으나 가치는 지닐 수 없는 그런 것들 중 하나다. 그것은 수세대에 걸쳐 조금씩 형성되며, 맑스에 따르면 무상 재화, 즉 그것을 이용하고 싶은 사람은 누구든 자유롭게 이용할 수 있는, 인간 본성의 문화적 역사의 증여물이 되어야 한다. 지식공통재가 갈수록 울타리쳐지고 사유화되고 상품으로 전화되고 있다는 사실은 지본주의의 현대적 궤도에 관해 뭔가를 말해준다.

그러나 인지자본주의자들은 이것이 맑스가 『요강』에서 가리킨 방향이라고 주장한다. 자주 인용되는 구절에서 맑스는 '일반 지성'의 산물이 축적의 역학에 어떤 영향을 미치는지를 검토한다. 그는 가치의 한 형태로서의 지식에 초점을 맞추지 않고, 지식과 정신적 능력—인간 본성의 무상 증여물—이 어떻게 가치를 생산하는 고정자본에 편입되고 그럼으로써 가치생산의 동인인 노동이 쓸모없게 될 정도로 노동생산성을 끌어올리는지(우리 자신의 시대에 나타는 인공지능으로의 전회轉回가 그 한 예다)에 초점을 맞춘다. 이는 노동가치론을 쓸모없게 만들 것임을 맑스는 암시한다. 맑스의 연구대상은 고정자본이지, 지식 그 자체가 아니다.[7] 고정자본에 편입될 수 없는 그 모든 지식은 상관이 없는 것이다. 맑스는 노동생산성을 증가시킬 수 있는 지식 형태들에만 관심이 있다. 이런 면에서는 경영과학*도 유전공학이나 제트 엔진을 만드는 방법을 아는 것만큼이나 중요하다.

그러나 어떻게 인간의 상상력과 창조성—인간 본성의 무상 증여물—이 어떤 기술이나 조직 형태를 시장판매용 상품으로 생산하는 데 동원되고 전유될 수 있는가 하는 중대한 문제가 있다. "가장 형편없는 건축가가 가장 뛰어난 꿀벌과 구별되는 점은, 건축가는 먼

* 수치 알고리즘, 통계 분석 등의 과학적 방법론을 활용하여 경영상의 문제를 해결하려는 학문.

저 자기 머릿속에서 집을 짓고 나서 그것을 밀랍으로 짓는다는 것이다."[8] 인간 본성의 무상 증여물인 관념, 지식, 상상력은 생산기술에 들어가는 핵심적인 사용가치 투입물로 기능할 수 있다. 노동과정 속에 인간의 상상력이 자리하고 있다는 점은 중요하다. 인간의 상상력은 아무리 풍부하거나 강렬해도 진공상태에서 일어나지는 않는다. 모든 새로운 지식의 형성은 언제나 기존의 경험, 그리고 이 경험을 언어, 개념, 서사, 선행하는 이야기 등을 통해 이해하고 해석하는 다양한 방식이라는 맥락에서 이루어진다. 인간 본성의 무상 증여물은 무엇이 만들어질 수 있고 어떻게 그것이 수익성 있게 생산될 것인가를 규정하는 데 계속해서 긴요한 역할을 한다. 자본이 무엇이 생산되고 그것이 어떻게 생산될지를 통제할 뿐 아니라 타인의 지적·문화적 작업을 마치 자기 것인 양 전유하기까지 함에 따라, 하나의 체제로서의 자본에 대한 오랜 비판은 부분적으로 대중의 창조적 잠재력의 좌절에 초점을 맞춘다. 가장 형편없는 건축가가 자본주의적 개발업자에게 설계도와 디자인을 파는 건축사무소에 고용될 때, 또는 어느 생물학 연구원이 수천년에 걸쳐 진화해온 식물의 재배 특허권을 획득하려는 목적으로 그 식물의 DNA 서열을 밝히는 작업을 몬샌토(Monsanto)•를 위해 수행할 때, 인간의 상상력은 울타리에 가두어지고 잉여가치의 생산과 전유라는 대의에 전유된다. 맑스는 이런 생각을 문화생산의 영역으로 확장한다.

• 세계 최대의 농화학·농업생명공학 기업으로, 2018년 바이엘에 인수되었다.

> 『실낙원』(*Paradise Lost*)을 쓴 밀턴(John Milton)은 비생산적 노동자였다. 반면 공장 스타일로 출판업자를 위해 작품을 만들어내는 작가는 생산적 노동자다. 밀턴은 누에가 비단을 생산하듯이, 자기 본성의 활동으로서 『실낙원』을 생산했다. 나중에 그는 5파운드를 받고 자기 생산물을 팔았고, 그리하여 상인이 되었다. 그러나 출판업자의 요구에 따라 정치경제학 개론 같은 책을 생산하는 라이프치히의 문학 프롤레타리아는 생산적 노동자에 아주 가까운데, 왜냐하면 그의 생산은 자본에 의해 인수되고 자본증식을 위해서만 발생하기 때문이다. 새처럼 노래하는 가수는 비생산적 노동자다. 그녀가 돈을 받고 자기 노래를 판다면 그녀는 그런 한에서 임금노동자이거나 상인이다. 그러나 바로 그 가수가, 돈을 벌기 위해 그녀에게 노래를 시키는 기업가에게 고용된다면 그녀는 생산적 노동자가 되는데, 왜냐하면 그녀는 직접 자본을 생산하기 때문이다. 다른 사람들을 가르치는 교사는 생산적 노동자가 아니다. 그러나 어느 기관에서 다른 사람들과 더불어 임금을 위해 노동하며, 지식 장사를 하는 그 기관을 소유한 기업가의 돈을 불리는 데 자신의 노동을 이용하는 교사는 생산적 노동자다.[9]

여기서 '생산적'이라는 말의 정의는 잉여가치의 생산에 관련된다. 『실낙원』을 썼을 때 밀턴은 아무런 가치도 창출하지 않았다. 5파운드에 그 내용을 이용할 수 있는 배타적 권리를 다른 누군가에게 팔았을 때 그는 가치생산에 기여하지 않으면서 화폐유통의 영역을 확장했다. 그 내용을 이용할 권리는 가격을 지니나 가치는 지니지 않는다. 그러한 상품 판매는 내용에 대한 배타적 지식재산권을 신성시하는 법체계의 존재를 전제한다. 자본주의적 기업으로 설립된 어떤 출판사가 『실낙원』을 책 상품의 형태로 인쇄 출판할 때라야 가치 및 잉여가치의 생산과 실현의 가능성이 비로소 나타난다. 상품으로서의 책에 응결된 가치와 잉여가치의 실현은 그러나 어디에선가 누군가가 그런 책에 대한 욕구·필요·욕망을 가지고 있고 이것이 지불능력으로 뒷받침된다는 점에 의존한다. 그러나 여기서 문제되는 것은 아무 고서(古書)가 아니라 오로지 『실낙원』의 유일무이하고 배타적인 내용을 지닌 책이다. 이 내용의 유일무이함은 물리적 객체로서의 책에 담긴 노동 내용이 보장하는 정도를 훌쩍 뛰어넘는 독점가격을 부과하고 독점지대를 뽑아낼 가능성을 허용할 수 있고 실제로 종종 허용한다. 게다가 만약 그 책이 최초 판본이라면 그것은 진품(珍品, collector's item)*으로서 천문학적인 가격에 팔릴 수 있다.

인지자본주의자를 종종 헷갈리게 하는 것이 이 점인데, 왜냐하면 창조적인 지적·문화적 노동에는 그 산물을 예외적이고 유일무이하게 만드는 무엇인가가 있는 것처럼 보이는 반면 그 가격은 노동 내용과는 아무런 상관이 없는, '명성가치'(reputational value)로 불리는 무엇인가가 더해짐으로써 상승하는 것처럼 보이기 때문이다.[10] 다른 한편 만일 책이 창고에 처박혀 그 위로 먼지가 쌓이고 있다면 아무런 가치도 또는 잉여가치도 존재하지 않는다. 그러므로 밀턴이 『실낙원』을 썼을 때 그는 가치생산과 독점지대의 추출이 가능할 조

* 원래 수집가용 물품을 가리킴.

건을 창출했지만, 몇 단계 더 지나서야 이 가능성의 조건은 자본의 순환을 통해 실현될 수 있었다.

세계는 출판을 기다리는 저작들로 가득하다. 이것들을 가격을 매겨 지식재산 시장에서 유통시키는 일은 잠재적으로 한이 없을 것이다. 그러나 이것이 가치와 잉여가치의 생산에 기여하지는 않는다. 그것은 단지 가치와 그 화폐적 표현 사이의 모순을 강화할 뿐이다. 게다가 그 과정에서 그것은 자본의 순환과정으로부터 가치를 걸러낸다. 지식재산권 및 진품 시장은 빠르게 팽창할 수 있고, 이는 가치의 생산과 축적에 부정적 영향을 미친다. 거부(巨富)에 대한 감세는 투자를 위한 화폐력을 집중시킬 수 있다. 그러나 (실제로 종종 그렇듯이) 부자가 미술시장에 투자하는 편을 택하면 이는 가치 창출에 아무런 도움이 되지 않는다. 심화되고 있는 소득과 부의 불평등은 사실상 가치생산에서의 장기 침체, 그리고 계속 치솟는 삐까소(Pablo Picasso) 작품들의 가격과 연관되어 있다.

(P2P 컴퓨터 작업에서 생성되는 것과 같은) 비가치는 울타리치기, 상품화, 전유 등의 간단한 행위를 통해 자본을 위한 사용가치로 무상으로 전화된다. 가치생산이 그러한 무상 증여물의 토대에 의존하는 정도는 다양하지만, 그것은 선진자본주의에 편재해 있다.[11] 얽혀드는 것이 자연의 무상 증여물만은 아니다. 역사, 문화, 지식, 예술적 구조물, 기량, 실천 등이 모두 울타리쳐질 수 있고, (밀턴의 『실낙원』 같은) 그 내용은 전유되고 상품화되어 그런 것들이 궁극적으로 발생시킬 수 있는 어떤 가치와도 상관없이 어떤 가격에 거래될 수 있다. 사회에는 대체로 자유롭고 소외되지 않은 '누에' 노동이 많이

있지만, 내용이 형성되자마자 울타리치기, 전유, 화폐화, 거래 따위가 시작된다.

과학적·기술적 지식의 경우, 인간의 창조성 및 '누에 노동'이라는 무상 증여물은 다른 방식으로 자본의 순환에 들어간다. 그러나 맑스는 자신이 '일반 지성'이라고 부른 것의 창조물에만, 그것이 고정자본 형성을 통해 노동생산성에 영향을 미치는 한에서, 관심이 있다.[12] 그의 특정한 관심사는 어떻게 기술적·과학적 지식이 생산의 고정자본에 편입되고, 그리하여 자동화를 통해(우리 시대에는 로봇과 인공지능을 통해) 노동을 퇴출시키고(displace) 무력화하는가 하는 데 있다. 과학적 지식 그 자체는 무상 재화라고 맑스는 생각한다.[13] 다른 모든 것이 동일하다면, 기술변화를 통한 노동의 생산으로부터의 퇴출과 무력화는 가치생산의 능동적 동인인 노동의 기여가 줄어들게 만드는 경향을 띨 것이다. 이로부터 우리는 생산력의 향상으로 순환에 투입되는 물리적 상품의 양이 급속히 증가함에도 가치와 잉여가치가 감소하거나 심지어 순환에서 사라져버릴 때 어떤 일이 발생할지 생각하게 된다. 물리적 상품생산 및 가격 책정의 증가와 가치 및 잉여가치의 사회적 생산의 감소 사이의 간격은 파국적으로 벌어지고, 많은 맑스주의자가 보기에 이는 자본주의의 최종적 붕괴를 향한 불가피한 경로를 선명히 제시한다.

로베르트 쿠르츠(Robert Kurz)•의 연구에 영감을 받은 독일의 비

• (1943~2012) 독일의 맑스주의 철학자·사회비평가. 독일에서 이른바 '가치 비판'(value criticism)을 주도한 것으로 알려져 있다.

판적 기치이론 학파는 이러한 견해를 가장 목소리 높여 설파해왔다. 그러나 그들이 그런 붕괴가 임박했다고 주장하는 것은 아니다.[14] 이런 이론의 주창자들(어떤 면에서는 맑스도 여기에 포함된다)은 이 모순이, 자본주의에 내재하는, 노동절감적 혁신에 대한 집요한 선호의 상관물로서 정체, 이윤 하락, 가치 및 잉여가치 생산과 실현의 점진적 위축 등을 향한 장기적 경향을 내포한다고 본다.

하나의 자명한 해결책은 제조업과 더 전통적인 가치생산 부문에서의 실업에 대한 보상으로 노동집약적인 새로운 노선의 생산활동을 개시하는 것이다. 가령 최근에 물류, 운송, (급성장하는 관광업과 연관된) 취사와 같은 노동집약적 부문이 의미심장하게 확대되어왔다. 장기적인 기반시설 정비에서부터 (유통시간 제로라는 자본주의적 이상에 걸맞게 거의 순식간에 소비되는) 볼거리 상연에 이르는 모든 것에 노동이 점점 더 많이 흡수되어왔다. 산업적 직업의 로봇화와 자동화에 의해 방출된 노동 중 일부가 이런 식으로 흡수되어왔다. 직업의 질적 저하가 노동인구 내에 소외가 점점 더 확산되고 있음을 확증해준다는 데 대해서는 대체로 의견들이 일치하지만, 실직과 구직 사이의 균형이 아슬아슬하게 유지되고 있는 듯하다.

다른 선택지는 자본주의적 생산에 대한 투입물로서의 무상 재화의 흐름을 증가시키고, 이 흐름으로부터 독점지대를 추출하고 전유하는 것을 방지하는 것이다. 맑스가 지대와 세금의 인하가 이윤 하락을 상쇄하는 하나의 방법이라고 생각한 점은 흥미롭다.[15] 우리 시대에 가장 활기차게 발전하는 부문 중 일부—가령 구글, 페이스북, 그밖의 디지털노동 부문—가 무상 노동에 힘입어 매우 빠르게 성장해왔다는 점도 흥미롭다. 소외되지 않은, 창조적인 '누에'식 노동에 크게 의존하는 이른바 '문화산업'이 근년에 자본주의적 조직화와 시도의 영역으로서 빠르게 확대되어왔다.

자본주의 내에서 진행되는 많은 일은 가격 결정 시장에서 이루어지는 활동에 의해 추동되는데, 이 활동은 잉여가치의 생산을 수월하게 하는 사용가치가 창출될 때를 제외하면 가치의 생산과 직접적인 관련이 없다. 이런 이유로 많은 활동과 거래가 가치의 생산과 순환의 영역 바깥에 위치한다—그것들이 사용가치 투입물로서 후자와 관계하더라도 말이다. 자연의 무상 증여물, 역사·문화·자연경관의 무상 증여물을 가치를 지니지 않으며 비용이 들지 않는 투입물로서 이용하는 관광업은 자본주의적으로 조직되고 그럼으로써 가치와 잉여가치를 생산한다. 상품화된 역사와 문화와 심지어 자연경관을 보존하는 일과 그 역사·문화·자연경관에 대한 접근은 질(qualities)과 접근을 관리하는 노동을 요구하기 때문에 어떤 애매함이 생겨난다. 관광 패키지 안에 무상 증여물과 상품 가치가 뒤섞여 있는 점은 흥미롭다. 그런 노동도 자본주의적으로 조직될 수 있고, 따라서 가치 및 잉여가치의 생산에 기여할 수 있다. 이 점이 관광산업의 생산과정에 들어가는 기본적인 사용가치 투입물 가운데 많은 것이 무상 재화(화창한 해변, 문화유산 등)—이것은 (디즈니 식으로 역사와 전통과 문화를 발명하는 과정에서 최근에 생산되지 않았다면) 가치는 없지만 화폐적 가격은 획득할 수 있다—라는 사실을 배제하는 것은 아니다. 만일 역사적·문화적 가공물이 실로 선발(先發) 가격을 획득한다면 이는 대개 독점지대의 형태를 띤다.[16] 그런 가공물은 공통재 안에, 울타리쳐지지 않고 사유재산으로 전유되지 않은 상태로 남아 있을 경우에만 여전히 무상 재화가 될 수 있다. 울타리치기를 통해 소유자는 원래 역사·문화·자연의 무상 재화인 것들에 대한 접근을 허용하기에 앞서 지대를 전유할 수 있게 된다. 대성당에 들어가거나 고대 유적을 보기 위해 입장료를 내야 할 때 우리는 바로 이런 것을 경험한다. 입장료는 관리비와 접근비용으로 정당화될 수도 있지만, 소유자가 독점지대를 추출해갈 수 있도록 그보다 훨씬 더 높게 책정될 수 있다. 이 모든 부문에서는 무엇이 공통재 안에 남아 있을 수 있고 무엇이 독점지대 추출을 보장하도록 울타리쳐질 것이냐를 두고 적극적이고 격렬한 투쟁이 벌어진다.

생산에 편입되는 지식이 처리되는 방식은 관광산업에서 역사, 문화, 환상이 전유되어 처리되는 방식과 본질상 다르지 않다. 맑스가 인지했듯이 과학과 기술혁신은 그 자체로 자본주의적 노선에 따라 조직된 하나의 사업이 될 수 있다. 물론 과학적·기술적 지식 그 자체는 역사, 문화, 토지와 마찬가지로 원칙상 무상 재화여야 할 전지구적 공통재의 일부다. 그러나 실제로는 그 지식의 많은 부분이 특허, 라이선스, 지식재산권 등등을 통해 접근에 대한 댓가를 요구한다.

여기서 자본에 의한 노동의 형식적 포섭과 실질적 포섭 간의 차이가 중요하다.[17] 맑스가 이 구별을 도입한 목적은 노동자의 통제하에 남아 있는 노동과정과 자본이 설계하고 통제하는 노동과정 간의 이행을 표시하기 위함이었다. 이른바 매뉴팩처 시기의 자본주의는 보통 전통적인 장인적 기량들을 활용했고, 협업과 분업을 통해 그 기량들을 사륜마차의 제작과 같은 하나의 생산과정으로 통합시켰다.

그런 체제에서 잉여가치의 주요 원천은 절대적 잉여가치이다—즉 노동력을 재생산하는 데 요구되는 사회적 필요노동시간을 훨씬 상회하는 노동시간의 연장이다. 자본은 생산물과 그 가치를 통제하지만 노동과정을 통제하지는 않는다. 이는 공장체제와 대조되는데, 후자에서는 자본이 노동자의 활동을 자본의 지배하에 있는 외부 동력원에 종속시킬 정도로 노동과정을 통제한다. 여기서는 임금재(노동력을 재생산하는 데 요구되는 상품) 생산에서 이루어지는 생산력 향상으로부터 나오는 상대적 잉여가치가 지배적인 것이 된다. 절대적 잉여가치는 기초로 남아 있지만, 과학과 기술에서 나오는 특권적 지식(understanding)에 종종 의존하는 상대적 잉여가치가 자본 진화의 추동력이 되는 것이다. 그러나 언제나 이렇지는 않다. 가령 디지털노동의 경우 18세기 말 영국의 초기 방직 매뉴팩처에서 행해진 선대제도와 괴이하리만치 유사한 노동 관행이 출현했다. 선대제도는 19세기 대부분에 걸쳐 빠리의 산업구조의 특징을 이루기도 했다. 졸라(Émile Zola)의 『목로주점』(*L'Assommoir*)은 19세기 빠리에서 작동하던 그러한 노동체제의 놀라운 예시를 제공한다. 다년간 일본 자동차산업의 성공은 소규모 작업장들에 많은 부품 생산의 하청을 맡긴 데 의존했다. '절대적-상대적'의 구별처럼 '형식적-실질적'의 구별은 그 적용에 있어 목적론적이기보다는 변증법적이다.

가치와 그 화폐적 표상 형태 사이의 간격이 그토록 크고 또 계속 커지므로, 그 표상 형태를 자본이 의미하는 것의 본질로 보는 것, 그리고 자본을 운동하는 가치가 아니라 운동하는 화폐로 재규정하는 것은 그럴싸해 보인다. 그러한 재규정은 현대 자본주의의 고유한 형내로서 자산시상에서 행해지는 광범위한 투기 행태뿐 아니라 문화, 지식, 기업가적 시도 등에 대한 재산권을 두고 조성되는, 요동치는 투기 시장에 주의를 집중하도록 우리를 부추긴다. 그 결과, 우리가 지식이 무엇보다 중요한 자본주의의 새로운 국면에 진입하고 있으며 이 지식과 그것의 모든 노동절감적 혁신(자동화, 인공지능 등)에 기초한 멋진 테크노유토피아가 막 도래하고 있다, 혹은 폴 메이슨(Paul Mason)*이 주장하듯이, 이미 도래했다는 주장이 나온다.[18] 그런 재규정은 실리콘밸리의 관점에서는 대체로 맞는 것처럼 보일지 모르지만,[19] 방글라데시의 무너져 내릴 듯한 공장들에서, 그리고 모든 비우량 대출 위기의 근원을 키우고자 소액대출이 그물을 펼친 선전(深圳) 산업지구와 인도 촌락들의 자살이 빈번한 고용지대에서 그런 재규정은 얼토당토않은 것으로 드러난다. 근래에 여러 자산시장에서 (특히 주택·부동산과 관련하여) 특징적으로 나타난바 시장이 요동치고 투기적 폭리가 취해진 것은 분명 가치를 재분배했다. 그러나 이는, 적어도 얼마간의 화폐적 이득이 가치증식을 위해 다시 자본으로 전화되거나, 실현을 촉진하기에 충분한 유효수요가 생성되는 방식을 통해서가 아니면, 그 자체로는 가치 창출의 증가에 조금도 기여하지 않는다.

여기서 우리는 자본이 맞닥뜨리는 두번째 '대(大)모순'을 마주한다. 첫번째 모순은 노동절감적 기술변화에 집중하는 상대적 잉여가치의 추구에서 생겨났는데, 그러한 기술변화가 성공적일 경우 그것

---

* (1960~) 영국의 저널리스트.

은 가치와 잉여가치 추출의 원천인 노동인구를 축소시킨다. 두번째 모순은 화폐적 이윤을 극대화하려는 자본이 어떤 가치나 잉여가치도 생산하지 않는 영역에 투자하는 데 이끌리는 잠재적 경향이다. 극단으로 치달을 경우 이 경향들 중 어느 쪽도 자본의 재생산에 치명적일 수 있을 것이다. 오늘날 두 경향이 모두 존재한다는 점은 분명한데, 두가지가 결합되면 파국이 초래될 수 있을 것이다.

이 모든 것에 대한 전형적인 신고전학파의 반응(그리고 맑스주의 전통 안에서 작업하는 사람들의 반응)은, 만일 이 모든 것의 화폐적 측면과 가격 책정의 정치가 주도적인 요인이 되어간다면 도대체 왜 가치에 신경을 쓰는가(이는 신고전학파의 입장이다), 또는 왜 우리가 여기서 마주하고 있는 이론적 딜레마에 대한 유일하게 실현 가능한 반응으로서 (현재 몇몇 맑스주의자가 제안하듯이) 화폐적 가치이론을 전개하지 않는가 하고 말하는 것이다.[20] 이렇게 말함으로써 그들은 현대 세계자본주의에 만연한 상태로 보이는 장기 침체를 설명할 일체의 가능성을 차단하며, 가치의 순환에서 반가치가 지니는 중요성을 시야에서 놓쳐버린다. 이런 식의 논의를 통해 수정주의적 맑스주의자와 신고전학파 경제학자는 공히, 세계자본주의가 완벽하게 작동하고 적절히 규제되는 가격 결정 시장에 의해 규정되는 균형 상태를 회복하기만 하면 다 잘될 것이라는, 안심시키고 위안을 주는 입장을 취하게 될 수 있다. 노골적으로 화폐적 자본이론을 수용하는 맑스주의자의 경우도 마찬가지다(여기서는 자본이 '운동하는 가치'가 아니라 '운동하는 화폐'로 정의되거나, 한층 더 속류적으로, 자본은 어떤 수단을 통해서든 더 많은 화폐를 얻는 데 이용되는 화폐에 불과하게 된다). 화폐와 가치의 모순을 아예 무시하는 것은 오늘날 자본축적이 맞닥뜨린 딜레마를 이해할 수 있는 복잡하긴 해도 중요한 길을 차단하는 것이다. 그 길의 관점에 설 때에만 우리는, 대부분의 경험적 데이터가 자신이 표상하게 되어 있는 비물질적인 사회적 관계를 배반하지는 않더라도 그로부터 떨어져 나올 수 있고 또 실제로 떨어져 나오는 화폐 계량값이라는 점을 인식하지 못한 채 갈수록 빅데이터 세트의 정교한 해부에 의존하는 분석들에 대해 비판을 제기할 수 있다. 심지어는 분배의 장을 통과하는 가치의 운동 과정에서 어떻게 화폐가 창출되고 전유되는가 하는 문제까지 건드리지 않더라도 그렇다. 연방준비제도이사회와 유럽중앙은행은 양적 완화를 시행할 때 가치가 부재한 상태에서 화폐를 창출한다. 그 화폐가 이자 낳는 자본으로서 유통될 때 그것은 미래의 가치 및 잉여가치 생산에 의해 상환되어야만 하는, 그리고 상환되리라고 추정되는 반가치로 기능한다. 그러나 방출된 화폐가 부동산시장, 주식시장, 미술시장 같은 자산시장으로 유입되면 거부(巨富)는 투기로 더 더욱 부유하게 되더라도 그 반가치는 청산되지 않는다. 그럴 경우 앞서 발생한 반가치를 청산하기 위해 더 많은 반가치를 창출해야 할 강한 유인이 존재한다. 그 결과는 가치생산에서의 장기 침체일 뿐 아니라, 근래에 우리가 걸어온 위험한 길, 즉 끝없는 화폐 확대의 길인 폰지 자본주의의 창출이다. 우리가 순전히 화폐적인 자본이론을 수용한다면 쿠르츠와 그 동료들이 분명하게 제기한 바 있는, 현대 자본주의에 대한 신랄한 비판을 정식화하는 일은 훨씬 어려워진다. 점점 심화되는 화폐적 부의 집중은 욕구·필요·욕망이 지불능력으로 뒷받침되지 않는 나머지 인류의 희생을 반드시 그 댓가로 요구한다는 모순을 우리는 해명할 수 없게 된다. 부자들이 삐까소 작품에 대한 취향을 확장하는 사이에 대중의 욕구·필요·욕망은 충족되지 못한 채로 남는다.

6장

기술의 문제

기술(technology)의 문제는 운동하는 자본의 역학을 이해하는 토대를 이룬다. 맑스는 이 주제에 관해 가장 예리하고 예지적(豫知的)인 논평을 가한 사람 중 하나다. 그의 분석이 완결적이라거나 그것에 대한 문제제기가 불필요하다는 뜻은 아니다. 과학과 더불어 기술은 『자본』 제1권 전체에 걸쳐 주된 초점이 되지만 제2권에서 그것은 불변하는 것으로 간주된다. 제3권에서 맑스는 금융의 개입과 화폐유통의 어떤 기술적·조직적 측면에 대해 간헐적으로 논평을 가하면서 기술변화가 이윤과 지대에 미치는 결과들 가운데 일부를 다룬다. 『자본』에서 그의 주된 초점은 자본의 가치증식 및 상품생산과 관련하여 기술과 과학이 행하는 역할에 있다. 『요강』에서 그는 더 포괄적인 견지에서 기술의 문제에 관해 강렬한, 때로는 사변적이고 예지적인 논평을 내놓는다. 그러나 그의 저작에는 (운송을 제외하면) 실현과 유통의 기술, 또는 (노동력의 재생산을 포함한) 사회적 재생산의 기술에 관한 본격적인 연구가 없으며, 분배의 기술이 체계적으로 검토되지도 않는다. 그 결과는 기술 및 조직의 변화에 대한 상당히 일면적인 시각이다.

그러나 맑스가 이런 입장을 취한 데는 그럴 만한 이유가 있었다. 인간 사회의 역사에서 기법(technique)과 조직의 변화는 온갖 장소에서 온갖 종류의 이유로 인해 발생하고 온갖 종류의 활동에 영향을 미친다. 때로 기법과 조직에 관한 인간의 창의력은 한계를 모르는 것처럼 보인다. 새로운 기법과 새로운 조직 형태의 일부는 지속되고 일부는 지속되지 않는다. 고대 중국은 뛰어난 기법적·조직적 혁신의 긴 역사를 지니는데, 그 혁신의 어느 것도 광범위하게 채택되거나 지속되지 않았다. 자본주의하에서만 우리는 그 효과가 지속되고 쌓이는 기술적·조직적 역동성을 위한 체계적이고 강력한 힘을 발견한다. 이 힘은 아주 특정한 이유들로 인해 가치증식의 계기에 집중된다고 맑스는 믿는다. 자본주의하에서 끊임없이 상대적 잉여가치를 추구하는 것이 그 힘의 형태를 결정하는 것이다.[1]

서로 경쟁하는 자본가들은 사회적 평균가격에 자기 상품을 판매한다. 생산에서 우월한 기술이나 조직 형태를 갖춘 자본가는 더 낮은 개별 생산비용으로 생산해서 사회적 평균가격에 판매하기 때문에 초과이윤(상대적 잉여가치)을 획득한다. 반대로 열등한 기술이나 조직 형태를 지닌 자본가는 더 낮은 이윤을 획득하거나 손실을 입고, 업계에서 퇴출되거나 새로운 방법을 채택하도록 강제된다. 강점을 지닌 생산자는 자신의 시장점유율과 초과이윤을 보존하기 위해 한층 더 나은 방법을 채택할 유인을 지닌다. 경쟁이 치열할수록,

한 기업이 앞으로 튀어나가면 다른 기업들이 따라잡거나 아니면 사회적 평균을 반영하는 기술 혼합(technological mix)과 조직 형태까지 넘어서면서 더 비약적인(leapfrogging) 혁신이 일어날 가능성이 있다. 가치증식 지점에서 노동과정의 형태를 결정하는 힘은 노동력의 생산성이 향상되도록 끊임없이 밀어붙인다. 노동생산성이 올라가면 개별 상품의 가치는 떨어진다. 임금재가 저렴해지면 노동력의 가치는 (물리적 생활수준이 고정되었다고 가정할 때) 하락하고 더 많은 잉여가치가 자본의 몫이 된다. 모든 자본가는 임금재 생산에서 노동생산성이 향상되면 더 높은 이윤(더 많은 상대적 잉여가치)을 획득하는 입장에 있다. 상대적 잉여가치의 증가는 때로 노동자의 물리적 생활수준의 향상과 나란히 진행된다. 이 모든 것은 생산성 향상의 정도에, 그리고 증가하는 생산성에서 오는 수익이 어떻게 자본과 노동 사이에 분배되느냐에 달려 있다. 상대적 잉여가치 중 소량은 노동자들이 더 많은 사용가치를 획득할 수 있도록 그들에게 되돌아가고 대부분은 자본에 귀속된다. 이는 계급투쟁의 상태에 달려 있다. (노조는 종종 계약서의 생산성 수익배분 조항을 두고 협상을 벌인다.) 상대적 잉여가치를 생산하도록 밀어붙이는 추동력은 생산에서 기술적·조직적 변화가 이루어지도록 끊임없이 압박을 가한다.

자본가에게 기계는 그것의 진정한 본질, 즉 초과 잉여가치의 원천으로 보인다. 이로부터 자본가는 기계는 가치의 원천이라고 추론한다. 맑스는 결코 그럴 수가 없다고 주장한다. 기계는 죽은 자본 또는 불변자본이며, 따라서 기계는 혼자서는 아무것도 생산할 수 없다. 기계 가치의 일부는 상품 가치로 이행하지만 그것은 불변자본(사용을 통해 그 가치가 변하지 않는 자본)으로서 그렇게 한다. (과거의 노동이 아니라) 살아 있는 노동이 잉여가치의 유일한 원천이다. 기계는 그저 노동력의 생산성이 향상되도록 도와서, 총가치는 그대로인데 개별 상품의 가치는 떨어지게 된다. 그 결과는 역설이다. 기계가 노동과 결합하면, 생산된 가치는 불변하더라도 기계는 자본가를 위해 더 많은 잉여가치를 생산한다. 대부분의 자본가는 (대중과 마찬가지로) 기계가 가치를 생산한다고 믿으며, 이 믿음에 따라 행동하는 경향이 있다. 맑스는 이를 물신적 견해로 간주한다. 기술물신주의는 널리 퍼져 있으며 이는 중대한 결과를 초래한다. 가령 그것은 그 어떤 사회적이거나 경제적인 문제에도 반드시 기술적 해결책이 있다는 널리 퍼진 믿음을 생산한다.

이 논의의 전제는 경쟁이 확실히 정착되어 있고 격렬하다는 것이다. 하지만 만일 그렇지 않다면 어떤 일이 발생하는가? 결국 자본가들은 그들이 종종 '파멸적' 경쟁이라고 부르는 것보다 독점이나 과점을 선호한다. 기술적 역동성을 뒷받침하는 추동력은 독점권력에 의해 완화된다. 그러나 그 추동력은 파괴되기보다는 전치된다(displaced). 임금재 가치의 감소를 통한 노동력 가치의 감소에서 생겨나는 상대적 잉여가치의 사회적 형태는 그대로 남아 있다. 때로 이것은 정치적 수단에 의해 달성된다.

맑스는 어떻게 이런 일이 일어나는지에 대해 한가지 사례를 제시한다. 19세기에 영국의 산업가들은 임금수준이 빵의 가격과 연동되어 있음을 알았다. 그들은 (노동자와 동맹하여) 지주 귀족의 농경적 이해와 대립각을 세우면서 빵 가격을 낮추기 위해 수입 밀에 붙는 관세를 철폐하려는 운동을 벌였다. 산업가들의 목적은 노동자의 생활수준을 향상시키려는 것이 아니라 (비록 그들이 노동자들의 지지를 얻기 위해 종종 그런 식으로 주장하기는 했지만) 임금을 줄여 자신들의 상대적 잉여가치(화폐적 이윤)를 늘리려는 것이었다. 그들은 자신들에게 유리한 한에서 자유무역의 복음을 전파했다.[2] 오늘날 미국의 상황도 이와 유사하다. 노동력의 가치가 가령 나이키 신발이나 갭 셔츠의 가격에 의해 결정된다면 이 품목에서의 자유무역은 자본 일반이 받아들일 만한 편리한 복음이다. 월마트의 저렴한 해외수입품 가격은 노동력 가치의 감소와 모든 미국 자본가의 이윤율 상승을 가능케 한다. 문제는 셔츠와 신발을 만들려는 미국 내 제조업자와 노동계급의 이익이 값싼 수입품을 입고 먹고 즐기는 값싼 노동의 덕을 보는 다른 모든 자본 부문에 밀린다는 것이다.

그러나 파멸적 경쟁에서 생겨나는 유인 말고도 새로운 기술을 채택할 다른 유인들이 존재한다. 많은 혁신은 시장에서나 노동과정에서나 노동자를 무력화하도록 고안된다. 기술은 (여성과 아이들도—또는 시간·동작 연구 전문가인 프레더릭 테일러Frederick Taylor가 말했듯이 '조련된 고릴라'도—수행할 수 있는 종류의) 탈숙련화된 직무구조로써 숙련노동을, 그리고 어떤 기량들(skills)에 따른 독점적 권력을 축출하는바, 그것은 계급투쟁의 중요한 무기다. "그러나 기계는 언제나 노동자를 불필요하게 만들 태세인 우월한 경쟁자로서만 행동하는 것이 아니다. 기계는 노동자에게 적대적인 힘이며, 자본은 이 사실을 큰 목소리로, 의도적으로 선언하고 또 이용한다. 기계는 파업, 즉 자본의 전제(專制)에 대한 노동계급의 주기적 반란을 억누르는 가장 강력한 무기다."[3] 기술로 유발되는 실업을 통한 실업 노동자 산업예비군의 형성은 노동을 절감해주는 기술적 적응(technological adaptations)의 중요성을 부각시킨다. 능률과 공조를 향상시키는, 또는 생산과 유통 모두에서 회전시간을 가속화하는 혁신은 자본을 위해 더 많은 잉여가치를 산출한다. 무한한 자본축적이 가능하도록 생산을 확대할 필요성은 기존 재화의 생산가격을 낮춤으로써 그것의 시장을 확대하든지 아니면 전혀 새로운 제품 라인과 산업 부문(지난 수십년간의 전자산업 같은 것)을 창조할 강한 유인을 만들어낸다. 제품 혁신과 새로운 기술은 나란히 간다. 독점과 과점의 상황하에서도 이 유인들은 존재한다. 그러나 그것들 모두는 대부분 가치증식의 지점에 집중된다. 그 종합적인 결과는 경쟁과 독점권력 간의 균형이 어떠하든지 자본주의 아래서의 기술적·조직적 변화의 지속적이고 영구히 혁명적인 역학을 보장하는 것이다. 경쟁의 완화가 정체를 만들어낼 때는 언제나 경쟁의 재활성화가—심지어 공공정책의—우선적인 목표가 된다. 1970년대에 자본주의의 중심부에서 '스태그플레이션'의 문제가 발생하자 일부에서는 세계무역을 세계화된 경쟁구조에 개방함으로써 이를 해결하고자 했다.

기술변화에 대한 맑스의 분석이 가치증식 과정에서 노동력의 생산성에 영향을 미치는 힘들에 협소하게 집중되어 있을지라도 그는 전개되는 수단의 문제에는 폭넓게 접근한다. 가령 그는 하드웨어인 기계에 더해 소프트웨어와 조직 형태의 중요성을 인식한다. 컴퓨터와 휴대전화가 성능을 발휘하려면 프로그램과 앱, 그리고 통신망이 필요하다. 당신이 어딘가 신호가 잡히지 않는 곳에 있게 되면 휴대전화에서 이용 가능한 모든 정교한 장치는 쓸모없게 된다. (근대 자본주의적 기업, 통신망, 연구소와 대학 같은) 조직 형태의 진화는 하드웨어(컴퓨터, 설계된 조립라인) 및 소프트웨어(프로그램화된 디자인, 보조 앱, 최적 스케줄링, 적시just-in-time관리체계)와 똑같이 중요한 역할을 해왔다. 하드웨어/소프트웨어/조직 형태의 구별은 유용하고 중요하지만, 각각을 다른 것의 내부적 관계•로 인식하는 법을 우리는 배워야 한다. 자동차 디자인 그 자체의 진화에 관해 글을 쓰는 것은 물론 가능하지만, 마치 헨리 포드(Henry Ford)가 도입한 조립라인의 혁신이 그 산업의 이후 진화에서 아무 역할도 하지 않은 것처럼 글을 쓴다면 이야기에 핵심적인 무엇인가를 놓치는 셈이 될 것은 자명하다. 그것은 마이크로소프트와 인터넷의 사회적·정치적 결과에 대한 언급이 빠진 컴퓨터의 역사 같을 것이다.

맑스의 기술 분석은 초점은 제한되어 있을지라도 자본 진화의 궤도에서 기술이 행하는 역할에 대한 폭넓은 접근법을 담고 있다. 『자본』의 한 중요한 각주에서 그는 다음과 같이 말한다. "기술은 인간이 자연을 다루는 양식, 자기 생명을 유지하기 위한 생산과정을 나타내며, 그럼으로써 또한 사회적 관계와 그로부터 생겨나는 정신적 관념의 형성 양식을 드러낸다."[4] '나타냄'과 '드러냄'은 '결정함'을 뜻하지 않는다.

• 그 관계(따라서 관계의 다른 담지자)가 없었더라면 관계의 담지자가 지금과는 달랐을 것이라는 의미에서 담지자에게 본질적 의미를 지니는 관계를 말한다.

맑스는 '기술결정론자'가 아니었다. 수많은 맑스 비판자와 지지자가 공히 보여주는 널리 확산된 견해, 즉 그가 생산력의 변화를 역사 변화의 으뜸가는 원동력으로 간주했다는 것은 사실이 아니다. 기술의 역동성과 자본주의의 사회적 관계 사이의 모순된 관계는 확실히 자본의 역사에서 중요한, 그리고 종종 불안정을 야기하는 역할을 해왔지만, 그것이 그 역사 내에서 작동하는 유일한 모순은 아니었다.[5] 마찬가지로 모든 역사는 계급투쟁의 역사일 수 있으나 오로지 계급투쟁의 역사만인 것은 결코 아니다. 이런 종류의 주제에 대한 맑스의 짤막한 경구들은 오해의 소지가 있다. 그 경구들이 과연 타당한지, 또는 어떻게 타당한지 알아보기 위해 우리는 언제나 그것들을 그의 본격적인 연구에 견줘봐야 한다. 가령 왜 그는 기술변화가 없다는 가정하에 『자본』 제2권을 썼고, 왜 계급투쟁에 관해서는 아무 언급이 없는가? 제2권의 내용은 분명 자본의 진화에 관계되지 않는가? 생산력이나 사회적 관계를 자본주의적 발전의 으뜸가는 동인으로 봐야 하는지에 관한 대(大)논쟁은 초점을 빗나간다. 그 논쟁은 자본주의 사회구성체를 구성하는 관계들의 총체라는 맥락에 맑스의 기술 연구를 배치하는 데 실패한다. 또한 그 논쟁은 합당한 논거도 없이 어떤 으뜸가는 동인이 틀림없이 존재한다고 전제한다.

『자본』 제1권에서 맑스는 우리가 앞서 나열한 모든 상이한 '계기들'(완결성을 위해 나는 여기에 『자본』 제1권 제2장에 묘사된 것과 같은 제도적 장치들을 추가했다)이 어떻게 상호 작용하고 서로 연관되는지 생각해보기를 요청한다. 가령 우리의 정신적 관념은 보고, 측정하고, 조정하는 우리 능력에 의존하는데, 지금 우리에게는 망원경과 현미경, 엑스레이와 CT 스캐너 등등이 있고 이것들은 우리가 우주와 인체의 작동방식을 이해하는 데 도움을 준다. 그러나 어디에선가 누군가가 망원경이나 현미경 같은 어떤 것을 상상하고, 나아가 그것을 만들 렌즈 연마사와 금속 세공사, 그리고 (종종 적대감과 반대를 무릅쓰고) 그것을 사용할 고객을 찾아낸 것은 왜일까 생각해 보라. 그 결과는 이 새로운 도구들을 통한 새로운 보기 방식의 발전, 자연세계에 대한, 그리고 거기서의 우리 위치에 대한 새로운 관념의 발전이었다. 언젠가 윌리엄 블레이크(William Blake)가 말했듯이, "지금은 입증된 것도 한때는 상상에 불과했다."•

일곱가지 계기—기술, 자연에 대한 관계, 사회적 관계, 물질적 생산양식, 일상생활, 정신적 관념, 제도적 틀—모두는 자본주의의 총체 내에서, 이를테면 그 총체의 엔진으로 기능하는 자본의 연속적 순환을 동력으로 하는 지속적 진화의 과정 속에서 서로 연관된다. 각기 자율적이고 독립적이지만 서로 중첩되며 관계 속에 서로에게 구속되어 있는 일곱가지 계기 모두를 가로지르는 발전은 그 총체를 이 방향, 저 방향으로 움직일 수 있다. 같은 이유에서, 어느 한가지 계기를 둘러싸고 나타나는 완고한 저항이나 부동성(immovability)은 다른 데서 일어나는 과정에서의 변화에 장애가 될 수 있다. 앞서 살펴보았듯이 화폐 형태에서 이루어지는 기술적 혁신은 최소한 사회적 관계, 정신적 관념, 제도적 장치에서의 변화가 병행되지 않고

• "What now is proved was once only imagin'd." 블레이크의 『천국과 지옥의 결혼』(*The Marriage of Heaven and Hell*, c.1790) 중 「지옥의 잠언」(Proverbs of Hell)에 나오는 구절.

서는 어떤 결실도 맺을 수 없다. (인터넷과 소셜미디어 같은) 새로운 기술은 유토피아적인 사회주의적 미래를 약속하지만, 다른 형태의 행동을 수반하지 않을 경우 자본에 의해 착취와 축적의 새로운 형태와 양식으로 흡수되어버린다. 그러나 같은 이유에서, 한가지 계기에서의 자율적 변화는 다른 모든 곳에서 극적인 변화를 불러올 수 있다. HIV/AIDS, 에볼라 바이러스, 지카 등과 같은 새로운 병원체의 갑작스러운 출현은 그것의 통제를 위해 일곱가지 계기 모두에서 신속한 적응이 이뤄질 것을 요구한다. 기후변화를 다루기 위한 조직화의 어려움은 그것을 위해서는 일곱가지 계기 모두에서 근본적인 전환이 필요하리라는 데 있다. 어떤 사람들은 문제 자체를 부인하거나(정신적 관념) 아니면 (지배적인 사회적 관계와 일상생활 같은) 다른 어떤 것에도 변화를 일으키지 않으면서 실행될 수 있는 단발(單發)의* 기술적 해결책이 있다고 순진하게 믿는다(녹색자본주의)는 사실 때문에 각종 시도는 실패할 운명에 처한다.

사회과학에서 대부분의 연구는 사회적 변화에 관한 어떤 '단발' 이론을 선호한다. 제도주의자는 제도적 혁신을 선호하고, 경제결정론자는 새로운 생산기술을 선호하며, 사회주의자와 무정부주의자는 계급투쟁을 선호하고, 관념론자는 정신적 관념의 변화를 강조하며, 문화이론가는 일상생활에서의 변화에 초점을 맞추는 식이다. 맑

* 바로 뒤에 언급되는 '단발론'(the single-bullet theory)은 본래 케네디(John F. Kennedy) 미국 대통령 암살사건의 조사과정에서 대두한 이론으로, 한발의 동일한 총알이 케네디 대통령과 그 동승자인 텍사스 주지사를 모두 타격했다는 주장이다. 물론 하비는 사회변화 이론으로서의 단발론을 다루고 있다.

스의 연구에 대한 해석 중에 그를 단발론자로 보는 경우가 많은데, 그는 단발론자로 읽을 수 없고 그래서도 안 된다. 특히 『자본』 제1권은, 텍스트에서 기술적 적응과 역동성의 영향이 엄청나게 강조되어 있기는 해도, 그런 식으로 해석될 수 없다. 맑스의 본격적인 연구에는 으뜸가는 동인이 없고, 상이한 계기들 사이의, 그리고 그 계기들을 가로지르는, 밝혀지고 해명되어야 할 종종 모순적인 운동들이 혼란스럽게 존재한다.

이는 특정한 장소와 시기에 기존의 구성(configurations)을 교란하거나 변화에 완강히 저항하는 데 있어 이 일곱가지 계기 중 어느 하나가 주도적인 역할을 하지 않음을 의미하지 않는다. 그리하여 기술혁명, 문화혁명, 정치혁명, 정보혁명 또는 정신적 관념의 혁명, 그리고 이 중 어느 하나나 모든 영역에서의 반혁명에 대해 말할 때 우리는 자본 전반의 역사가 전형적으로 그 상이한 계기들을 가로지르고 관통하여 전개되는 우발적 방식을 인정하고 있는 것이다. 맑스는 물론 모종의 사회주의나 공산주의 혁명을 희구했다(그리고 여러 지점에서 공산주의를 향한 필연적인 전진에 대해 어느정도 목적론적인 관점을 취했다). 그러나 그는 이 일곱가지 계기의 어떤 구성이 그와 같은 변화를 초래할지 결코 특정하지 못했다. 쏘비에뜨 공산주의의 실패는 대체로, 생산력에서의 혁명을 통해 공산주의에 이르는 올바른 길에 관한 단발론을 선호하여 그 모든 일곱가지 계기들 간의 상호작용을 무시한 데 따른 결과라고 할 수 있다.

『자본』과 더 상세한 역사적 연구들에서 맑스는 그 모든 것의 우발성을 실례를 통해 보여준다. 혁명을 구성하는 것은 정치적 운동이나 거울궁전의 급습• 같은 교란 사건이 아니다. 혁명은 저 상이한 계기들을 가로지르는 계속되는 운동 과정인 것이다. 맑스에 따르면 자본은 본래 혁명적인데, 왜냐하면 그것은 지속적인 성장과 기술혁신이라는 조건 아래 있는 운동하는 가치이기 때문이다. 가치증식 기술에서의 영구적 변화는 다른 모든 곳에 반향을 불러온다. 그러나 신자유주의적 혁명은 제도와 기술에서의 혁명인 동시에 대중의 정신적 관념에서의 혁명이었다.[6] 반면 의식적인 혁명적 변화는 모든 계기를 가로지르는 기존 운동의 재규정과 방향전환을 수반한다. 사람들이 자기의 정신적 관념을 바꾸더라도 자기의 사회적 관계, 일상생활, 자연에 대한 관계, 생산양식, 제도적 구조 따위를 바꾸려는 자세가 되어 있지 않으면 그것은 아무런 의미가 없다.

그러나 조직 형태와 운용 양식이 하드웨어 및 소프트웨어와 똑같이 중요하다면, 그리고 하드웨어 형태에는 어쩔 수 없이 사회적 관계, 지식, 기량, 사고방식(mentalités) 등이 내재한다면, 기술의 의미와 기술이 사회적 삶에, 그리고 우리의 사회적 관계와 더불어 자연에 대한 관계에 미치는 영향이라는 문제 전체는 훨씬 더 복잡하고 포괄적인 것이 된다. 내가 보기에는 이것이 제1권 15장의 중요한 각주에 실린 맑스의 논평의 온전한 의미다. 그러나 편협한 환원주의(이 경우에는 하드웨어적 의미에서 기술적인)에 수반되는 확실성을 배제하는 것은 모든 것이 다른 모든 것에 연관되는 세계를 마주하게

• 겨울궁전(The Winter Palace)은 러시아의 황제들이 거주하던 곳으로 1917년 10월혁명 당시 혁명군에 의해 수월하게 점령되었다. 1920년에 혁명 3주년을 기념하는 대중적 퍼포먼스 '겨울궁전 급습'이 실연되었다.

된다는 단점이 있다. 으뜸가는 동인을 지목하고자 하는, 우리가 저항해야 할 갈망이 생겨나는 이유다. 또한 으뜸가는 동인으로서뿐만 아니라 일체의 악에 대한 해결책으로서 기술변화를 물신화하려는 경향이 생겨나는 이유다.

이 모든 것은 맑스의 연구에 관해 보통 맑스주의자와 맑스 비판자가 공히 퍼뜨리는 것과는 좀 다른 견해이므로 이에 대한 증거를 간단히 제시할 필요가 있겠다. 가장 좋은 증거는 『자본』 제1권의 구조와 주장이다. 자본은 이미 자리를 잡은 어떤 선행 조건들 없이는 생겨날 수 없었다. 상품교환, 적절한 화폐제도, 제대로 작동하는 노동시장, (법인, 법, 사유재산과 같은) 최소한의 제도적 장치, 생산된 상품을 흡수할 소비시장 등은 모두 최소한의 선행 요구사항이었다(그림 2 참조). 일정 수준의 생산성과 노동자 기량, (토지, 도구나 그밖의 노동수단, 운송과 같은 물리적 기반시설 등의) 일정한 기본적 생산수단의 가용성 역시 그러했다. 맑스는 초기의 노동생산성이 자연의 상태(비옥함이라든지, 폭포, 광물자원, 동식물의 성장과 재생산의 생물학적 과정 등과 같은 자연의 무상 증여물)와 다양한 민족의 문화적 역사와 성취(기량, 지식, 정신적 관념, 관습적인 사회적 관계, 시간규율 time discipline* 등의 축적)에 의존했다는 점을 인식했다. 자연의 무상 증여물과 인간 본성의 문화적 역사의 무상 증여물은 자본축적이 본격적으로 시작되기 위한 토대다. 그러한 무상 증여물은 자본이 갈수록 그것을 울타리쳐 사유화하며 그것으로부터 (가령 가

* 시간의 측정에 관련된 사회경제적 규칙과 관례를 통칭하는 말.

치를 지니지 않는 지식에 가격을 부여함으로써) 지대를 뽑아내려 한다 해도 여전히 매우 중요하다.

『자본』 제1권을 주의 깊게 읽어보면 맑스가 얼마나 자주 이 모든 사항을 되풀이해 언급하는지 알 수 있다. 제1권 제8부에서 그는 어떻게 이 전제조건 중 많은 것이 원시적 축적의 과정을 통해 마련되었는지 서술한다. 그러나 자본 자체의 열쇠는 생산물(그 일부는 시장에서 교환될 수 있다)의 제작으로부터 시장을 위한 상품의 체계적 생산을 통한 잉여가치의 생산으로의 전화에 있다. 후자가 직접생산자들의 배타적인 목적이다. 그런 생산자들이 자본가로 규정된다.

자본은 기존의 상태와 과정을 있는 그대로 가져다가 그것을 자본주의 생산양식의 요구에 특별히 맞추어진 어떤 것으로 변화시킨다. 기법(technique)도 마찬가지다. 자본은 (이집트 피라미드의 건축에서 나타난 것과 같은) 고대의 협업 역량들을 가져다가 그것을 협업과 점점 커지는 규모의 경제에서 나오는 생산성 향상의 열매를 전부 독차지하려는 자본가계급의 재생산에 적합한 조직 형태로 엮어낸다. 그렇게 하여 자본은 노동과정 내부의 (현장감독과 관리자를 사이에 둔) 자본과 노동의 사회적 관계를 변형한다(제1권 13장 참조). 마찬가지로 자본은 기존의 분업을 가져다가 그것을 자본주의 형태 내의 계획적 분업과 시장 신호를 통해 조정되는 사회 내의 분업으로 분리한다. 자본은 노동과정 내부에 새로운 위계들을 창조하며, 자본과 노동 모두를 생산에서의 자본의 규율과 무정부적인 시장 과정의 비규율에 종속시킨다(제1권 14장 참조). 자본은 대개 생산 규모의 변화를 통해, 그리고 자본의 지배하에 결합되는 다양한 거래들의 복잡한 관계를 통해 고대의 기법을 급진화한다. 자본은 기존의 분업을 계속 더 세밀하게 전문화된 부문들로 재분할하며, 이 부문들은 훨씬 더 큰 전체의 부분들을 형성한다. 마지막으로 자본은 자신이 공장체제의 창조를 통해 노동과정 자체를 통제해야 하는 지점에 도달한다. 맑스는 자본에 의한 노동의 형식적 포섭(시장 기제를 통한 조정)에서 (자본의 직접적인 감독하에 이루어지는) 실질적 포섭으로의 이동으로 이를 규정한다.[7] 기술은 노동자의 육체적인 힘이라는 토대를 넘어서서 그 바깥에서 에너지원을 발견함으로써 순전히 자본주의적인 토대 위에서 조직된다. 그 절정은 기계를 이용한 기계의 생산이다(이는 맑스의 놀라운 통찰로, 그 의미는 인공지능의 출현과 더불어 이제야 온전히 이해되고 있다). 자본주의 생산양식에 적합한 생산력의 형성이 이 연속적 사태의 마지막에 이뤄지며, 따라서 맑스가 구성하는 서사에 따를 때 어떻게 생산력이 역사적 변화의 추동력이 될 수 있는지는 무척 이해하기 어렵다는 점에 주목하자.[8] 생산력은 사실상 역사적 결과다. 그렇다면 어느 단계에서 결과인 것이 후대의 시점에 주요한 추동 동인이 될 수 있다(이 말은 아마도 18세기보다 현재의 기술과 조직 형태에 더 잘 들어맞는다)고 주장하는 것이 맑스에게 전형적일 것이다.

그러나 이 이행들을 연구하는 과정에서 맑스는 이 혁명적인 운동이 성공적으로 마무리되기 위해 일어나야 할 다른 변화들을 세심하게 묘사한다. 가령 그는 한때 도제들이 배워야 할, 신비로 가득한 기예(art)로 간주된 생산은 과학이 되어야 한다고 말하는데, 과학은 노동과정에 대한 자본주의적 통제와 결합될 경우 사실상 기술을 자본에 특유한 변별적 행동영역으로 규정한다.[9] 전(前)자본주의 사회에는 테크네(techne)•가 있었으나 자본주의에는 기술(technology)이 있는데, 기술은 신비를 참지 못하며, 지배력을 행사하기 위해 자연을 과학적으로 해부한다. 이는 생산 자체에 대한 사고방식뿐 아니라 자연에 관한 사고방식의 변화를 요구했는데, 이제 자연은 (풍요롭고 살아 있는 것이 아니라) 인간의 지배와 조작을 받아들일 수 있는 죽은 대상으로 이해되어야 한다(이 점에 관해 맑스는 데까르뜨René Descartes를 인용한다).[10] 한편 노동자는 자신의 노동과정을 장악한 전인(全人)이 아니라 기계가 지배하는 분업 내에서 특정 기능에 고착된 "한 인간의 파편"이 된다.[11] 앞서 보았듯이 공장·공장체제의 조직 형태는 장인 생산과 근본적으로 결별한 것이다. 장인 생산의 파괴와 그것의 공장노동으로의 전화는 사회적 관계의 본질을 변화시키며, 여성 및 아동의 고용과 노동계급 내에서의 가정생활과 노동의 재배치도 마찬가지다. 새로운 고차원적 형태의 가족이 탄생한다.[12] 노동자에게 요구되는 유연성과 유동성은 다음의 상황을 강제한다. "저 기형, 자본주의적 착취의 변화하는 요구에 맞게끔 궁핍 속에 예비로 남겨져 있는 처분 가능한 노동인구는 자신에게 요구되는 다른 종류의 노동에 얼마든지 사용될 수 있는 개인으로 대체되어야 한다. 그저 하나의 전문화된 사회적 기능을 담당하는, 부분적으로 발전한 개인은 총체적으로 발전한 인간으로 대체되어야 하는바, 그에게 다

• '기예'에 해당하는 그리스어에서 파생된 용어로, 고대 그리스에서 테크네는 이론과 분리된 '기능'이나 '솜씨'가 아니라 사물에 대한 이해를 내포하는 것으로 이해되었다.

양한 사회적 기능들은 그가 번갈아 취하는 다양한 활동 양식이다."[13] 노동일 및 공장법과 관련하여 국가의 규제가 중요해지고, 국가는 또한 자본에 속한 진화하는 노동과정의 가변적 필요에 쉽게 적응할 수 있는, 읽고 쓸 줄 아는 노동력을 확보하기 위해 의무교육을 강제한다. 이 모든 변화가 제1권 15장에서 언급된다.

또한 맑스는 다음과 같이 말한다.

> 하나의 산업영역에서 일어나는 생산양식의 변화는 필연적으로 다른 영역들에서 유사한 변화를 요구한다. (…) 그리하여 기계 방적은 기계 방직을 필연적인 것으로 만들고, 이 둘은 표백, 날염, 염색에서 기계적·화학적 혁명을 강제했다. 한편 면방적에서의 혁명은 마찬가지로 (…) 조면기•의 발명을 불러왔다. 현재 요구되는 거대한 규모의 면 생산이 가능해진 것은 오로지 이 발명 덕분이었다. 그러나 이뿐만 아니라 공업과 농업 생산양식에서의 혁명은 사회적 생산과정의 일반적 조건, 즉 통신·운송수단에서의 혁명을 필연적인 것으로 만들었다. (…) 〔이 수단들은—옮긴이〕 하천 증기선, 철도, 해양 증기선, 전신(電信) 등의 체계에 의해 점차 대공업 생산양식에 적합하도록 바뀌었다.[14]

그러나 어느 시점에 대공업은 "그 특유의 생산수단인 기계 자체를 취한 다음, 기계를 이용해 기계를 생산해야 했다. 그렇게 하고서야

• 면화에서 씨와 솜을 분리하는 기계.

그것은 자신에게 적합한 기술적(tcchnical) 토대를 만들이내고 자신의 두 발로 설 수 있었다."[15] 『자본』에서 맑스가 자신이 '산업혁명'이라고 부른 것을 보장하고 완성시킨 외부효과•를 추적하는 것은 이 대목이 유일하다.

마지막으로, 그리고 어쩌면 가장 중요하게, 기술(technology)은 그 자체로 하나의 사업이 된다.[16] 증기기관의 발명과 더불어, 역직기(力織機)를 가진 공장은 말할 것도 없고 교통, 채광(採鑛), 경운(耕耘), 제분 등의 영역에서 다수의 쓰임새(applications)를 지닌 혁신이 시작되었다(came on line). 우리 자신의 시대에 헤아릴 수 없이 많은 쓰임새를 지닌 컴퓨터와의 유비는 정확하다. 일단 기술이 사업이 되면 그것은 상품, 즉 새로운 기술이나 조직 형태를 생산하고, 이 상품은 새로운 시장을 찾거나 심지어는 창조해야 한다.

이제 우리가 다루는 것은 어떻게 특정한 생산시설에서 스스로 무언가를 발명하고 혁신함으로써 생산성을 향상시킬까 고민하는 개별 기업가가 아니라, 혁신을 전문으로 하며 혁신을 다른 모든 사람(생산자와 소비자 모두)에게 판매하는 데 몰두하는 거대한 산업 부문이다. 길모퉁이 식료품점이나 철물점은 재고를 관리하고 판매·구매·세금 문제를 챙기기 위해 어떤 정교한 사무기기를 들여놓도록 꼬드겨지고 설득되고 마침내는 (세무 당국에 의해) 강요된다. 그런 기술에 대한 비용 부담은 작은 가게들을 문 닫게 만들고 슈퍼마켓

• 외부효과(externality 또는 externality effect)란 다른 경제주체의 행위로 인해 어떤 경제주체에게 의도치 않게 초래된 손해나 이득을 말한다.

과 할인매장이 번성하게 하며, 그럼으로써 자본의 점진적 집중을 초래할 수 있다. 이런 혁신들 중 많은 것의 채택 여부는 그것이 얼마나 노동자를 훈육하고 무력화하며, 노동생산성을 높이고, 생산과 유통에서 자본 회전의 능률과 속도를 증가시킬 수 있는가에 달렸다. 그 결과 자본주의 일반은 기술적 변화에, 그리고 경제발전의 확실성에 열광하게 된다. 모든 문제에 대한 해답으로서의 기술적 해결책과 혁신에 대한 물신적 믿음은 이것이 으뜸가는 동인임에 틀림없다는 거짓된 관념과 마찬가지로 뿌리를 더 깊이 내린다. 이런 물신적 믿음은 혁신과 기술을 큰 사업으로 전화시키는 자본 부문에 의해 조장되는데, 이 사업에서 조직 형태 컨설턴트는 더 나은 관리의 비결을 팔고 다니며, 제약회사는 존재하지 않는 질병의 치료제를 만들어내고, 컴퓨터 전문가는 소수의 전문가만이 이해할 수 있는 자동화시스템을 고집한다. 자본주의 기업가와 기업이 혁신을 채택하는 이유는 그러고 싶기 때문이 아니라, 자신들의 시장점유율을 얻거나 유지하고 그럼으로써 자본가로서의 자기 재생산을 확실히 하기 위해 그렇게 하도록 설득되거나 혹은 그렇게 해야만 하기 때문이다.

기술물신주의의 기원에 관한 맑스의 주장이 설득력이 있다는 점을 이해하기 위해 꼭 그의 개념적 장치를 받아들일 필요는 없다. 그 물신주의는 순전히 상상적인 것이 아니라 아주 실제적인 토대를 지닌다. 생산성은 자본주의의 성장과 안정의 요체이고 이윤율은 무엇보다 그것에 의해 결정되는 것처럼 보인다. 앨런 그린스펀(Alan Greenspan)*이 미국 자본주의의 역학의 핵심에 생산성 향상의 문제가 있다는 증거를 내놓을 때 그는 헛소리를 늘어놓고 있는 것이 아니다. 최근 자본시장에 일어난 혼란에서 보듯이 위험은 생산성 향상에 그것이 전혀 수행해낼 수 없는 역할을 부여하는 데 있다. 생산성 향상은 지금 우리가 맞닥뜨리고 있는 불안정성과 변동성의 문제를 초래하는 데 일조했다. 생산성의 지체도 마찬가지로 나선형의 무한 축적에 심각한 문제를 초래한다.[17] 그러므로 경제적 불안정성이라는 현재의 딜레마에 대해 어떤 기술적 해결책을 구한다면 그것은 완전히 잘못된 (그리고 물신주의적인) 것이리라. 거의 확실히 해답은 주어진 사회적 목표에 적합한 기술적·조직적 변화와 더불어 사회·정치적 관계의 변화에서, 또 정신적 관념, 생산체제, 그밖에 진화과정상의 다른 모든 계기들에서의 변화에서 찾아져야 할 것이다.

이는 기술적 진화의 전반적인 추진력이 자의적이고 방향이 없다는 뜻이 아니다. 기술적 해결책에 대한 물신주의적 믿음은 기술적 진화는 불가피하고도 유익하며, 우리가 그것을 제한하는 것은 물론, 그것을 집단적으로 통제하고 그 방향을 바꾸는 것도 결코 가능하지 않고 그렇게 하려고 시도해서도 안 된다는 자연주의적 관점을 뒷받침한다. 그러나 사회적 행동을 신화적 믿음에 개방하는 것이야말로 물신 구성물이 지니는 성격에 속한다. 이러한 믿음은 물적 토대를 지닐지 모르지만 물질적 제약은 재빨리 벗어나고, 일단 현실에 적용되면 또 뚜렷한 물질적 결과를 지닌다.

가령 언제나 가치증식에 핵심적이었던 노동과정에 대한 통제를 생각해보라. 노동자를 개조하여 자본순환의 한갓 부속물로 만들 수

• (1926~) 1987년부터 2006년까지 미국 연방준비제도이사회 의장을 역임했다.

있다는 환상이 그 과정에서 뿌리를 내린다. 수많은 산업 혁신자들이 이를 자신의 일차적 목표로 삼았다. 공작기계 산업에서의 혁신으로 유명한 어느 프랑스 산업가는 자신의 세가지 목표가 정밀성의 증대, 생산성의 증대, 그리고 노동자의 무력화라고 공공연하게 선언했다.[18] 공장체제, 테일러주의, 자동화, 로봇화, 그리고 인공지능을 통한 살아 있는 노동의 궁극적인 전면적 축출은 이 욕망에 부응한다. 로봇은 (공상과학소설의 이야기에서가 아니면) 불평하지도, 말대꾸하지도, 고소하지도, 병이 나지도, 태업을 하지도, 집중력을 잃지도, 파업을 하지도, 임금인상을 요구하지도, 작업환경을 염려하지도, 휴식시간을 원하지도, 아예 출근을 안 하지도 않는다.[19] 노동자에 대한 완전한 통제와 기술을 통한 노동자의 궁극적 축출이라는 물신적 환상은 무슨 수를 써서라도 생산력을 증가시켜야 한다는 요구에 그 뿌리를 두고 있다.

노동시장에서 기술로 유발된 실업은 노동자의 협상력을 약화시킨다. 노동과정의 탈숙련화와 동질화는 복제 불가능한 노동 기량에서 나오는 독점적 권력을 제거한다. 존 스튜어트 밀은 "지금까지 이룩된 모든 기계적 발명이 과연 어떤 사람에게서라도 하루의 노고를 덜어주었는지는 의심스럽다"•고 생각했다. 그러지 않았음은 자명하다고 맑스는 주장했는데, 왜냐하면 기계의 목적은 노동의 짐을 덜어주는 것이 아니라 노동에서 더 많은 이윤을 추출하는 것이기 때문이다.[20] 때로는 기계 기술을 통한 노동력의 완전한 통제라는 이 환상에

• 1848년에 밀이 『정치경제학 원리』(*Principles of Political Economy*)에서 행한 발언.

심각한 결함이 있다는 점이 인지되기도 하는데, 그러면 자본가는 협업, 협력, 책임 있는 자율, 품질분임조(quality circles),* 유연전문화 따위의 조직 형태에 의존한다. 자본은 노동자들 자신이 제안할 만한 그 어떤 조직 형태라도 가져다가 그것을 자신의 목적, 즉 잉여가치의 생산에 맞게 변형할 수 있다. 꿈은 악몽이 된다. 프랑켄슈타인이 풀려나고, 「2001: 스페이스 오디세이」(2001: a Space Odyssey)의 컴퓨터 HAL이 자체의 의지를 지니게 되며, 「블레이드 러너」(Blade Runner)의 레플리컨트(복제인간)들이 스스로 힘과 영속하는 존재를 추구한다. 어두움으로부터 반가치의 음산한 힘이 출현하여 노동의 통제에 도전한다.

만일 살아 있는 노동이 가치와 이윤의 원천이라면 그것을 죽은 노동 또는 로봇 노동으로 대체하는 것은 정치적으로나 경제적으로 말이 되지 않는다. 맑스는 이것이 자본주의의 핵심적 모순 가운데 하나라고 보았다. 그것은 자본주의가 균형 잡힌 성장의 경로를 유지할 수 있는 능력을 훼손하는 것이었다. 그러나 그것은 또한 의도치 않은 결과를 초래하는데, 맑스는 『요강』에서 이를 다음과 같이 설명한다.

> 대공업이 발전하는 만큼 실제적 부의 창출은 노동시간과 이용된 노동량에 의존하기보다는 노동시간 중에 가동된 작인(作因, agency)들의 힘에 의존하게 되는데, 그 작인들의 강한 효력 자체도

* '품질관리조'라고도 하는 노동자 소그룹으로, 정기적 모임을 통해 자신들의 업무를 분석해 문제를 발견하고 해결책을 제안한다. 1962년 일본무선전신회사에서 처음 품질분임조를 도입한 것으로 알려져 있다.

그것의 생산에 소요되는 직접적인 노동시간에 전혀 비례하지 않고, 오히려 과학의 일반적 상태와 기술의 진보, 또는 생산에 대한 과학의 응용에 의존한다. (이 과학, 특히 자연과학의 발전 자체도 물적 생산의 발전과 연관된다.) (…) (노동자는) 산업적 과정으로 전화된 자연의 과정을 장악하면서, 그것을 자신과 무기적 자연 사이의 매개로 삽입한다. 그는 생산과정의 주(主)행위자가 되는 대신 그 과정의 옆으로 물러선다. 이러한 전화에서 생산과 부의 초석으로 나타나는 것은 인간 자신이 수행하는 직접적인 노동도, 그가 노동하는 시간도 아니며, 자기 자신의 일반적인 생산력의 전유, 자연에 대한 그의 이해, 사회적 신체로서의 그의 현존에 의한 자연의 장악—간단히 말해 사회적 개인의 발전이다. 대공업 자체에 의해 만들어진 이 새로운 토대에 견주어보면, 현재의 부가 기초하고 있는 타인 노동시간의 절도(竊盜)는 보잘것없는 토대로 나타난다. 직접적 형태의 노동이 부의 원천이기를 그치자마자 노동시간은 부의 척도이기를 그치고 또 그쳐야만 하며, 따라서 교환가치는 사용가치에 대해서 마찬가지이다(척도이기를 그쳐야만 한다). 소수의 비노동이 인간 두뇌의 일반적인 힘의 발전을 위한 기초이기를 그쳤듯이, 대중의 과잉노동은 일반적인 부의 발전을 위한 조건이기를 그쳤다. 이와 더불어 교환가치에 기초한 생산은 붕괴된다. (…) 자본 자체는 움직이는 모순인데, 그것이 노동시간을 최소한으로 줄이도록 압박하면서도 다른 한편으로 노동시간을 부의 유일한 척도이자 원천으로 정립한다는 의미에서 그러하다. (…) 한편으로 자본은 부의 창출이 그것에 이용되는 노동시간에서 (상대적으로) 독립하여 이뤄지도록 과학, 자연, 사회적 결합과 사회적 교류 등의 모든 힘을 활성화한다. 다른 한편 자본은 노동시간을 그렇게 하여 창출된 거대한 사회적 힘을 재는 척도로 사용하고자 하며, 이미 창출된 가치를 가치로 유지하는 데 요구되는 한계 내에 그 힘을 가두어두고자 한다.[21]

이 점은 자본의 진화에서 핵심적인 모순, 광범위한 영향을 미치는 모순으로 부각되어왔다.

일단 사업이 된 기술은 모든 사업이 추구하는 일을 하였으니, 곧 전반적인 분업 안에서 번성하는 가치 및 잉여가치 창출 영역으로서의 자기 위치를 유지하고 강화하기 위해 자기 세력을 확장하고 새로운 시장을 개척하며 이자 낳는 자본의 투자를 유치하는 것이었다. 맑스가 글을 쓸 당시 이 사업은 초기 형성 단계에 있었다. 그럼에도 그는 공작기계·기계공학 산업(증기기관은 그 결정체다)이 기반기술의 창조를 통해 기술 부문에서 강력한 역할을 수행할 운명임을 명확히 인식했다. 그러나 『자본』 제1권에서 맑스는 가치증식 과정에 집중해 있었기 때문에 실현과 소비를 둘러싸고, 또는 (노동력의 재생산을 포함한) 사회적 재생산을 둘러싸고 발전하는 새로운 기술과 조직 형태를 그다지 깊이 탐색하지 않았다. 현재 미국의 보통 가정에서 사용되는 기술들은 맑스가 상상할 수 있었을 만한 그 어떤 것도 훌쩍 뛰어넘는다. 복잡한 분배의 장도 그는 세밀히 탐구하지 않았다. (물론 주식회사 같은 산업조직 형태의 중요성이나, 신용제도 내부의 번성하는 반가치 창출 영역과 더불어 은행업계·금융계에서 일어난 혁신의 중요성을 그가 인정한 것은 사실이다.) 맑스는 물리적 기반시설의 영역에서 일어나는 급속한 변화에 대해 별다른 말을 하지 않았는데, 운하, 증기선, 철도, 전신, 가스등, 그리고 향상된 급수와 하수처리 등이 모두 언급할 가치가 있었음은 물론이다. 국가 행정, 공중보건과 공교육, 군사적 혁신 등의 기술도 그의 글에 좀처럼 등장하지 않는다. 이 중 마지막 경우는 오랫동안 새로운 상품, 새로운 양태의 조직, 소프트웨어와 하드웨어 등의 설계와 관련한 혁신의 주된 중심이었다. 감시와 통제, 치안과 규제활동의 군사화된 양태는 널리 확산되어왔다. 이제까지 사업으로서의 기술은 맑스가 탐험해보지 못한 곳에 가는 데 그 어떤 거리낌도 없었다. 그것은 신이 나서 이 모든 영역을 식민화한 것이다.

맑스를 읽고 나면 우리는 생산의 지점에서는 기술 혼합이 종종 매우 파괴적인 방식으로 끊임없이 변화하는 가운데 자본의 순환이 이뤄지는 반면 자본이 실현과 분배와 재투자를 통과해 가는 나머지 순환과정은 변함없이 그대로라는 인상을 받는다. 실제로는 물론 유통의 기술도 극적으로 변해왔다. 이것이 제기하는 문제는 맑스의 자명한 맹점을 고려할 때 그의 통찰과 예지적(豫知的) 논평이 얼마나 오늘날의 정밀한 검증을 견뎌내는가 하는 것이다.

가치증식 영역에서의 기술변화가 무의미하다고 주장할 사람은 없으리라 생각한다. 그 영역에 대한 연구를 통해 맑스가 자본은 어찌 됐건 분명히 기술적으로 역동적이라는 것을 보여주는 한, 이는 맑스의 시대에서 우리 시대로 이어지는 자본의 본성에 대한 보편적 진술이 된다. 기술적·조직적 변화는 (다른 설명들에서 빈번히 제시되듯이) 외생적·우연적이기보다는 내생적·본유적이다.

맑스는 서로 연관된 몇가지 사실을 인식한다. 첫째, 한 영역에서의 혁신은 다른 모든 곳에 대대적인 외부효과를 불러일으키며, 그 결과 해당 자본주의체제 전체에 기술적·조직적 충동이 퍼져나간다. 둘째, 기술이 독자적인 사업이 되면 그것은 이제 필요에 우선적으로 반응하지 않고, 새로운 시장을 발견하고 규정해야 할 혁신을 창출한다. 기술은 새로운 욕구·필요·욕망을 창출해야 하는데, (생산적 소비를 하는) 생산자에게서뿐만 아니라, 우리가 매일같이 사방에서 목도하듯이, 최종 소비자에게서도 그래야 한다. 이 사업은 모든 문제에 기술적인 해결책이 있다는 물신적 믿음 위에 번성하며 그런 믿음을 적극적으로 조장한다.

셋째, 맑스가 이 기술적 변화를 정신적 관념, 사회적 관계, 자연에 대한 관계, 일상생활, 상품생산의 물질성, 국가 및 시민사회의 제도적 장치 등과의 관계 속에 위치시키는 방식은 하나의 사고방식으로서 확고한데, 이 사고방식을 더 분명하게 표현할 필요가 절실하다. 이러한 시각—이는 우리의 비판적 사고를 조직하는 훌륭한 방식이 아닐까 싶다—에 입각했을 때 저 모든 단발론을 비판하는 것이 가능해지는데, 거기에는 너무나도 빈번히 맑스의 것으로 주장되곤 하는 이론도 포함된다.

마지막으로, 기술물신주의에 기인한 그릇된 사고와 정치에 대한 맑스의 불길한 암시는 주목을 요한다. 예를 들어 방대한 데이터 세트의 채굴(mining)을 통해 관리되는 스마트시티의 건설이 도시의 모든 병폐에 대한 해답이 될 수 있고, 그리하여 빈곤, 불평등, 계급차

별과 인종차별, 축출을 통한 부의 획득, 그밖에 강탈에 의한 축적의 다른 형태들이 모두 사라질 것이라는 관념은 확실히 우스꽝스럽다. 이는 반혁명적이지는 않을지라도 반생산적이다. 그것은 한편으로 정치적 행동주의와 다른 한편으로 도시적 현실, 즉 우리가 천착해야 할 일상생활의 즐거움과 고역 사이에 물신적인 안개—거대한 방해물(distraction)—를 생성해놓는다.

기술적·조직적 진보의 불가피성에 대한 믿음은 오래전부터 있었다. 최근에 그것은 얼마간 심각한 타격을 입었고, 오늘날의 대중문화에 준거한다면, 점점 더 디스토피아적 상상계의 도전에 직면해왔다. 이 유토피아/디스토피아의 이분법에서 벗어나서 새로운 사회적 관계, 새로운 정신적 관념, 자연에 대한 새로운 관계, 그밖에 현재의 늪에서 탈출하는 데 요구되는 다른 모든 변화들에 대한 긴급한 필요에 부응하는 실질적인 기술적 경로를 찾아보는 길을 맑스는 우리에게 제시한다. 기술을 물신화하는 경향은 제거되어야 할 장애물이며, 이 점에 있어 맑스는 그 누구 못지않게 훌륭한 비판자다. 그러나 지금 우리를 둘러싸고 있는 기술 혼합과 기술적 가능성의 범위는 인간역사상의 그 어느 때보다 더 광대한 것도 사실이다. 이 점에서 기본적인 맑스주의적 통찰은 올바르다. 해방의 정치에 있어 문제는 거대한 생산력을 그에 대한 사회적·정치적 제약으로부터 해방시키는 것, 요컨대 자본과 어떤 국가장치—제왕적 사고방식에 젖어 점점 더 권위주의적이 되어가는 국가장치의 특별히 유해한 형태—에 의한 지배에서 그것을 해방시키는 것이다. 이 과제는 더할 나위 없이 명확하다.

7장

가치의 시간과 공간

『자본』 제1권의 출간 직후 맑스는 루이 쿠겔만(Louis Kugelmann)*에게 보내는 편지에서 다음과 같이 말했다. "과학은 가치법칙이 어떻게 관철되는가를 보여주기 위해 들어오는 것이지요."[1] (시장교환 행위 같은) 물질적 상황으로부터의 추상 과정을 통해 어떤 법칙을 이끌어내 특정하고 난 다음, 그 법칙을 부정할 만한 모든 가능한 반대 경향을 탐색하는 것은 맑스의 접근법에 전형적이다. 반대 방향으로 진행하고자 하면 "과학 이전의 과학을 제시해야 할 테지요"라고 그는 말했다. 그러면 — 이제까지는 운동하는 가치로서 추상적이고 도식적으로 탐색된 — 가치법칙이 어떻게 시간과 공간 속에서 '관철되는가'를 살펴보자.

* (1828~1902) 맑스와 친분이 두터웠던 독일의 부인과 의사. 국제노동자협회(제1인터내셔널) 회원이었으며 후에 독일사회민주당 당원이 되었다.

자본이 '운동하는 가치'로 규정된다면, 이 운동이 일어나는 세계의 시공간적 구성에 관해서 무엇인가가 말해져야 한다. 운동은 진공상태에서 일어날 수 없다. 우리는 어디에도 근거를 두지 않은 운동하는 가치의 시각화로부터, 도시의 지형과 운송망을 창조하고, 식료품과 원자재의 생산을 위해 농지 경관을 형성하며, 사람과 재화와 정보의 흐름들을 포괄하고, 토지 가치와 노동 기량의 영토적 구성들(configurations)을 만들어내며, 노동 공간과 통치·행정의 구조를 조직하는 운동하는 가치의 모습을 보는 것으로 이행해야 한다. 또한 우리는 특정한 시간과 장소에 축적된 노동계급의 전통과 노하우, 기량과 (계급관계만이 아닌) 사회적 관계의 중요성을 고려해야 하는데, 이 경우 특정 장소에 사는 사람들의 정치적·사회적 투쟁이 어떻게 소외되지 않은 대안적인 삶의 방식과 존재의 방식에 대한 기억과 희망을 뒤에 남기는지에 줄곧 주목해야 한다.

초기부터 맑스는 세계시장을 창조하는 것이 자본의 본성 자체에 내재한다는 것, 그러나 그렇게 하면서 자본은 새로운 종류의 공간을 만들어내야 하리라는 것을 인식했다. 『공산당선언』(*Communist Manifesto*)에는 이 주제가 꽤 자세히 전개되어 있다. 상업자본가들은 봉건 영지의 정적(靜的)인 권력을 약화시켰다. 그들은 한 곳에서 싸게 사서 다른 곳에서 비싸게 파는 방식으로 거대한 부와 권력을 형성하는 데 자신들의 우월한 공간운용 능력을 활용했다. 산업자본주의의 발흥과 더불어 "자기 생산물 시장을 끊임없이 확대해야 할 필요가 부르주아계급을 세계 전역으로 내몬다. 이 계급은 모든 곳에 둥지를 틀고, 모든 곳에 정착하며, 모든 곳에서 관계를 확립해야 한

다." 이는

> 모든 나라의 생산과 소비에 범세계적인 성격을 부여했다. (…) 오랜 기간 이어져온 모든 민족적 산업은 파괴되었거나 나날이 파괴되고 있다. 그것들은 새로운 산업에 밀려나는데, 후자의 도입은 모든 문명화된 민족에게 삶과 죽음의 문제가 된다. 그 산업은 이제 본토에서 나는 원자재가 아니라 먼 지역에서 가져오는 원자재를 가공하며, 그 생산물은 현지에서뿐만 아니라 세계 모든 지역에서 소비된다. 그 나라에서 난 생산물로 충족되던 예전의 욕구 대신에 멀리 떨어진 나라와 풍토에서 난 생산물로 충족되는 새로운 욕구가 들어선다. 예전의 지역적·민족적 고립과 자급자족 대신에 민족들의 전면적인 교류, 보편적인 상호의존이 들어선다.

운송수단과 통신수단에서의 혁명은 모든 민족을 하나로 모으고, 한편 "값싼 상품 가격은 만리장성을 모조리 때려 부수는 (…) 중포(重砲)다. 부르주아계급은 소멸되지 않으려면 부르주아 생산양식을 받아들이라고 (…) 모든 민족에게 강요한다. 한마디로 이 계급은 자신의 형상대로 세계를 창조한다."

이는 근래에 우리가 세계화라고 부르게 된 과정에 대한 놀라우리만치 예지적(豫知的)인 환기다. 그러나 이것이 전부가 아니다.

> 부르주아계급은 농촌을 도시의 지배에 종속시켰다. 그들은 거대한 도시들을 만들었다. (…) 그들은 인구와 생산수단과 재산의 분

산 상태를 점점 없앤다. 그들은 인구를 집결시키고 생산수단을 집중시켰다. (…) 별개의 이해관계, 법률, 정부, 과세제도를 지닌 독립적이거나 느슨하게만 연결된 지방들이 하나의 정부, 하나의 법률, 하나의 민족적 계급이해, 하나의 국경, 하나의 관세제도를 지닌 하나의 민족 안에서 한덩어리가 되었다.[2]

19세기 말의 독일과 이딸리아의 통일, 그리고 20세기의 유럽연합과 세계무역기구(WTO)와 국제통화기금(IMF) 권력의 탄생으로 가는 과정들을 벌써 보고 있는 듯하다.

『요강』에도 이와 유사한 생각이 표현되어 있다.

자본에 기초한 생산의 전제조건은 따라서 점차 광범위해지는 순환영역의 생산이다. (…) 자본의 개념 자체에 세계시장을 창조하는 경향이 직접적으로 주어져 있다. 모든 한계는 넘어서야 할 장벽으로 나타난다. (…) 상대적 잉여가치의 생산은 (…) 새로운 소비의 생산을 요구한다. (…) 첫째, 기존 소비의 양적 확대. 둘째, 기존 필요의 광범위한 확산에 의한 새로운 필요의 창조. 셋째, 새로운 필요의 생산과 새로운 사용가치의 발견 및 창출. (…) 자본은 자연숭배와 민족적 장벽과 편견을 넘어서서, 그리고 모든 전통적이고 제한되며 자족적이고 고루한(encrusted),• 당장의 필요에

• 'encrusted'는 딱딱한 외피로 감싸였다는 의미로, 새로운 요소를 받아들이지 않음을 암시한다.

> 대한 충족과 낡은 생활방식의 재생산을 넘어서서 나아간다. 자본은 이 모든 것에 대해 파괴적이고, 끊임없이 그것을 혁명화하며, 생산력의 발전과 필요의 확대, 생산의 전면적 발전, 자연력과 정신력의 착취와 교환 등을 가둬놓는 모든 장벽을 무너뜨린다.[3]

가치법칙은 세계시장을 형성하고 자본 자신의 형상대로 생산과 소비의 지형을 바꿔놓으라는 이 요구를 내면화한다. "화폐가 세계화폐로, 추상적 노동이 사회적 노동으로 발전하게 만드는 것은 오직 외국 무역, 시장의 세계시장으로의 발전뿐이다. 추상적인 부와 가치와 화폐, 따라서 추상적 노동은 구체적 노동이 세계시장을 포괄하는 상이한 노동 양태들의 총합이 되는 만큼 발전한다. (…) 이것이 자본주의적 생산의 전제조건이자 결과이다."[4]

이 모든 일이 일어나기 위해서는 운동에 대한 물리적 장벽들이 제거되어야 했다. 맑스의 시대에 증기선과 철도의 출현, 항구·항만·운하·도로의 건설은 모두 아주 두드러졌다. 전신의 발명으로 부에노스아이레스, 시카고, 그단스끄에서의 밀의 종가(終價)는 그다음 날 리버풀과 런던에서 상품교환이 시작되는 시점에 인쇄될 수 있었다. 이를 위해 값비싸고 오래가는 물리적 기반시설에 대한 막대한 투자가 이뤄졌는데, 그러한 기반시설은 지구 표면의 모습을 바꾸어놓았고 상품과 화폐자본의 지리적 흐름을 용이하게 했다. 맑스의 시대 이후로 이런 종류의 혁신과 투자는 자본의 기술적(technological) 역사에서 최고의 자리를 차지해왔다. "자본은 한편으로 교류, 즉 교환을 가로막는 모든 공간적 장벽을 무너뜨리고 자기 시장을 위해서 지구 전체를 정복하고자 노력해야 하지만, 다른 한편으로 자본은 시간으로 이 공간을 소멸시키고자 노력한다. (…) 자본이 발달할수록 (…) 동시에 그것은 시장의 더 광범위한 확대와 시간에 의한 공간의 더 많은 소멸을 위해 노력한다."[5] 여기에서 마찰 없는 공간적 세계에서 작동하려는 자본의 유토피아적인 꿈(지금 사이버머니의 이동성과 더불어 대체로 성취된)이 생겨난다. 이것이 지리적 차이의 역할을 무의미하게 만들지는 않는다. 그것은 그 차이의 중요성을 높이는데, 왜냐하면 이제 화폐자본은 초과이윤을 얻을 목적으로 생산조건의 작은 차이라도 활용하기 위해 비용 없이 옮겨다닐 수 있기 때문이다. 전세계의 노동인구는 서로간의 경쟁에 내몰린다. 화폐자본의 초(超)이동성에 의해 형성된 노동공급 세계시장은 갈수록 더 현저한 현실이 되어가고 있다. 국제무역에 대한 물리적 장벽의 제거가 사회적·정치적·문화적 장벽의 제거를 동반해야 한다는 점은 자명하다. 대중의 저항에도 불구하고 자유무역 이데올로기와 정치가 헤게모니를 지니는 이유다.

자본의 순환과 축적은 시간과 공간의 특정한 조직 안에서 일어나는데, 동시에 자본은 자신이 움직이는 시간들과 공간들을 규정하고 재규정한다. 맑스는 이를 전통적이고 "고루한" 생활방식을 교란하는 것, 고대적인 것과 근대적인 것 사이의 일종의 중간 통로로서 대체로 환영했다. 그는 확실히 근대적인 것의 편에 서 있었고, 심지어는 인간의 삶을 문명화하는 자본의 영향에 관해 긍정적으로 말하기도 했다. 그러나 모든 견고한 것이 『공산당선언』에서 전망한 것처럼 쉽게 '허공으로 증발'해버리지는 않았고,* 사람들은 자본이 강제하는 새로운 시공간적 규율장치에 그렇게 쉽게 굴복하지 않았다. 게다가 사람들이 자본주의적 산업화의 새로운 조건에 적응하여 살기 시작하자마자 또다른 교란의 물결이 전역을 휩쓸고 지나갔고, 버려진 산업 경관과 불만에 찬, 처분 가능한 사람들의 잔해가 뒤에 남았다. 1980년대 이래로 북미와 유럽 대부분의 지역에서 공동체 전체를 파괴하고 당대에는 전통적인 산업노동자 계급을 없애버린 탈산업화는 상당히 다른 이야기를 펼쳐낸다. 많은 사람들에게 장소(place)에 뿌리박는다는 것은 미덕이다. 장소에 있어 무한한 자본축적에 수반되는 교란의 힘을 방어해내는 것은 반자본주의 투쟁의 한 주요 노선이 된다. 소외되지 않은 사회적 관계와 자연과의 관계를 갈망하고 탐색한다면 더 나은 일상생활을 축조하기 위한 하나의 대로(avenue)로서의 장소 구축의 과정을 무시할 수 없다. 공간과 장소의 변증법적 관계는 시간과 공간 속에서 이루어지는 자본운동의 건설적 측면과 파괴적 측면 모두를 이해하는 데 핵심적이다.

이 문제의 제 측면은 자본주의 자체의 역학에 내재해 있다. 일단 특정 장소의 토지에 투자자금이 투입되면 자본은 그 자금이 가치저하를 겪지 않도록 그것을 그 장소에서 이용해야 한다. 자본의 운동은 계속해서 더 넓은 공간적 범위로 자본의 유동적 운동을 확장하는 임무를 띤 바로 그 투자에 의해 공간적으로 제한된다. 시간에 의한

● "고정되고 굳어버린 관계는 모두 (…) 쓸려나가고, 새로 형성된 관계는 모두 단단해지기도 전에 낡은 것이 되어버린다. 모든 견고한 것은 허공으로 증발하고, 모든 신성한 것은 불경한 대우를 받는다."(『공산당선언』)

공간의 소멸은 세계시장의 상대적 시공간(relative space-times)* 을 개조하려는 충동 내부의 중요한 현상이다. 그러나 그 요구는 반드시 공간적 분산(dispersal)을 함축하지는 않는데, 장소들 내의 밀집도 똑같이 효과적일 수 있기 때문이다. 가치상실을 제한하는 유통시간의 절약에 대한 탐색은 다양한 방식으로 수행될 수 있다. 산업들은 공간적으로 한 무리를 이룸으로써 유통비용과 유통시간을 절약한다. 밀집 경제와 운송망·통신망의 효율적 구성은 유통시간을 줄이고 자본에게 더 많은 잉여가치를 보전해주는 데 있어 핵심적인 역할을 수행한다. 교통수단의 향상은 "기존의 시장으로, 다시 말하면 생산과 인구의 거대 중심지, 수출항 등등으로" 향한다.** "이런 유달리 거대한 교통시설들과 그로 인한 자본 회전의 가속화는 (…) 생산중심지와 시장 모두에서 집중이 더 빨리 일어나게 만든다."[6]

자본은 한 시점에 (생산과 소비 모두에서) 자신의 필요와 목적에 맞는 물리적 경관과 공간적 관계를 창조하지만 미래의 어떤 시점에는 자신이 창조해낸 것이 자신의 필요에 적대적이 됨을 발견하게 된

* 주지하듯이 상대적 시공간이나 관계적 시공간에서 '시공간'은 단순히 시간과 공간을 아울러 부르는 것 이상의 의미를 지닌다. 이 책에서는 'space-time', 'time-space', 'spatio-temporality' 등 원문에서 두 단어가 하이픈으로 연결된 경우에만 '시공간(성)'이라는 표현을 쓰며 다른 경우에는 '시간과 공간', '시간·공간' 등으로 표기한다.

** 여기서 맑스(하비)가 말하려는 바는 생산의 집중과 더불어 생산지와 시장을 오가는 (열차와 같은) 발달한 운송·교통수단의 운행 빈도가 증가하고 이로 인해 유통시간이 단축된다는 (나아가 바로 이어 말하듯이 생산지와 시장의 집중이 가속화한다는) 점이다.

다고 말할 수 있다. 자본주의적 축적의 역학 가운데 일부분은 "경관과 공간적 관계를 전부 축조하고 나서 미래에 그것들을 해체하고 새로 축조할"[7] 필요성이다.

『자본』의 대부분에서 맑스는 이 과정을 한쪽으로 밀쳐놓는다. 제1권에서 그는 다음과 같이 말한다. "우리는 연구대상을 온전한 상태로, 혼란을 주는 모든 부수적 상황을 배제하고 살펴보기 위해 거래의 세계 전체를 한 나라로 다루어야 하고, 또 자본이 어디에나 확립되어 있고 모든 산업 부문을 장악했다고 가정해야 한다."[8] 모든 상품이 그 가치대로 교환된다는 가정은 세계시장에서의 새로운 욕구·필요·욕망의 창출이라는 문제를 사라지게 만든다. 확실히 맑스는 시간적 역학을 별도로 연구하고자 했다. 그래서 그는 모든 상품이 그 가치대로 교환되는 폐쇄된 공간에 자본이 밀폐되어 있다고 가정한다. 이따금씩 그는 이 구속을 깨고 나간다. 가령 그는 어떻게 공장체제의 발흥이 영국 자본으로 하여금 (인도에서처럼) 제국적 정복을 통해 또는 (호주에서처럼) 식민적 팽창을 통해 원자재와 새 시장을 찾아 나서게 했는지를 언급한다. 그 결과는 "새로운 국제분업, 주요 공업국들의 요구에 맞춰진 분업"이었으며, 그리하여 "지구의 한 부분"이 "공업이 두드러진 지구의 다른 부분을 먹여 살리는 농경 위주의 생산지로"[9] 전화되었다.

제1권의 마지막 장은 약간 놀랍게도 식민주의를 주제로 삼는다. 맑스가 헤겔의 『법철학』(*Philosophy of Right*)에 나오는 정식에 자극을 받은 것이 거의 확실하다. 이 책에서 헤겔은 계급들 간의 부의 분배에서 용인될 수 없고 지속 불가능한 차별을 생산하는 자본의 내적

(계급) 모순을 보았다. 맑스는 『자본』 제1권에서 자본주의적 축적의 일반법칙을 서술할 때 거의 똑같은 언어를 사용한다. 이런 유사성이 우연이 아니라는 것은 거의 확실하다. 헤겔은 시민사회가 "자신의 경계 너머로 나아가서 자신이 생산한 재화가 결핍되었거나 전반적으로 산업발전이 더딘 다른 나라에서 시장을 구하고 그리하여 자신의 필수적 생존수단을 구하도록" 자신의 "내적 변증법"에 의해 추동될 것이라고 주장했다. 식민지는 시민사회의 일부 구성원들에게 "새로운 땅에서의 가족에 기초한 삶으로의 귀환"을 허용함과 동시에 "시민사회의 산업을 위한 새로운 수요와 영역"을 창출할 것이다. 요컨대 시민사회는 그 "내적 변증법"이 어떤 내부적 해소도 허용하지 않는 모순을 창조하기 때문에 지리적 팽창을 통해 외부적 변화를 추구하도록 강제될 것이다. 자본은 그 내부적 모순에 대한 "공간적 해결책"의 끊임없는 추구를 요구한다.[10] 그러나 지리적 팽창이 사태를 진정시키리라고 헤겔이 생각했는지는 분명치 않다.

맑스의 책에서 식민주의에 관한 장은 두가지 방식으로 헤겔의 명제에 반응한다. 첫째, 그는 (영국 의회에 제출된) 웨이크필드(Edward Gibbon Wakefield)•의 호주 정착지를 위한 식민적 제안을 끌어온다. 이 제안에서는 식민지에서 노동자들이 무상 토지에 접근할 수 없도

• (1796~1862) 런던 태생의 문필가로, 호주에는 발을 들여놓지 않았지만 1829년에 호주 식민지와 관련된 저작들(*Sketch of a Proposal for Colonizing Australasia* 및 *A Letter from Sydney, the Principal Town of Australasia*)을 내놓아 반향을 얻었다. 『서신』에서 그는 무분별한 토지분배와 이에 따른 노동력 부족으로 호주의 식민지 경영이 곤란에 처했다고 주장했다.

록 해야 한다는 점을 적시했다. 착취 가능한 임금노동이 자본에 적절히 공급되려면 토지와 지대에 있어 사유재산의 장벽이 필요했던 것이다. 그리하여 맑스가 신이 나서 지적하듯이 구세계의 정치경제학은 신세계를 다루는 과정에서 오랫동안 애써 감춰둔 비밀을 드러낼 수밖에 없게 되었다—즉, 자본은 노동자들에게 기본적인 생산수단(특히 토지)에 대한 접근을 거부함으로써 생산된다는 점이다.[11] 둘째, 그 함의는 자본의 내부적 모순에 대해서 그 어떤 영구적인 '외부적' 해소나 '공간적 해결책'도 있을 수 없다는 것이다. 식민주의적·제국주의적 해법의 추구는 지리적으로 더 거대한 규모로, 궁극적으로는 세계적인 규모로 자본의 내부적 모순(특히 그 계급관계)을 재생산하는 것으로 귀결될 뿐이다. 맑스는, 따라서 자신은 『자본』에서 자본의 내부적 모순에 집중하고 헤겔이 제안한 종류의 이른바 외부적 해법은 신경쓰지 말아야겠다고 결론을 내린 듯하다.

맑스는 봉건적 잔재에 관한 어떤 연구도 자신의 자본이론에 통합시키지 않으려 하는 것과 마찬가지로 자본의 내부적 모순의 공간적 또는 외부적 해소에는 어떤 중요성도 부여하지 않으려 한다. 물론 수년 뒤에 로자 룩셈부르크(Rosa Luxemburg)는 맑스의 이론작업(특히 『자본』 제2권에 전개된 것)을 비판하면서 자본은 그 시장 불균형과 자원의 제한에 대한 외부적 해법 없이는 도저히 살아남을 수 없다고 목소리를 높였다. 자신이 보기에 식민주의와 제국주의는 자본의 생존에 필수적이고 핵심적이었던 것이다.[12]

제3권에서 상업자본, 은행업과 금융, 그리고 원거리 무역의 자금조달과 깊이 얽힌 신용제도 등을 다루는 장들에 와서야 세계시장의 공간적 구조는 맑스의 분석의 한 가변적 측면으로서 다시 등장한다. 자본의 내부적 모순과 외부적 모순 사이의 경계를 유지하기가 불가능함을 맑스가 발견하는 것은 상인 자금과 이자 낳는 자본의 순환을 통한 실현과 분배의 맥락에서이다. 실현에는 문제가 없다는 가정에 집착함으로써 맑스는 자본순환에 대한 빈틈없는 이론적 이해를 구축할 수 있었지만 세계시장을 창출하는 과정에 관해서는 현실인식이 제한되는 댓가를 치렀다. 그런 가정을 하는 것이 잘못된 것은 아니다. 그러나 우리에게는 그런 가정이 느슨해지거나 포기될 때 무슨 일이 일어나는지 물을 권리가 있다.

『공산당선언』에서 맑스와 엥겔스가 전망한 세계화는 오랜 세월에 걸쳐 이뤄져왔으며 지금도 완성된 것과는 거리가 멀다. 지난 150년에 걸쳐 실현 문제의 공간적 해결책—세계시장 전체에 걸친 최종 소비와 생산적 소비 모두의 성장—을 추구하는 데 막대한 양의 자본이 투입되었다. 그 최종 결과는 (지난 20년에 걸쳐 중국, 인도, 멕시코, 러시아 등지에서 억만장자가 급증한 점이 증명하듯이) 점점 더 거대한 규모로 자본의 내부적 계급모순이 복제되는 것 이상이 아닐 가능성이 큰데, 이 과정은 오랜 시간에 걸쳐 이뤄져왔고 끔찍한 지경학적(geoeconomic)·지정학적 갈등과 결부되어왔다. 지구는 제국주의자들 간의 세계대전들에, 그리고 영토화된 국가체제 구조에 내재하는 온갖 방식의 갈등에 휘말려왔다. 그럼에도 그 모든 것을 통해, "자본의 개념 자체에 세계시장을 창조하는 경향이 직접적으로 주어져 있다"는 맑스의 명제의 타당성을 부정하기는 어려울 것이다. 그런 과정들을 자본축적의 일반 이론으로 통합하려는 노력이 식민주의와 제국주의 이론가, 그리고 지리적 불균등발전 이론가의 몫으로 남겨졌다.

일반적으로는 식민주의에 관한, 특수하게는 미국의 노예제 및 아일랜드와 인도에 관한 맑스의 저술은 (『뉴욕 트리뷴』지의 통신원에 걸맞게) 양도 많고 배울 점도 많았다. 그는 정착형 식민주의•의 변경(邊境)을 따라 갈등이 출현함을 보았다. "거기서 자본주의 지배체제는 도처에서 생산자의 저항과 충돌하는데, 자기 노동조건의 소유자로서 생산자는 자본가가 아닌 자기 자신을 부유하게 만들려고 그 노동을 이용한다. 서로 완전히 대립되는 이 두가지 경제체제의 모순은 여기서 실제로 양자의 투쟁으로 현상한다. 자본가가 모국의 권력을 등에 업고 있는 경우 그는 생산자의 독립적 노동에 기초한 생산양식과 전유양식을 무력으로 일소하려고 한다."[13] 이것이 자본주의 국가의 핵심적 역할 가운데 하나라는 점은 이후 1920년대에 미국의 우드로우 윌슨(Woodrow Wilson) 대통령에 의해 명백히 입증되었다. "거래는 국경을 무시하고 제조업자는 세계를 시장으로 가지기를 고집하므로, 그의 나라의 국기는 그를 따라가야 하고, 그에게 닫혀 있는 나라의 문은 두들겨 부수어져야 한다."[14]

그러나 『자본』에서 맑스는 확실히 공간보다 시간의 연구를 우선시한다. 가치는 세계시장에서의 사회적 필요노동시간으로, 이는 사용가치를 생산하는 다수의 구체적인 시계-시간과 대조된다. 잉여

• 식민화된 땅에서 원주민을 몰아내고 이주민들의 사회를 건설하는 방식의 식민주의.

가치는 한가지이나, 자본이 작업장 안팎에서 온갖 술수를 동원해 가능한 한 많은 추가 노동시간을 절취함에 따라, 필요노동시간과 과잉노동시간으로의 노동일의 분할(그리고 절대적 잉여가치를 증가시키는 노동일의 길이)이 어떻게 이뤄지느냐를 두고 매일같이 싸움이 벌어진다. 자본이 노동자를 공장이라 불리는 저 '공포의 집'(House of Terror)*에 가둠으로써 자기 목표를 달성하는 편이 더 쉽다는 점은 순전히 부차적이다.

다니엘 벤사이드(Daniel Bensaïd)의 계몽적인 글과 더불어 마시밀리아노 톰바(Massimiliano Tomba)와 스타브로스 톰바조스(Stavros Tombazos)가 각기 써낸 두편의 최근 저작은 맑스의 저작에서 시간 개념이 어떻게 작동하는지를 상세히 논한다.[15] 그들은 『자본』 제1권의 시간성이 영구적인 기술변화와 무한한 자본축적의 연구에 걸맞게 선형적·전진적이라는 데 생각을 같이한다. 제2권에서 시간은 가치증식에서 시작하여 실현과 분배를 거쳐 가치증식으로 돌아오는 자본의 재생산에 대한 연구에 걸맞게 순환적(cyclical)이다. 제3권의 시간성은 '유기적'이라고 언급되는데, 진화적 변화로 충만한 총체로서의 자본을 이해하는 데 적절한 어떤 것이라는 점 외에는 그 말의 뜻이 아주 분명하지는 않다. 제3권이 앞선 두권에 나타난 시각의 종합으로 간주될 경우 그 고유의 시간성은 나선형(spiral)의 시간성이 될 것이다. 이는 맑스가 『요강』에서 단순재생산의 원

* 영국의 목재상이자 경제이론가인 밴덜린트(Jacob Vanderlint)가 노동자의 '나태함'을 근절하기 위해 긴 노동시간을 부과하는 '이상적인 구빈원'을 가리켜 쓴 표현으로, 맑스는 『자본』 제1권의 '노동일'에 관한 장에서 그의 말을 인용한다.

과 대조하여 두번 이상 가져다 쓰는 기하학적 도형이다. "자신의 원을 그림으로써 자본은 그 원의 주체로서 확장되고, 그리하여 확장되는 원, 즉 나선을 그린다."[16] 이것은 (계속 향상되는 노동생산성으로 나타나는) 선형적 기술변화를, 이윤율 저하 경향에 관한 맑스 이론의 틀을 형성하는, 영구 축적에 내포된 원형적(circular) 운동과 결합한 것과 얼추 들어맞는다. 원에서 나선으로의 전화는 자본의 문제들 가운데 많은 것이 시작되는 지점이다. '통제 불능'(spiralling out of control)이라는 표현이 크게 와닿는 이유다.

인간사(人間事)에서의 시간과 공간에 관해 사유하는 데는 기본적으로 두가지 방식이 있다. 이에 관한 상술은 따라가기 어려울 수도 있는 복잡한 영역에 발을 들여놓는 일이다. 하지만 이 시도는 꼭 필요한 것이라고 생각된다.[17]

첫번째 방식에서 우리는 보편적이고 고정된 어떤 시간적·공간적 틀을 전제하고, 그 안에서 활동의 위치를 파악하고 활동에 질서를 부여하며 활동의 오차를 바로잡기 위해 그 틀을 이용한다. 유클리드 기하학에 기초한 데까르뜨와 뉴턴(Isaac Newton)의 시계-시간적인, 측정된 공간이 제공하는 것이 바로 그것이다. 이것이 자본주의 국가, 관료적 행정, 법률, 사유재산, 자본주의적 순환 등이 선호하는 시간과 공간이다. 어떻게 이런 시간과 공간이 지배적인 것이 되었는가 하는 것은 경제·문화사가들이 면밀하게 다루어온 주제다. (8시간 노동일, 30년 주택담보대출 같은) 사회적 계약과 더불어 사유재산권과 영토주권은 이 틀 내에서 (지도로써) 정의된다. 자본·노동·화폐·상품의 운동은 (적시생산시스템에서처럼) 모든 것이 적시 적

소에 있도록 조정될 수 있다. 그런 틀 없이는 자유주의적인 정치·상업 질서는 작동하지 못할 것이다. "만일 베를린의 모든 시계가 갑자기 한시간만이라도 서로 맞지 않게 잘못 간다면 도시의 전체 경제·상업 세계는 한동안 혼란에 빠질 것이다"라고 사회학자 게오르크 지멜(Georg Simmel)은 말했다.[18]

두번째 방식에서 우리는 시간과 공간을 개념화하고 경험할 수 있는 다양한 방식이 있음을 받아들이고, 모든 과정은 자체의 시공간성을 내면화한다는 점을 인식하며, 특정 상황에서 충돌하는 상이한 시공간 세계들로부터 그 현상으로서 생겨나는 갈등, 모순, 혼란을 침착하게 헤쳐나간다. 참나무는 자라나면서 어떤 시공간 척도를 내면화한다. 그것의 척도는 자라나는 옥수수에 의해 정의되는 척도와는 매우 다르다. 철새 이동의 시공간은 지각판의 지질학적 움직임이나 방사성붕괴율의 시공간과는 크게 다르다. 공장노동의 시공간은 가족시간, 양육, 노동력 재생산 등의 시공간과 충돌한다. 아동노동에 대한 보편적 금지는 아동기가 언제 끝나는지에 대한, 사회에 따라 다른 규정들에 직면하게 된다. 맑스의 언급에 따르면 자본주의적 인류학은 아동기가 열살에 끝나는 것으로 정했다! 임금노동 인구의 형성은 강요와 폭력을 통해서가 아니면 내면화시키기 어려운 시간적·공간적 규율체제에 노동자가 복종할 것을 요구한다. 석유와 같은 천연자원의 최적 개발률은 할인율(discount rate)에 의해 규정되는 경제적 시간성에 대비되는 지질학적 시간의 관점에서 볼 때 매우 다르게 나타난다. 경제적 시간성에 기초한 그 어떤 계산법도 지구온난화에 맞서는 데 필요한 시간·공간의 개념화와 심각한 부조화를 이룬다. 시간과 공간의 문화적·종교적 축조물의 다양성에 대해서는 많은 연구와 논평이 이루어져왔다. 종말이 가깝다고 선언하는 종말론적 전망은 우리의 미래에 공산주의가, 또는 다른 어떤 약속의 땅에의 도달이 필연적이라고 선언하는 진보적 목적론과 대조를 이룬다. 토착 우주론은 우주 시공간의 시원에 대한 과학적·근대주의적 설명과 근본적으로 다르다. 초기 기독교에서 봉건제 말기까지의 시간·공간의 개념화는 자본주의의 출현과 더불어 생겨난 개념화와는 매우 달랐다. 오늘날 우리의 과학적 이해들조차 불안정해 보인다. 물리학에서 시간과 공간의 관념은 뉴턴의 것에서 아인슈타인(Albert Einstein)의 상대성을 거쳐 닐스 보어(Niels Bohr)의 양자역학에 함축된 관계적 시공간(relational space-time)으로 진화해왔다.

이 모든 다양성 안에서 시간과 공간의 한가지 개념화—시계-시간과 지적(地籍)상의 유클리드적 공간과 같은—가 일상 경제생활에서 지배적인 것이 될 수 있다. 그렇지 않다면 지멜이 지적했듯이 그 무엇도 조정되거나 계획되거나 규제되지 못할 것이다. 버스·기차·비행기 시간표처럼 간단한 어떤 것도 적시될 수 없을 것이다. 통신과 교역을 수월하게 하기 위해서는 시간대 제도에 관한 국제적 합의에 따라 상이한 공간들의 지역시간의 다양성이 축소되어야 했다.[19] 자본의 순환과 축적 역시 시간과 공간의 정의를 형성·재형성해왔다. 오늘날 금융시장의 시공간은 1848년에 존재한 것과는 완전히 다르다. 명백히 혁명적인 세력인 자본은 일상생활, 경제적 계산, 관료적 행정, 금융거래 등의 시간적·공간적 틀을 변형시켜왔다. 회전시간의 가속화, 노동생애의 전과정에 걸친 노동의 불안정성, 거리 마찰(frictions of distance)[*]의 감소 등은 자본축적의 리듬뿐 아니라 생활양식까지 변화시켜왔다. 순간들이 이윤의 요소이기는 하겠지만 실제의 시간보다는 노동강도가 어떤 다른 시간성을 전적으로 규정하게 된다. 지금은 신용이라는 반가치 형태의 미래 시간이 현재 시간을 전에 없이 크게 지배하고 있다. 지금 얼마나 많은 사람들이 오래전에 계약된 부채를 상환하는 고된, 그리고 대체로 지루한 노동에 연루되어 있는가?

이 모든 것 내에서 서로 다른 세가지 주요 시간·공간 개념을 구별하는 것이 유용하다. 이 대목에서 문제는 조금 복잡해진다.

(1) 절대적 시간과 공간

토지 한 구획이 21년간 임대된다. 그 구획은 사유재산 법률의 보호를 받으며 지적도에 그 경계가 명확하게 표시된다. 그 면적이 나와 있으므로 1제곱미터당 임대비용이 산출될 수 있다. 임대는 2000년 1월 1일에 시작되어 2020년 12월 31일에 끝난다. 특정한 계약조항이나 제한규정이 없다면 임차인은 달력시간상의 21년 동안 그 토지를 가지고 무엇이든 원하는 것을 할 수 있다. 이것이 절대적 공간과 절대적 시간이 의미하는 것의 핵심이다. 이것이 자본이 절대적인 법적 통제력을 행사하는 폐쇄된 공장 공간 안에 갇힌 노동자의 (시간수hours로 측정되는) 노동일의 시간이다. 절대적 시간·공간

[*] 거리로 인해 생겨나는 어려움(시간과 경비의 소요 등)을 말한다.

개념은 『자본』 제1권, 특히 노동일과 절대적 잉여가치의 생산에 관한 장의 시작을 지배한다. 맑스가 '구체적 노동'이라고 부르는 것은 절대적 시간·공간 속에서 일어난다. "황량한 물리학적 시간과 공간은 이제 자연에 관해서든 경제에 관해서든 모든 지식의 형식적 조건을 형성한다"고 벤사이드는 말한다. "〔그것들은—옮긴이〕 현상적인 것과 진부한 것에 맞서 승리한 절대적인 것과 진정한 것의 제휴세력을 권좌에 〔앉힌다—옮긴이〕."[20]•

(2) 상대적 시공간

상대적 시공간 내에서의 위치는 일정 구획의 토지라는 절대적 공간을 가지고 그 임대기간 동안 무슨 일을 할 수 있는지에 영향을 미친다. 임차인은 수익을 극대화하고 싶지만 신선한 과일과 채소를 키울 수 없는데, 왜냐하면 노동력이 부족하고 그 구획이 도시의 주 시장과 너무 멀리 떨어져 있으며 그 시장에는 울퉁불퉁한 길로 수레 딸린 말을 타고 가야만 닿을 수 있기 때문이다. 10년 뒤, 근처에 자동차도로가 나면 그 지역에 더 많은 노동자가 살게 되고, 임차인은 냉동 트럭 덕분에 식용 곡물 생산을 더 수지가 맞는 신선한 과일과 채

• 두 인용문은 벤사이드 자신의 글에서는 별개의 문장에 속한다. 두번째 문장은 다음과 같다. "현상적인 것과 진부한 것에 맞서 승리한 절대적인 것과 진정한 것의 제휴세력을 권좌에 앉히면서, 뉴턴은 물리학의 '절대적이고 진정한 수학적' 시간·공간·운동을 '상대적이고 현상적인 진부한' 시간·공간·운동과 대비시킨다."

소 생산으로 바꿀 수 있다. 예전에는 거의 하루가 걸려 도착한 시장에 이제는 한시간 만에 가닿을 수 있다. 그러나 과목(果木)이 과일을 맺게 하는 데 8년이 걸려서, 임대기간을 고려하면 과목을 심는 것은 합리적이지 않을 것이다. 단, 임대를 재계약하거나 복숭아나무 성장의 시간성에 적합한 다른 어떤 법적 해결책을 찾을 수 있다면 이야기가 다르다. 이 모든 것은 상대적 시공간을 전제한다. 『자본』에 나오는 상대적 잉여가치는 상대적 시간의 틀 속에 존재한다. 그것의 척도는 이제 노동시간수가 아니라 변화하는 노동생산성·노동강도인데, 맑스의 설명에서 공장이라는 절대적 공간은 생산의 공간적 현장으로서 여전히 전제되지만 말이다. 노동력 가치(임금)에서의 나라별 차이를 다루는 장들에서만 우리는 상대적 공간의 가능성도 만나게 된다. 그러나 제2권에서는 변별적인 운송비용 및 시장과의 거리, 그리고 다양한 투입물의 문제가 분석의 대상이 된다.

(3) 관계적 시공간

관계적 시공간은 이해하기가 더 어려운데, 왜냐하면 그것은 가치처럼 비물질적이고 만지거나 측정할 수 없으며, 그럼에도 결정적인 객관적 중요성을 지니고 있기 때문이다.[21] 내가 집을 새로 단장할 때 달라지는 집의 화폐가치는 주변 집들의 화폐가치에 영향을 미친다. 이 효과의 공간적 범위는 거리가 늘어나면서 급속히 줄어든다. 이런 방식으로 감정평가사는 주택담보대출 지원을 위한 주택가치 평가를 수행한다. 어떤 은행이 주택담보대출 부채의 한 분할채권

(tranche)*에 투자한다. 은행장부상 그 투자의 가치는 어떻게 평가되는가? 우리는 각 부동산을 절대적 시간과 공간 속에서 살펴보고 각 주택의 위치를 상대적 시공간 속에서 평가할 수 있지만, 결국 가치평가는 최유효이용(highest and best use)**의 관념을 중심으로 구축된 관계적 시공간 속에서의 '가치평가 모범사례'에 기초한다. 시장이 (2008년에 그랬던 것처럼) 붕괴하여 가장 선호되는 가치평가 방법인 '싯가평가'(marked to market)를 적용할 수 없을 때, 어떤 금융기관의 장부상 주택담보대출의 가치는 어떻게 평가하는가? 그 답은 정보에 입각한 추측이다.[22] 시장의 정서, 확신, 기대, 예상과 더불어 관계적 가치는 변한다. 연방준비제도이사회가 갑자기 금리를 변경하거나 영국이 유럽연합에서 탈퇴하면 세계 많은 지역의 부동산 가치가 그 영향을 받을 것이 분명하다. 주위에 떠다니는 영향소(素)들을 밝혀낼 수는 없어도 그 객관적 효과는 분명하게 볼 수 있다. 정치적 투쟁의 영역에서도 마찬가지다. '아랍의 봄'에 영향을 받아 터키의 게지 공원***에서 시위가 일어나고, 이는 몇주 뒤 브라질에 영향을 미쳐 악화되어가는 도시의 생활조건에 대한 정치적 항의 시위가 대대적으로 전개된다. 전염 효과—요즘에는 소셜미디어상의 권유 물결을 타고 퍼지는—는 어디에서나 뚜렷하다. 라틴아메리카에서는 좌파 정부들이 하나의 물결을 이뤄 집권하고는 12년 정도 뒤에 그 온 물결이 빠져나가는 듯하다.

---

* 총부채를 분할하고 각각에 대해 상환 우선순위를 달리하여 발행한 채권.
** 부동산의 유용성이 가장 잘 발휘되는 사용방법.
*** 앞서 언급된 탁심 광장에 위치한 공원.

이와 같은 시간과 공간 관계의 세 갈래 범주화는 흥미로운 일치점들을 만들어낸다.

> **절대적 시간과 공간**은 구체적 노동, 노동일, 공장 등의 시간과 공간, 그리고 노동일의 길이를 둘러싼 투쟁을 통해 결정되는 절대적 잉여가치의 시간과 공간이다. **상대적 시공간**은 상대적 잉여가치의 시간과 공간, 다시 말해 노동일의 틈새율(porosity)•도 각기 다르고 노동력의 가치도 다양한 데 따른 노동의 가변적 생산성 및 강도의 시간과 공간이다. 상대적 위치, 접근 수월성, 교통의 수단·비용·시간이 중요해진다. **관계적 시공간**은 "구체적 노동이 세계시장을 포괄하는 다양한 노동 양식의 총체가 되는 만큼" 추상적 노동이 전개됨에 따라 나타난다. 추상적 노동은 관계적 시공간 내의 구체적 노동의 총체다. 더 국지적인 차원에서는 공간에 대한 외부효과가 가령 미개발 토지의 가치평가에서 중요한 역할을 한다.

『자본』은 자본 전반의 논리 안에 이 세가지 형태의 시공간성을 동시에 끌어들인다. 벤사이드는 이를 다음과 같이 표현한다.

• 암석이나 토양과 관련하여 틈새율 또는 공극률(孔隙率)은 입자들 사이의 빈틈이 전체 부피에서 차지하는 비율을 가리킨다. 분야에 따라 기공도나 기공률이라는 어휘가 쓰이기도 한다. 근래에 노동일의 축소 요구에 직면한 자본의 관심사 중 하나는 다양한 감시·강제 장치를 통해 노동하는 시간 내의 '빈틈'을 줄이고 '밀도'를 높이는 것이다.

제1권에서 자본의 이율배반(사용가치/교환가치, 구체적 노동/추상적 노동)은 상품에 금이 가 벌어진 곳(open fracture)에서 발원한다. 사용가치와 교환가치의 통일은 시간성들의 충돌을 표현한다. 일반적/추상적 노동의 시간은 특수한 구체적 노동을 통해서만 현존한다. 이 두가지 시간 사이의 관계가 정립된 것으로서의 가치는 사회적 시간의 추상화로서 출현한다. 그에 상응하여 시간은 그 자체가 측정되어야 하는 척도로서 정립된다. 사회적 필요노동시간의 결정은 자본 전반의 운동과 관련된다.

그렇기 때문에 "시간의 범주는 정치경제학에 대한 〔맑스의—인용자〕 비판의 중심에 있다." 그러나 맑스의 추론 안에는 시간에 대한 저 상이한 접근법들이 공존한다. "그처럼 생산의 기계적 시간, 유통의 화학적 시간, 재생산의 유기적 시간은 원 안의 원같이 서로의 내부로 말려 끼워지면서, 정치의 시간인 역사적 시간의 수수께끼 같은 패턴을 결정한다."[23]

『자본』 제2권은 순환적인 시간적 틀을 채택하지만, 자본의 순환에 대한 연구가 요구하는 시공간의 틀을 아주 깊게 파고들지는 않는다. 그것은 기술과 조직 형태를 일정하게 두며, 그리하여 제1권을 지배하는 전진적(progressive) 역학은 분석에서 사라진다. 맑스는 영구적 자본축적의 나선형(악무한)에 대립되는 단순재생산(진무한의 원형圓形)의 분석에 자신의 거의 모든 노력을 쏟아붓는다. 그 가정들 덕분에 맑스는 자본의 다양한 형태가 방해를 받지 않고 수행하는 변별적 운동의 어떤 측면들을 더 면밀히 살펴볼 수 있게 된다. 그의 주안점은 상이한 회전시간들, 즉 상이한 자본들이 화폐 형태에서 가치증식과 실현과 분배를 거쳐 다시 한번 화폐 형태로 돌아가는 데 걸리는 상대적 시간이다. 맑스는 총순환과정을 생산시간과 유통시간으로 분리한다. 전자는 가치생산의 견지에서 정의되고, 후자는 그것의 부정으로 정의된다. 다음으로 그는 노동기간—생산에서 노동이 행해지는 실제 시간수—과 생산시간의 관계를 살피는데, 많은 경우 생산시간은 어떤 노동도 행해지지 않고 있는 시간을 포함한다. 예를 들어 농경에서 노동이 행해지는 노동기간은 종종 아주 짧을 수 있지만 대다수 농작물의 생산시간은 1년일 것이다. 포도주와 독주는 발효에 오랜 시간이 걸리는데 그동안에는 어떤 노동도 행해지지 않는다. 빈티지 와인•은 통 속에서 숙성하고 이어 병 속에서 숙성한다. 이것은 사회적 필요노동시간으로 계산되는가? 그렇지 않다고 맑스는 말한다—포도주가 숙성하면서 그 가격이 상승하더라도 말이다. 그러나 포도주는 보통 독점가격에 거래되며, 따라서 사회적 필요노동시간을 좌우하는 일반적인 경쟁법칙에서 벗어나 있다. 회전·생산·유통의 상이한 시간들 간의 관계를 어떻게 조정할 것인가 하는 것은 자본의 전반적 순환에 많은 문제를 제기한다. 주택 건축, 크루즈선 건조, 휴대전화 생산, 햄버거 만들기, 콘서트 공연 등은 자본과 노동이 작동하는 서로 전혀 다른 시공간적 틀을 수반한다.

이는 고정자본의 순환을 어떻게 이해할 것인가 하는 골치 아픈 문

• 농사가 특히 잘된 해의 포도로 만들어서 연호를 상표에 표시한 와인.

제로 우리를 인도한다. 물질적 이동이 없는데 어떻게 기계의 가치가 생산된 상품들로 이전되는가? 어떤 사회적 회계 관습(accounting convention)*이 고안되어야 한다. 그런데 사회적 관습은 언제나 논란이 있고 수정의 여지가 있다. 더 일반적으로, 어떻게 가치는 고정자본의 형성과 사용을 관통해 흐르는가? 어떻게 그것은 자본의 순환과 재생산에 필요한 거대하고 장기적인 물리적 기반시설과 구축환경의 건설을 관통해 흐르는가? 이 문제들은 이 책의 첫머리에 언급된 자본의 시각화에 통합될 수는 없을 것이다. 그러나 그것들은 중요하다. 뉴욕의 스카이라인을 보고, 그것이 오랜 기간 유지되는데 필요한 흐름에 대해 생각해보라. 가장 긴요한 흐름은 채무원리금 상환(반가치)과 수익(가치 생성 또는 전유)의 형태로 그 모든 건물을 관통해 흘러가는 가치의 흐름이다. 앞서 논의했듯이 가치 흐름은 비물질적이면서도 객관적이다. 맨눈에는 그것이 보이지 않는다. 하지만 디트로이트나 아바나에 가서, 가치가 더이상 흐르지 않을 때 구축환경에 무슨 일이 일어나는지 보라. 거기에는 버려진 도시경관이 누구나 볼 수 있도록 펼쳐져 있다.

고정자본의 순환에 대한 연구는 두가지 이유에서 중요하다. 첫째, 맑스의 비판자들은 고정자본이 가치이론을 교란하며 맑스의 정치경제학에 손상을 가한다고 주장한다. 맑스는 고정자본의 순환이 "리카도의 가치론에 배치된다"는 점을 인식했다.[24] 그러나 맑스의 가치이론은 리카도의 이론과 다른데, 맑스의 비판자들은 대개 이 점

* 실무상의 편의성 때문에 일반적으로 통용되는 회계상의 규칙.

을 알아채지 못한다. 그럼에도 맑스의 이론이 고정자본의 형성과 순환에 특유한 문제들을 수용하려면 수정되어야 할 가능성은 존재한다. 둘째, (이 점이 훨씬 더 중요한데) 근래의 자본위기—가장 눈에 띄는 것은 2007~2008년에 발생한 경우다—는 구축환경에 대한 투자 안팎에서 일어났다. 이것이 왜 그런지를 이해할 수 있는 토대를, 고정자본의 순환과 구축환경 형성에 대한 맑스의 분석은 어떤 식으로 제공할 수 있는가?[25]

가장 단순한 형태의 고정자본에서 시작하자. 한 산업자본가는 고용된 노동의 생산성을 높이기 위해 기계를 하나 산다. 그 기계가 최첨단이라면 산업자본가는 고용된 노동력의 뛰어난 생산성 덕택에 초과 잉여가치를 얻는다. 다른 사람들이 모두 그와 똑같은 기계를 살 때 이 단명한 형태의 상대적 잉여가치는 사라진다. 그 기계의 획득에 투자된 가치는 그것의 수명이 지속되는 전기간에 걸쳐 만회되어야 한다. 이 가치는 어떻게 순환하는가? 가장 간단한 방법은 정액감가상각법을 사용하는 것이다. 기계의 물리적 수명이 10년이라면 기계 가치의 10분의 1이 매년 생산되는 상품의 가치로 이전된다. 그 10년이 끝나는 시점에 생산자는 새 기계를 사서 이 전과정을 다시 시작하기에 충분한 화폐를 가지게 될 것이다.

하지만 언제나 새롭고 더 값싸고 더 효율적인 기계가 시장에 나오고 있고, 특히 기술혁신이 사업이 된 뒤로는 그렇다. 그리하여 기존의 기계는 더 값싸고 더 효율적인 기계와 경쟁함에 따라 맑스가 기발하게도 '정신적 평가절하'(moral depreciation)*라고 부르는 것과 가치저하의 위협에 직면한다. 교체 가치는 평가절하된 애초의 가치에 상응하지 않는다. 기계의 수명은 더이상 물리적 문제가 아닌데, 더 우수한 새 기계가 기존 기계의 조기 은퇴를 강제할 수도 있기 때문이다. 이로부터 고정자본의 순환을 바라보는 세가지 상호대안적 방식이 생겨난다. 첫째는 이미 기술한바, 물리적 평균수명 전기간에 걸친 정액 감가상각이다. 둘째는 기계의 물리적 수명 중에 발생하는 일정치 않은 교체비용이다. 셋째는 기계의 가변적 수명 전기간에 걸쳐 끊임없이 변화하는 기계에 대한 가치평가로서, 그 수명은 다른 생산자들과의 경쟁 속에서 상대적 잉여가치를 확보하는 데 있어 기계가 지니는 유용성에 달렸다. 기계의 수명은 그 유용성과 경제적 생존력에 달렸다. 맑스는 기계에 대한 가치평가가 잉여가치 생산에서 기계가 지니는 효력에 의존한다는 점을 인정한다. 그런 감가상각 일정을 수용하는 회계적 허구는 연산품(連産品)[**]의 허구다. 맑스는 이를 그 자신의 가치이론에 대해 제기되는 문제로 보았다. 양은 털과 고기와 젖을 생산하는데, 각각의 상품에 가치를 할당하는 것은 빤한 일이 아니다. 고정자본의 경우 회계적 허구는 다음과 같이 작동한다. 매년 자본가는 상품을 생산하며, 연말에는 남아 있는 물리적 기계류도 '생산'하는데, 그 가치는 중고시장에서 실현되거나 차기연도 상품생산에 재배치될 수 있다. 이는 리카도의 노동가치론과

* "그러나 기계는 물질적 마모에 더하여 정신적 평가절하라고 부를 만한 것도 겪는다. 똑같은 종류의 기계가 더 값싸게 생산되거나, 혹은 더 우수한 기계가 자신과 경쟁하게 됨에 따라 그 기계는 교환가치를 상실하게 된다."(『자본』 제1권, 「기계와 대공업」에 관한 장)

** 동일한 원료, 동일한 공정에서 나온 두가지 이상의 제품.

양립할 수 없는데, 왜냐하면 기계의 가치는 가치 및 잉여가치 생산에서 그것이 지니는 유용성에 전적으로 달렸고, 애초에 기계에 구현된 노동과는 아무 상관이 없기 때문이다.

이 마지막 해석이 가장 흥미롭다. 산업가가 매년 기계를 임차한다고 하면 그에 대한 이해가 더 쉽겠다. 산업가는 낡은 기계의 임차를 갱신할지 아니면 새 기계를 임차할지를 해마다 선택한다. 그 결정은 임차비용의 차이, 낡은 기계와 새 기계가 생산성에 기여하는 정도의 차이, 그밖에 (가령 유지·보수에 관한 용역 계약 같은) 다른 다양한 요인에 의존할 것이다. 연간 임대차계약은 그해의 기계 가치를 결정한다. 그다음 해에는 가치가 전혀 다를지도 모른다. 기계의 관계적 가치는 끊임없이 변한다.

그러나 이런 질서에는 뭔가 독특한 점이 있다. 기계를 임대해주는 회사는 화폐라는 유동적 형태가 아니라 기계라는 고정된 형태로 생산자에게 자본을 빌려준다. 그 댓가로 회사는 기계의 가치에 대한 이자에 상응하는 액수에 얼마간의 원금 분할상환액을 더한 금액을 기대한다. 이 사실은 일반적으로 고정자본의 순환에 자금이 투입되는 방식과 일치한다. 생산자가 기계를 사려고 가치를 투자하면 그 기계의 사용 수명 전기간에 걸쳐서 그 생산자는 교체용 기계를 구매하기에 충분한 화폐를 매년 저축해야 할 것이다. 자본가는 그 돈을 비축하든지 아니면 기다리는 동안 이자를 얻기 위해 금융기관에 넣어둔다. 그렇지 않으면 자본가는 처음에 화폐(임차의 경우에는 기계)를 빌리고 기계의 수명 전기간에 걸쳐 그 가치에 이자를 더한 금액을 갚을 수 있다.

장비를 사는 대신 임차하는 아주 일반적인 관행의 경우에도 그렇듯이, 앞의 두가지 경우에 모두 이자 낳는 자본의 순환이 모습을 드러낸다. 이자 낳는 자본의 순환과 고정자본 사용을 통한 가치의 순환은 밀접하게 연관되어 있다.

유감스럽게도『자본』제2권에 제시된 맑스의 가정들은 기술변화도, 이자 낳는 자본의 순환도 고려하지 않는다. 그럼으로써 그는 고정자본에 관해 서술할 때 그런 문제들에 대한 일체의 상론을 피할 수 있었다. 그의 가정들 덕분에 그는 회전시간의 역할, 그리고 수요와 공급의 흐름이 균형을 유지하려면 충족되어야 할 조건들을 더 주의 깊게 살펴볼 수 있었다. 그러나 그 가정들은 고정자본 순환의 문제에 대한 충분하고 적절한 숙고를 가로막는다. 제2권에서 이 주제를 다루는 장은 유감이지만 큰 도움이 못 된다.『요강』이 사변적이기는 해도 훨씬 더 활기차고 잠재적으로 풍요로운 접근방식을 제시한다.

"자연은 기계도, 기관차도, 철도도, 전신도, 자동방적기 등등도 만들지 않는다. 이것들은 인간 노력의 산물이다. 자연에 대한 인간 의지의 (…) 기관(organ)들로 전화된 자연적 소재인 것이다. 그것들은 인간의 손으로 창조된, 인간 두뇌의 기관들이며, 대상화된 지력(知力)이다."[26]

이 생산력들은 그것들에 구현된 기량 및 지식과 더불어 자본가에 의해 전유되고 그의 요구에 맞는 형태를 갖추고 더 많은 자본축적을 위한 지렛대로 동원되어야 한다. "노동수단의 기계류로의 발전은 (…) 우연한 (…) 것이 아니라 전통적으로 전수된 노동수단이 자본에 적합한 형태로 역사적으로 개조된 것이다. 지식과 기량의 축적(…)은 그리하여 노동이 아닌 자본에 흡수되며, 따라서 자본의 속성, 더 특정하게는 고정자본의 속성으로 나타난다."[27] 그러므로 기계만 고정되는 것이 아니라 지식과 그 안에 포함된 인간 본성의 무상 증여물도 고정된다.

그러나 고정자본의 순환이 충분히 효과적이려면 몇가지 전제조건이 충족되어야 한다.

> 생산에서 고정자본의 생산을 지향하는 부분은 개별적 만족을 위한 직접적 대상(…)을 생산하지 않는다. 따라서 일정 정도의 생산력이 이미 달성되었을 때에만 (…) 생산수단의 생산에 점점 더 많은 부분이 투입될 수 있다. 이는 사회가 기다릴 수 있을 것, 이미 창출된 부의 상당 부분을 즉각적인 소비로부터, 그리고 즉각적인 소비를 위한 생산으로부터 빼내어 이 부분을 즉각적으로 생산적이지 않은 노동을 위해 사용할 수 있을 것을 요구한다.

이는 "일정 수준의 생산력과 상대적 과풍요를, 더 특정하게는 유동자본의 고정자본으로의 전화에 직접 연관된 수준을 요구한다. (…) 과잉생산뿐만 아니라 (이런 관점에서 볼 때) 과잉인구도 이를 위한 조건이다."[28]

앞서 살펴보았듯이 자본은 과잉인구(산업예비군)와 과잉생산물(실현의 문제에 직면하는 상품)을 생산하는 경향이 있다. 따라서 그것은 고정자본의 형성을 초래하는 조건을 체계적으로 생산한다. 고정자본의 규모가 클수록 더 많은 과잉노동과 과잉자본이 흡수될 수 있다. "그리하여 기계류를 만드는 데보다 철도, 운하, 수로, 전신 등등을 만드는 데 더 많이 〔동원된다—옮긴이〕."[29] 그러나 이런 일이 일어나려면 자본이 모여 화폐력의 집중 형태를 구성해야 한다. 주식회사가 출현하고 금융 부문이 집중된 화폐자본의 거대 복합기업들로 조직되기 이전에 대규모 투자는 국가장치를 매개로 이뤄지는 경향이 있었다. 우리 시대에는 민간은행들의 컨소시엄이나 민관합작이 더 선호된다. 그럼에도 이자 낳는 자본의 순환을 조직하는 기관(가령 연금기금)과 고정자본 형성 사이의 내적 연관은 시간이 갈수록 더 긴밀하고 더 복잡해지고 있다.

어떤 특별한 종류의 고정자본에 대해 생각해보면 이 경향은 한층 더 분명해진다. 고정자본에서 갈수록 중요해지는 부분은 '독립적인 종류' 부분이다. 공동으로 사용하는 물리적 기반시설(그중 일부는 공공재의 성격을 지닌다)은 자본주의 형태의 발전을 위한 사용가치로서 긴요하다. 이 기반시설 중 많은 것(주택, 학교, 병원, 쇼핑몰 등)은 생산보다 소비의 목적에 이용되는 반면 철도와 고속도로 같은 다른 것들은 생산과 소비에 똑같이 잘 이용될 수 있다. 맑스는 생산용 고정자본에 대한 투자와 소비자금(consumption fund)에 대한 투자 사이의 관계를 간략하게 살펴본다. 우리 시대 선진자본주의 세계에서는 확실히 뒤쪽의 투자가 커다란 중요성을 띤다.

맑스는 또한 고정자본을 (탄광 같은) 부동자본(immoveable capital)과 혼동하지 말 것을 역설한다—후자가 그 자체로 매우 중요하게 고려되어야 할 범주이기는 하지만 말이다.

> 노동수단 가운데 일부는 (…) 일단 노동수단으로서 생산과정에 들어가게 되면 자기 장소에 고정되는데, 가령 기계가 그렇다. 그러나 다른 노동수단은 처음부터 그곳에 매인 부동의 형태로 생산되는데, 가령 개량된 토지, 공장 건물, 용광로, 운하, 철도 등이 그렇다. (…) 그러나 어떤 노동수단이 땅에 뿌리박은 채 장소에 고정되어 있다는 상황은 이 고정자본 부분으로 하여금 그 나라의 경제에서 특수한 역할을 하게 만든다. 그것은 외국으로 보내질 수도, 세계시장에서 상품으로 유통될 수도 없다. 이 고정자본의 소유권은 쉽게 바뀔 수 있다. 그 소유권은 사고팔릴 수 있으며 이런 면에서 관념적으로 유통될 수 있다. 심지어 이런 소유권은 가령 주식 형태로 외국의 시장에서 유통될 수 있다. 그러나 이런 종류의 고정자본을 소유한 사람이 바뀐다고 해서 한 나라의 부의 부동적이고 물적으로 고정된 부분과 가동적인 부분 사이의 관계가 바뀌지는 않는다.[30]

우리는 남아프리카의 어느 지역에 물을 공급하는 회사의 주식을 세계 모든 시장에서 거래할 수 있지만 상수도는 옮겨질 수 없다. 지리적 이동성에 대립되는 지리적 고정성은 부동 고정자본을 중심으로 하여 중요한 장력(張力)을 형성한다. 지리적 고정성은 사실상 생산된 공간이다.

이 모든 것에는 심오하고 지속적인 모순이 존재한다. 이자 낳는 자본의 순환을 통해 공급되는 반가치의 '암흑 물질'은 미래의 가치

생산에 대해 자기 몫을 요구하는데, 미래의 가치생산은 복리이자 지급 비용을 감당하기 위해 지속적으로 증가해야 한다. "고정자본이 대규모로 발전할수록 (…) 생산과정의 연속성은 자본에 기초한 생산양식의 외적 강제 조건이 된다."[31] 자본가가 고정자본을 구매하거나 빌릴 때 그는 그것의 가치가 완전히 상환될 때까지 그것을 사용해야 하며, 그렇지 않으면 가치저하에 직면할 수밖에 없다. 고정자본은 "뒤이은 해들의 생산에 관여"하며, "더 많은 노동을 반대가치로서 예상"하고, 따라서 미래의 사용에 대해 강제력을 행사한다. 그 강제력은 장소에서 작동한다. 땅에 고착된 부동 고정자본은 그것의 수명 전기간에 걸쳐 그 가치가 상환되려면 본래의 위치에서 사용되어야 한다. 여기에는 역설이 있다. 자본 일반의 공간적 이동성을 해방시키기 위해, 어떤 장소에 자리잡는 물리적 기반시설을 제공하도록 계획된 자본 형태는 결국 고정자본이 규정하는 그 공간으로 자본이 흘러들 것을 요구하며, 그렇지 않으면 고정자본의 가치가 저하되면서 그것에 자금을 댄 이자 낳는 자본(가령 연금기금)에 심각한 결과가 초래될 것이다. 이것이 자본의 위기 경향이 첨예화되는 강력한 방식들 가운데 하나다.[32]

맑스가 보기에 다양한 종류의 고정자본에 대한 요구는 사회적 재생산과 일상생활의 필요에 적합한 소비자금을 창출해야 할 필요에서 나오는 요구들과 더불어 이자 낳는 자본의 흐름을 관장하는 기관이 늘어나고 갈수록 복잡해지는 사태의 중요한 물적 기초를 형성했다. "미래의 노동 결실에 대한 예상은 (…) 신용제도의 발명품이 아니다. 그것은 고정자본에 특유한 실현 양식, 회전 양식, 재생산 양식에 그 뿌리를 두고 있다."[33] 다른 중요한 기초는 원거리 무역의 성장과 그에 대한 금융에 있다. 가치순환의 시간과 공간에서 나오는 고려사항들이 어떻게 더 많은 자본축적을 강제하는 주요 행위자로서의 이자 낳는 자본의 순환으로 수렴되는지를 보게 되는 것은 흥미롭다.

그러나 이 모든 것에 내포된 모순은 아주 분명하다. 한편으로 고정자본은 축적의 강력한 지렛대를 제공한다. 고정자본 투자, 특히 독립적 종류의 투자인 구축환경에 대한 투자는 과잉축적의 문제를 일시적으로 해소하고, 다른 경우라면 수익을 낼 고용의 원천이 없는 상태에서 자본의 과잉과 노동의 과잉이 나란히 존재하는 위기 국면 중의 긴장을 완화할 수 있다. 다른 한편 미래의 생산과 소비는 먼 미래에 이르기까지 점점 더 고정된 활동방식에 갇히고 점점 더 특정한 생산라인과 특정한 공간적 구성에 쏠리게 된다. 미래는 과거에 저당잡힌다. 자본은 그 유연성을 상실한다. 혁신을 도입하는 능력이 억제되면서 장기 침체가 초래되거나, 아니면 그 능력은 유지되지만 사용 중인 고정자본은 가치저하를 겪게 된다. 맑스는 이것을 위기를 조장하는 또다른 일련의 힘들로 명확히 인식했다.

> 상호 연관된 회전들의 수년에 걸친 순환주기—여기서 자본은 고정된 구성 부분에 단단히 붙들려 있다—는 주기적 위기의 물적 기초가 된다. 이 순환주기 내에서 경기는 불황, 중간 활성, 과열, 공황의 연속적인 시기를 통과한다. 물론 자본이 투자되는 시기들은 매우 상이하며 결코 시간적으로 일치하지 않는다. 그러나 공황은 언제나 새로운 투자의 출발점을 이루고, 따라서 사회 전체

의 관점에서 볼 때 다음 회전주기를 위한 새로운 물적 토대를 이룬다.[34]

특정한 공간에 갇힌 부동 형태의 고정자본이 고려될 경우 이 모순은 또다른 차원을 드러낸다. 고정자본이 기반시설에 투자되는 공간들 역시 크게 상이하다. 그것들은 시간적으로도 일치하지 않는다. 일단 특정 공간과 영토에 자본이 투자되면, 자본은 고정자본에 구현된 가치가 사용을 통해 상환될 때까지 그 공간 내에서 계속 순환해야 하며 다른 공간으로 이동해서는 안 된다. 그렇지 않으면 지역경제 전체가 1980년대 이후 미국과 유럽의 산업지역에서 흔하게 된 그런 종류의 가치저하를 겪는다. 땅에 고착된 고정자본에 대한 투자와 투자철회의 리듬이 다양하게 나타나면서 세계자본주의 내 지리적 불균등발전의 진자운동 양상이 창출된다.

장기적이고, 대체로 거대한 물리적 기반시설의 형성은 시간이 지날수록 자본에 더 큰 중요성을 띠어왔다. 그러한 형성은 그것이 전반적인 자본축적의 시간적·공간적 경로에 반응하고 이를 좌우하는 특별한 방식을 통해, 말하자면 자본의 2차 회로를 형성한다. 자본의 3차 회로도 있는데, 맑스는 이에 대해 지나가며 언급할 뿐 별 주의를 기울이지는 않는다. 그것은 노동의 교육과 훈련을 위한 사회적 지출, 그리고 일상생활의 버팀목으로 우리에게 익숙해진, 보건과 연금수급권 같은 광범위한 사회적 지출과 사회복지사업을 수반한다. 전통적으로 이런 사회사업들은 국가가 세수를 동원하여 제공했으나 근년에는 민간에서 제공하는 경향이 증가해왔다. 그럼에도 독립

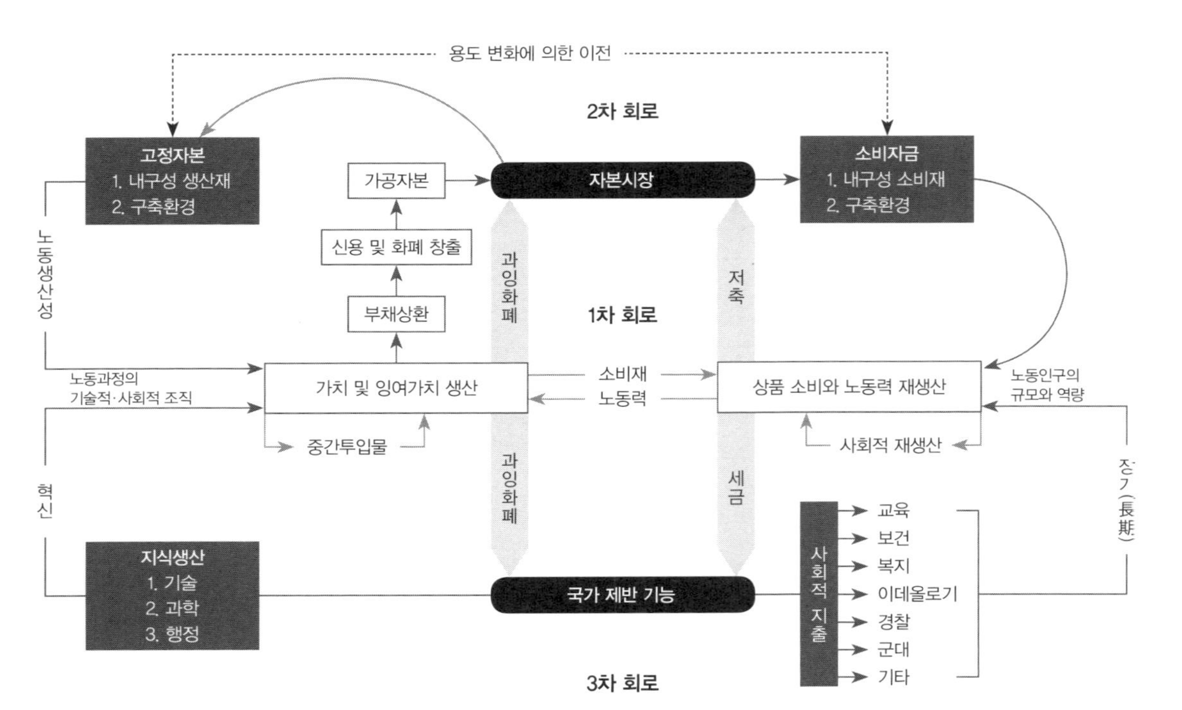

그림 3 자본주의적 생산과 소비를 위한 물리적·사회적 기반시설의 생산에서 나타나는 자본의 2차·3차 회로

적 고정자본처럼 이러한 지출, 가령 교육에 대한 지출은 한참 뒤의 생산성 증가에 기여할 수도, 못할 수도 있는 장기 기획을 수반한다. 2차·3차 회로로의 자본의 유입은 자본주의 운동법칙의 핵심에 대한 우리의 이해에 전혀 다른 차원을 삽입한다(그림 3 참조). 그러나 한가지는 분명하다. 자본이 시간과 공간 속에서 작동하고 재생산되는 방식에 대한 광범위한 분석에, 시장을 통해서뿐만 아니라 국가권력을 통해서도 매개되는 이 2차·3차 자본회로를 엮어 넣지 않고서는 운동하는 가치로서의 자본을 이해할 수 없다는 것이다. 책의 첫머리에 제시된 자본의 시각화는 1차원적 공간 내의 순환에 국한되어 있다. 다른 차원들, 여기에서 장기간에 걸친 자본의 2차·3차 회로로서 다룬 그 차원들은 그러한 이해를 매우 중요한 방식으로 보완한다.

8장

가치체제의 생산

자본의 운동법칙은 자본가들 사이의 경쟁에 의해 강제되기는 해도 창조되지는 않는다고 맑스는 말한다. 『자본』을 통틀어 맑스는 완전경쟁의 유토피아적 상황을 (대체로) 가정한다. 이 가정은 고전정치경제학자들의 멋진 유토피아—여기서 시장을 통해 조정되는 개인의 자유와 사유재산은 만인의 이익에 이바지할 터이다—가 실제로는 갈수록 악화되는 계급 불평등과 환경파괴와 경제위기가 만연한 디스토피아적 악몽을 초래하리라는 점을 보여주려는 맑스의 노력에 잘 부합한다. 그러나 그 가정은 완전경쟁의 강제이행 기제가 제대로 작동하지 않거나 빗나갈 경우 무슨 일이 일어나는가 하는 질문을 제기하게 만든다.

맑스는 운송비용이 전무하고 운동에 대한 저항이 없는 공간에서 완전경쟁이 일어난다고 암묵적으로 가정한다. 그러나 모든 공간적 경쟁은 독점적 경쟁이다.[1] 그것이 그렇게 불리는 이유는 기업은 자신들이 점유하는 특정한 공간에 대해 독점권을 지니며, 어떤 지리적 범위 내에서 (있더라도) 제한된 수의 기업과의 경쟁에 직면할 뿐이기 때문이다. 개별 자본가는 높은 운송비용과 (관세와 같은) 거래에 대한 영토적 장벽의 조합에 의해 다른 자본가들과의 경쟁으로부터 보호될 수 있다. 이 보호 효과의 힘은 상품의 성질, 관세구조, 그리고 운송 시간과 비용에 달렸다. 맑스의 시대에 무겁고 부패하기 쉬운 물품은 지역의 독점적 통제를 벗어나기 어려웠고, 반면 금, 은, 다이아몬드, 향신료, 비단, 염료 등등의 거래는 관세의 대상이 되기는 했을지라도 운송비용에는 그다지 영향을 받지 않았다. (빵과 맥주 같은) 부패하기 쉬운 많은 기본 재화의 생산자는 심지어 옆 동네 생산자들과의 경쟁으로부터도 보호를 받았다. (철강생산에서의 철광석과 석탄 같은) 무거운 원자재 투입물에 의존하는 생산자는 원자재 산지에 가까이 위치함으로써 경쟁으로부터 보호받았다. 이런 것들이 입지론(location theory)에서 다루는 종류의 조건들이다.[2] 원자재 지향성은 19세기 자본주의에서 대부분의 중공업의 위치를 규정하는 강력한 힘이었다. 몇가지 자명한 예외가 있기는 해도 오늘날에는 아마 시장지향성이 더 중요할 것이다. 지금까지도 멕시코의 냉장고 생산자는 미국 시장에 대한 근접성 때문에 아시아의 경쟁자들보다 위치상 유리하다.

지역 독점 또는 지방 독점의 조건하에서 생산되고 시장에 내놓이는 상품들의 가치는 가령 금이나 다이아몬드나 소금의 가치가 결정되는 것과 똑같은 방식으로 세계시장에서 결정될 수 없다. 오히려 그 가치는 운송시간 및 운송비용의 변화, 그리고 관세와 그밖의 거래 장벽을 반영하여 장소에 따라 달라질 것이다.

맑스는 노동력의 가치가 "자연적·역사적으로 발달한 일차적 생활필수품의 가격과 범위, 노동자의 훈련비용, 여성과 아동 노동의 역할, 노동생산성, 노동의 외연적·강도적(intensive) 크기" 등에 따라 나라별로 달라진다는 점을 인식했다.[3] 노동강도의 지리적 차이는 특히 중요하다. "강도가 더 높은 나라의 노동은 (…) 같은 시간에 더 많은 가치를 생산하고 이는 더 많은 화폐로 표현된다." 가치법칙은 "여기서 나라별 임금격차에 의해 수정"되며, 노동일의 길이·강도·생산성·틈새율의 지리적 차이에 의해서도 그러하다. 자연적 차이에 따라 노동생산성이 차이가 나고(가령 온화한 기후의 비옥한 땅에서 나는 값싼 식량) 자연적·문화적 상황 및 계급투쟁의 역학에 따라 욕구·필요·욕망의 정의가 차이가 난다는 것은 이윤율의 균등화가 나라들 간의 착취율의 균등화를 수반하지 않으리라는 점을 의미한다.[4] 나라들 사이에 교역이 이뤄질 때 "유리한 조건에 있는 나라는 더 적은 노동을 주고 더 많은 노동을 돌려받는다. 이 차이, 즉 초과분이 자본과 노동 간의 어떤 교환에서나 그렇듯이 특정 계급의 수중으로 들어가기는 하지만 말이다."[5] 어느 계급이 이득을 보는지를 맞춘다고 상이 주어지지는 않는다. "여기서 가치법칙은 본질적인 수정을 겪는다. (…) 더 가난한 나라가 교역을 통해 이익을 얻는 경우에조차 더 부유한 나라가 더 가난한 나라를 착취한다"고 맑스는 말한다.[6] 이는 "노동시간에 의거한 가치의" 그 어떤 직접적인 "균일화, 심지어는 상이한 나라들 간의 일반적 이윤율에 의거한 원가의 균일화"도 방해한다.[7]

우리가 세계의 어느 한 지역에서 타인을 위해 수행하는 사회적 노동은 다른 지역에서 수행되는 노동과 질적으로도 양적으로도 다르다. 상이한 지방적 가치체제들(value regimes) 사이에서 교환이 일어날 때 한 지방의 사회적 노동은 결국 다른 지방의 경제와 생활양식을 원조하고 지원하게 될 수 있다. (멕시코나 방글라데시처럼) 노동집약적 생산에 기초한 체제와 같이 높은 가치를 생산하는 체제는 (미국처럼) 높은 생산성을 지닌 자본집약적 체제를 지원하고 있을 수 있다. 한층 더 극적으로, 반가치를 생산하는 뉴욕과 런던의 부채 병입공장들은 맨해튼이나 소호의 뒷골목이 아니라 방글라데시와 선전의 공장들에서 그 가치를 상환받으려 한다.

여기서의 주장은 광범위한 함의를 지닌다. 『자본』 제1권에서 맑스는 경쟁적 교환관계에 전제된 평등이 어떻게 잉여가치 생산의 불평등과 양립할 수 있게 되는지를 묻는다. 그 답은 노동력의 상품화와 생산에서 행해지는, 살아 있는 노동의 착취에 있다. 『자본』 제3권에서 맑스는 또다른 놀라운 수수께끼를 밝혀낸다. 경쟁을 통한 이윤율의 균등화로 인해 상품은 그 가치가 아니라 생산가격에 교환될 수밖에 없다.[8] 자본가는 자신이 투하하는 자본에 따라 잉여가치를 얻고 자신이 고용하는 노동력에 따라 잉여가치를 생산한다. 이렇게 하여 자본가계급 내부에서 공개 거래 상황을 통해 이뤄지는 잉여가치의 재분배는 노동집약적 생산자보다 자본집약적 생산자에게 유리하다.

『자본』 제3권에 제시된 자본주의적 재분배의 법칙은 어떤 흥미로운 유사 상황을 환기시킨다. 2007~2008년의 경제 붕괴를 조사하던 상원위원회는 골드만삭스의 최고경영자인 로이드 블랭크파인(Lloyd Blankfein)에게 은행의 역할을 정의해보라고 요청했다. 그 역할은 "신의 일을 행하는 것"[9]이라고 그는 답했다. 어쩌면 그는 마태복음 25장 29절에 나오는 성경의 명령을 염두에 두고 있었을 것이다. "무릇 있는 자는 받아 풍족하게 되고 없는 자는 그 있는 것까지 빼앗기리라." 이윤율의 균등화가 해내는 일이 바로 이것이다. 노동이 가치의 궁극적 원천이라는 맑스의 (그리고 리카도의) 주장을 고려할 때 그 영향은 광범위할 수 있다. 독일 같은 자본집약적 가치체제와 방글라데시 같은 노동집약적 가치체제 사이의 교역은 가치와 잉여가치를 후자에서 전자로 이동시킬 것이다. 이 일은 시장 과정을 통해 '조용히' 그리고 '자연스럽게' 이뤄질 것이다. 그것을 작동하게 하는 데는 자유무역 관행의 증진이 요구될 뿐, 제국주의적인 지배와 채굴주의(extractivism)• 전략은 필요치 않다. 이는 빈곤한 지역이 한층 더 뒤로 처지게 되는 댓가를 치르면서 부유한 지역이 한층 더 부유해지는 '조용한' 방식이다. 이런 이유로 이른바 개발도상국들 가운데 많은 수는 보호주의, 특히 이른바 '신생산업'의 보호에 기대를 건다. 이는 또한 왜 1960년대의 일본을 비롯해서 그토록 많은 개발도상국이 노동집약적 형태의 자본주의적 발전보다 자본을 조직하고 원조하는 쪽을 선호하는지를 설명하는 데 도움을 준다.[10] 고부가가치 생산을 향한 '가치사슬의 상향이동'(moving up the

• 천연자원을 캐내어 세계시장에 내놓는 행위를 뜻하며, 여기서는 가치의 폭력적 약탈을 가리킨다.

value chain)•이라고 불리는 것이 일반적인 열망이 된다. 그러한 가치의 이동에, 가치생산 및 가치증식의 지형이 가치실현의 지형과 달라지는 방식들이 더해지면, 자본순환의 변별적 경관들을 가로지르고 관통하는 가치 흐름의 유동적 지형이 자본이 핵심적으로 의미하는 것의 물적 표현으로서 출현한다. 이 흐름의 내부에서 지역적 구성들(configurations)이 출현하는데, 그것들을 중심으로 노동의 동원, 분업, 사회적·물리적 기반시설에 대한 투자, 가치의 생산·실현·분배 등의 비교적 안정되고 지리적으로 고정된 구성들이 적어도 얼마 동안은 형성된다.

화폐 질서를 살펴보면 변별적인 지역 가치체제들의 존재를 상정하는 논리가 더 힘을 얻는다. 『자본』 제1권에서 맑스는 세계적 화폐상품—금과 은—과 교환의 편의를 위해 존재하며 "국가의 업무"[11]에 해당하는 수많은 지역적 명목화폐·지폐 사이의 심한 괴리를 언급한다.

> 국내 유통영역을 벗어나면 화폐는 국지적 기능을 상실하고 (…) 지금(地金)이라는 귀금속으로서의 그 원래 형태로 되돌아간다. 세계무역에서 상품은 자신의 가치를 보편적으로 전개한다. 그리하여 여기서 상품의 자립적 가치 형태 역시 세계화폐로서 상품과 마주한다. 세계시장에서 비로소 화폐는 그 자연적 형태가 추상적 인

• 생산에서 유통, 애프터서비스까지 상품의 가치를 창출하고 증가시키기 위한 기업의 모든 활동, 또는 그 가치 창출의 전과정을 '가치사슬'이라 하며, 그 '상향이동'은 수익성이 높은 상품을 생산하기 위한 노력이나 체제 변화를 뜻한다.

간 노동의 직접적인 사회적 실현 형태이기도 한 상품으로서 최대한으로 기능한다. 화폐의 존재양식은 그 개념에 적합하게 된다.

그리하여 "금과 은이 주화로서 국내에서 입고 있는 다양한 국가별 제복"은 "그것들이 세계시장에 나타날 때 다시 벗겨"진다.[12] "상품유통의 내부적, 즉 국내적 영역과 그 보편적 영역, 즉 세계시장 간의 분리"가 존재한다. 상품의 '진정한' 가치는 세계시장에 있고 그 가치에 가장 적합한 화폐적 표상 형태는 금이라고 맑스는 역설한다.

지역화폐와 세계화폐의 괴리가 그토록 자명하다면 가치 자체의 경우에도 마찬가지일 것이라고 상상할 수 없겠는가? 가치가 다수이며 지역적으로 분산된 것이 아니라 단일하며 보편적이라는 암묵적 가정은 바로 그것, 즉 하나의 가정이다. 맑스가 이를 정당화하는 논리는 오직 세계시장에서만 화폐는 인간이 조작하지 않고 조작할 수도 없는 보편적이고 물적인 형태, 즉 금의 형태를 획득한다는 것이다. 금의 세계적 공급은 예전이나 지금이나 상대적으로 비탄력적이며, 그 대부분은 예전이나 지금이나 이런저런 형태로 이미 지상에 있다. 교환에서 거래비용을 감축해야 한다는 요구는 가치의 상징에 불과한 다수의 지역화된 화폐를 만들어냈다. 하지만 그렇게 보면 금 자체도 상징에 불과하다. 차이는 비금속인 이 다른 화폐 형태들은 인간의 자의적 조작에 취약하다는 점에 있다. 더더욱 믿지 못할 것은 '계산화폐들'과 저 수많은, 복잡한 부채생성·신용화폐 제도들이다. 금은 일체의 다른 가공적인, 그리고 또다른 면에서 통제 불가능한 화폐 형태들이 그것을 중심으로 돌아가는 견고하고 믿을 만한 물적 회전축으로 기능했다.

그러나 시간이 지나면서 금은 세계적 차원에서조차 점점 더 교환과 무관하게 되었다. 1970년경 이후 세계 화폐제도는 흔적만 남은 금본위제에 대한 의존을 완전히 포기했다. 이런 일은 결코 일어날 수 없다는 맑스의 믿음은 확고했다. 그러나 이 점에 관한 한 그는 분명히 틀렸으며, 우리는 그의 오류의 이론적·실천적 결과에 대해 생각해보아야 한다. 이제 세계시장에서조차 가치는 아무런 물적 상품 기반도 지니지 않는 화폐 형태들로써 표상된다. 이 화폐 형태들은 인간의 조작(가령 중앙은행들 사이에 행해지는 양적 완화)에 좌우된다. 통화체제들이 세계시장에서의 가치 표상 권력을 두고 다투는 가운데 서로 경쟁하며 출현할 가능성이 존재한다. 현재 미국 달러화가 수행하고 있는 것과 같은 보편적 등가물의 역할을 떠맡게 된 통화는 그 어느 것이나 끊임없는 도전에 직면할 뿐 아니라 내재적으로 불안정하다.

맑스는 그렇게 하고 싶었다면 쉽게 이를 이론화할 수 있었을 것이다. 앞서 살펴보았듯이 가치는 시장교환의 실행 과정에서 발생한다. 물물교환에서 시작하는 교환들은 생산된 상품에 구현된 구체적 노동시간들만큼이나 많은 가치 형태들을 상정한다. 주어진 영토 내부에 이 과정이 확산된 결과 특정한 화폐 형태가 생겨나서 그 영토 내부의 모든 노동시간들의 평균을 표상한다고 상상해보라. 추상적 노동 또는 사회적 필요노동시간의 어떤 형태가 그 영토의 모든 공간들을 가로질러 공고화된다. 서로 이웃하고 있는 두 폐쇄적 영토 안에서 이 과정이 진행되어 각각의 영토는 그 나름의 가치체제를 생산하게 되는 것을 상상하기는 어렵지 않다.

"지방적 속박을 깨고" "생산물의 직접적 교환의 모든 개별적·지방적 한계를 뚫고 나아가는" 것은 자본의 본성에 속한다.[13] 상이한 통화제도로 표상되는 상이한 가치체제를 지닌 상이한 영토들 사이에 교역이 시작될 것이다. 『공산당선언』과 『요강』에 묘사된, 자본에 내재하는, 세계시장을 창조하려는 충동은 『자본』에서 보편적 교환 가능성을 향한 충동이 된다.[14] 이는 "사회적 관습에 따라 마침내 상품으로서의 금이라는 특정한 자연적 형태와 결합되는" 보편적 등가물의 창조를 수반한다. 그러나 이 과정의 완성은 운송비에 있어서의 장벽을 포함한 모든 거래 장벽을 제거하는 데 의존한다. 그 비용은 (특히 화폐 형태의 초이동성과 관련하여) 전체적으로나 부분적으로나 상당히 감소해왔지만 유통비용을 0으로 만드는 것은 불가능하다.

맑스는 모든 보편적 화폐 형태에 내재하는 모순들을 명확히 이해했다. 금의 경우에는 이 모순들의 실제 작용방식이 자명하지만 세계 예비통화로서의 미국 달러화의 경우에는 그렇게 쉽지 않다. 미국 경제 내에서 사용가치를 생산하는 구체적인 개인적 노동들의 총생산성은 사실상 세계적 차원의 추상적 노동을 대표하는 것으로 간주되지만 그 기준에 대한 미국의 조작을 용인하는 사회적 관행이 보장된 것은 아니다. 미국의 총노동생산성이 예컨대 (1980년대에 그랬듯이) 일본과 서독의 경우보다 아래로 떨어질 때 왜 미국 달러화가 가치를 표상하기를 기대하는가? 보편적 등가물을 떠받치는 안정된 기둥은 없다. 세계 주요 통화들의 상대적 가치의 예상치 못한 변화라는 맥락에서 상이한 가치체제들의 진화가 일어난다.

지역 가치체제들의 생산은 자본의 역사적 시형의 결정적 특징이었다. 처음에 이 체제들은 대단히 국지화되었으며, 부패하지 않고 대개 높은 가치를 지니며 쉽게 재생산되지 않는 제한된 수의 상품의 교역을 통해 느슨하게 통합되었다. 화폐상품(금과 은)이 연결자이자 조정자 역할을 수행했는데, 이 점은 맑스가 자신의 정치경제적 이론화의 핵심적 면모로서 화폐상품에 관심을 가진 이유를 설명해준다. 시간이 지나면서 교역의 고리들이 많아지고 두터워짐에 따라 상이한 가치체제들의 수렴이 우선은 (유럽연합, 북미자유무역협정NAFTA, 남미공동시장MERCOSUR 등등의 무역체제가 잘 예시하듯이) 지역 차원에서, 그리고 더 세계적인 차원에서 가속화되어왔다. 1970년에도 미국의 동네 슈퍼마켓에서는 외국산 치즈와 포도주를 찾아볼 수 없었고, 맥주조차 대부분 현지에서 양조되었다. 내가 내셔널보헤미안을 마셨다면 볼티모어에 있는 셈이었고, 아이언시티였으면 피츠버그, 쿠어스였으면 덴버에 있음을 의미했다. 1970년 이후로는 전혀 달랐다. 동네 슈퍼마켓마다 세계 전지역의 식품을 갖추고 있으며 나는 대부분의 주요 도시에서 거의 모든 곳에서 온 맥주를 마실 수 있다.

1945년 이후 자본 역사의 상당 부분은 운송비용의 지속적 하락 및 정치적 장벽(가령 관세와 그밖의 형태의 규제들)의 점진적 감소에 따른 교역 장벽의 점진적 제거로 수렴되어왔다. 자유무역 조치들을 통해 경쟁적 생산을 위한 지리적 경관이 바뀌어왔는데, 그 조치들에는 관세 및 무역에 관한 일반협정(GATT, 1947년 발족), 더 광범위한 후속타인 세계무역기구(WTO, 1995년 창설), 그리고 환태평양

경제동반자협정(TPP) 제안과 같은 일군의 협정 제안들이 있다. 이런 표지들은 지역 가치체제들 간의 변별점이 사라지고 있으며 이제 우리가 전세계적으로 통일된 단일한 가치체제에, 또 어쩌면 심지어는 그것을 표상하는 더 확고한 세계화폐 체제에 훨씬 더 가까이 접근했음을 암시하는 것으로 보일 것이다. 그러나 중국이 아직까지 WTO 내에서 시장경제지위(Market Economy Status)를 부여받지 못했다는 사실*은 이 과정이 미완이라는 점을 말해준다. 더욱이 자유무역협정에 대한 거세어져가는 반대 물결은 분산의 운동이 적극적으로 이뤄지고 있음을 암시한다.

예를 들어 범대서양무역투자동반자협정(TTIP) (그리고 태평양 쪽의 그 쌍둥이) 같은 무역협정을 체결하려는 근래의 시도들에 관해 생각해보라. TPP의 경우 협정은 아시아에서 시장점유율을 높일 수 있는 중국과 유럽 기업들의 능력을 제한하려는 미국과 일본의 특정한 목적에 따라 만들어졌다. TPP의 진정한 성격은 12개 가맹 예정 국가의 근본적 경제지표를 살펴보면 즉시 명확해진다. 잠재적 가맹국들은 미국, 일본, 캐나다 등의 G7 경제에 지배된다. 호주와 더불어 이들은 잠재적 가맹국 GDP의 90퍼센트를 차지한다. 개발도상국 참여국가—멕시코, 말레이시아, 칠레, 베트남, 뻬루—의 경제는 8퍼센트밖에 되지 않는다. TTIP와 TPP는 사실상 특정한 가치체

* 중국은 2001년 WTO에 가입하면서 15년간 비시장경제국(non-market economy)의 지위를 유지한다는 조건을 수용했으나 15년이 지난 지금 시점에도 유럽연합과 미국 등의 반대로 시장경제지위를 부여받지 못하고 있다. 비시장경제국은 덤핑 문제를 다루는 통상 분쟁에서 불리한 위치에 처한다.

제를 창출하려는 미국의 시도로서, 다른 나라들을 희생하여 세계무역에서 미국 시장점유율의 하락을 막는 한편 국내 경제성장과 수익률의 약화를 상쇄하려는 것이다. 1985년에 TPP 가맹예정국의 경제는 전세계 GDP의 54퍼센트를 차지했는데 2014년에는 이것이 36퍼센트로 떨어졌다. 1984년과 2014년 사이에 전세계 GDP 중 미국의 비중은 34퍼센트에서 23퍼센트로 떨어졌다. 같은 기간에 세계 상품무역에서 미국이 차지하는 비중은 15퍼센트에서 11퍼센트로 떨어졌다. 그러므로 TPP는 어떤 훌륭한 자유무역협약이 아니라, 세계 GDP에서 그 비중이 심각하게 감소해온 일군의 선진 경제들과 그 주변의 개발도상국들이 지배력을 행사하는 미국을 중심에 두고 다른 나라들을 배제하기로 한 협정이다. 물론 그 혜택은 노동자에게 돌아가지 않는데, 맑스가 말했듯이 일체의 "초과분이 자본과 노동 간의 어떤 교환에서나 그렇듯이 특정 계급의 수중으로 들어가기" 때문이다. 자체의 통화로 무장한 채 응집력을 발휘할 것 같은 가치체제로서 유로존이 창설되었으나 유사한 결과가 초래되었다. 독일 자본이 지배력을 행사하면서 최대한의 수익을 뽑아내는 사이 그리스, 이딸리아, 뽀르뚜갈, 스페인 등은 체계적으로 가치를 빼앗겨온 것이다. 미국이 환태평양 합의를 포기함으로써 중국이 끼어들어, 예상되는 미국의 철수로 생겨날 빈 공간에 자신들의 가치체제를 구축할 기회가 만들어졌다.

물질적으로나 정치적으로나 공간에서의 독점적 경쟁이 감소하면서 다른 형태의 독점이 다시 부각되어왔다. 19세기 중반 이래 막강한 시장력(market power)*을 지닌 대기업은 자본주의의 주요 특징 중

하나였으나, 공간적 장벽의 점진적 붕괴로, 특히 1970년경 이후로는 기업의 힘을 바라보는 관점이 국가적 견지에서 세계적 견지로 바뀌게 되었다. 1960년대 미국에서 독점적 권력은 디트로이트의 3대 자동차회사**를 의미했다. 1966년에 출간된 폴 배런(Paul Baran)과 폴 스위지(Paul Sweezy)의 고전적 저작 『독점자본』(*Monopoly Capital*)에서는 대안적 가치이론의 필요를 인식했으나 분석은 대부분 국제적 지부(offshoots)를 둔 미국에 한정되었다. 이 시기에 미국 노동자들(사실은 모든 주요한 일국의 노동인구)은 이민으로 초래된 경우가 아니면 외국과의 경쟁으로부터 대체로 보호되었다. 사실상 규모가 큰 국민국가는 각기 자기 경제에 대한 주권을 확보하기 위한 자본통제***를 수반한 고유의 가치체제로서 구성되었다. 그러나 1980년대에 이러한 독점은 가령 외국 자동차회사들(독일, 이딸리아, 일본, 이후에는 한국, 지금은 중국의 회사들)과의 치열한 경쟁에 따른 도전에 직면했고, 그사이 미국 회사들은 중국과 그밖의 지역에 자리를 잡았다. 기업식 농업(몬샌토와 카길), 에너지('세븐 시스터즈' 석유회사들****), 제약(바이엘, 파이저), 원격통신에 대해서도 국내 독점권력에서 세계적 독점권력으로의 이동에 관한 비슷한

---

* 기업이 시장가격에 미치는 영향력, 구체적으로는 수익을 위해 재화나 용역의 가격을 올릴 수 있는 능력.

** 포드, GM, 크라이슬러를 말한다.

*** 자국의 경제를 보호하기 위해 정부가 자본의 국제적 흐름을 통제하는 것. 외환관리도 하나의 자본통제 수단이다.

**** '세븐 시스터즈'는 1940년대 중반부터 1970년대 중반까지 세계의 석유산업을 주름잡은 7대 석유회사 카르텔을 가리켜 썼던 표현이다.

이야기를 할 수 있다. 그런가 하면 구글, 아마존, 페이스북 같은 신흥 독점기업들이 특허·라이선스·법령 양식의 전지구적 체계로 세계의 지식공통재를 울타리치려는 운동과 나란히 존재한다. WTO 틀 내의 무역 관련 지식재산권(TRIPS) 협정이 지원하고 보장하려는 것이 바로 그런 체계다.

『철학의 빈곤』에서 맑스는 자본주의적 경쟁에 의해 창조되는 다윈적 세계에서는 적자(適者) 기업만 생존하므로 경쟁은 필히 독점을 유발한다고 지적한다. 그는 『자본』에서 이 과정을 한 단계 더 밀고 나아가는데, 여기서 그는 축적과정의 결과인 기업들의 단순한 집적(concentration)과 확장을 훨씬 뛰어넘는, 그리고 신용제도의 조직으로 한층 용이해지는, '자본집중(centralisation)의 법칙'이라고 이름 붙인 것을 묘사한다.[15] 생산성을 향상시키는 데 규모의 경제가 지니는 중요성은 아무리 강조해도 지나치지 않다. 이는 자본이 집중과 규모 확대를 무분별하게 추구하면서 얻고자 하는 경쟁적 이점이다. 기업 약탈자(corporate sharks)는 시장력을 축적함으로써 합병과 인수를 통해 작은 물고기를 삼켜버릴 수 있게 된다.[16] 또한 1980년대에는 세계 주식시장이 통합됨으로써 이 과정의 세계적 차원의 전개가 가능해졌다.

1980년대 중반 이후 발생한 기술적·조직적 혁신의 물결은 지역 가치체제를 근본적으로 재편해왔다. 관세와 그밖의 국경 장벽들이 축소되거나 선택적으로 제거됨에 따라 운송비가, 한층 더 중요하게는 조정시간(coordination times)이 점차 줄어들어왔다. 생산과 유통에서의 속도 향상은 시대가 추구하는 물신적 목표였다. 세계적 생산사슬의 창출로 국경을 넘어서는 생산의 조합이 가능하게 되며, 이 경우 가령 미국의 기업은 디자인과 조직 및 마케팅 기술을 제공하고 여기에 멕시코의 저가 노동이 결합되는데, 이는 독일 기업이 폴란드에서 하는 것과 거의 동일한 방식이다.[17] 멕시코와 폴란드로서도 얼마간 수익이 생기지만 가치는 대부분 미국과 독일 기업들 차지가 된다—비록 미국과 독일의 노동자들은 외국 노동자들과 훨씬 더 격렬한 경쟁을 벌이게 되고 그 재조직화로부터 (어쩌면 더 값싼 소비재를 누린다는 점 외에는) 아무런 혜택을 받지 못하지만 말이다. 그러나 그 조직은 다음과 같은 의미에서 지역적이다. 즉, 국경을 넘어서는 관계가 대체로 인접 국가들과의 사이에 이뤄지고, 그리하여 북미자유무역협정과 유로존 같은 조직은 움직이는 세계적 가치사슬의 상대적 시공간에 틀을 부여하기 위한 절대적 공간 내의 제도적 표현 형식이 된다는 것이다. 이른바 세계적인 크로스보더(cross-border) 교역의 대부분은 사실상 지역적이다(가령 중국의 대對동아시아·동남아시아 무역, 또는 영국의 대유럽 무역). 바로 이런 방식으로 사업으로서의 기술의 진화는 끊임없이 진화하는 지역 가치체제를 규정하고 재구성하는 데 능동적 동인이 된다.

이제는 우리가 지금까지 자연과 인간 본성의 '무상 증여물'로 지칭한 것이 가치체제의 지리적 구성과 관련해 수행하는 역할을 아주 짧게나마 살펴볼 차례다. 이 무상 증여물은 자본이 비용을 치르지 않고 (또는 최소한의 비용만 치르고) 전유할 수 있는 사용가치, 그러므로 잉여가치의 생산에 기여할 수 있는 사용가치다. 이 무상 증여물은 지구 표면에 고르게 분포되어 있지 않다. 자본의 가치증식·

실현·분배의 역학에 순순히 편입될 만한 문화적 특징, 기량, 제도적 장치, 소양 등을 지닌 인구의 집중과 더불어 이른바 천연자원의 고도 집중은 자본축적의 진행을 위한 지리적 이점이 차별적으로 존재하는 세계를 창조한다. 지역 가치체제의 모자이크는 종종 사람들을 압도하는 민족주의적 감정의 힘에 호소하지 않아도 지역민들이 지지하고 고수하는 지역문화적 전통, 관습, 선호사항 등의 확산과 보존, 때로는 적극적인 창조에 의해 줄곧 지탱되어왔다. 바로 여기서 가치에 대한 자본의 규정은 윤리, 종교, 문화, 또는 민족유산을 통해 표현되는 더 전통적인 가치 이상(理想)과 마주하고 어떤 면에서는 거기에 스며든다.

자연과 인간 본성의 무상 증여물은 불변하는 것이 아니다. 그것은 제공된 잠재적 사용가치들에 대한 자본주의적 가치평가에 의존한다. 천연자원은 자연적인 것이 아니라 자연에서 이용할 수 있는 요소들에 대한 경제적·기술적(technical)·사회적·문화적 평가물이다. 한동안 수력에 대한 접근이 중요했으나 증기기관의 등장은 그런 위치상의 제약에서 자본을 해방했다. 우라늄은 원자력이 발명되기 전까지는 무의미한 자원이었다. 희토류(稀土類) 금속•은 새로운 기술(technologies)로 인해 중요한 자원이 되기 전까지는 무의미했다. 1970년대 이전, 산업화된 지역에서 완벽하게 연마된 노동 기량은 그 이후 그 기량을 기계기술과 자동화 속으로 흡수한 기술변화로 인해

• 원자번호 57~71의 15개 원소에 스칸듐과 이트륨을 합친 17개 원소를 통틀어 희토류 원소라고 한다. 희토류 금속은 의료기기, 전자제품, 전기자동차, 광통신설비, 첨단무기 등의 제작에 긴요하게 쓰인다.

쓸모없게 되어버렸다. 문화적 소양은 세계의 어떤 시장들에서 나타내는 구별짓기, 계급, 좋은 취향 등의 표지에 대한 열광적인 추구를 지탱하는 어떤 종류의 소비주의의 진화에 중요하다. 앞서 지적했듯이 욕구·필요·욕망의 생산은 자본 역사의 핵심적인 한 측면으로서, 이것이 없었다면 자본은 오래전에 사라져버렸을 것이다. 자본축적에 온갖 종류의 무상 증여물을 제공하는 자연과 인간 본성은 '자연적으로'(by nature) 주어지지도, 어떤 불변하는 '인간 본성'에 의해 주어지지도 않는다. 그것들은 전세계에 걸쳐 고르게 분포되어 있지도 않다. 그것들은 생산되고 또 계속 변하고 있으며, 자본 자체가 그 생산에서 매우 중요한 역할을 담당한다. 그 결과는 세계적 동질성이 아니라 지역적 다양화다. 가령 노동력의 가치는 "기후와 사회발전 수준에 따라 달라진다. 그것은 신체적 필요에 의존할 뿐 아니라 역사적으로 발전된 사회적 필요에도 의존하는바, 후자는 제2의 자연이 된다."[18]

오래전에 상환된, 토지에 대한 고정자본 투자는 이 '제2의 자연'의 일부가 되며, 한편 이제까지 문화적 진화는 자본축적의 영향에서 자유롭지 않았다. 기업가 정신은 주어지지 않고 창조되며, 제2의 자연을 생산하는 투자와 마찬가지로 그것은 고르지 않게 분포한다. 변별적인 가치체제들의 형성에 있어 이 모두의 중요성을 지적하는 것은 물리적 결정론이나 문화적 결정론에 의존하는 것이 아니라, 자본축적과, 이 과정이 일어나는 자연 및 인간 본성의 맥락적·지리적 조건의 끊임없는 진화의 변증법적 통합에 관한 논의를—종결하지 않고—여는 것이다.

모든 증여물이 온화하지는 않다—혁명, 종교전쟁과 문화전쟁, 민족주의적 대립, 반이민자 운동과 더불어 가뭄, 홍수, 허리케인, 지진, 화산 폭발은 자본축적과 자연·인간 본성의 진화 사이의 복잡한 관계를 형성하는 수많은 불운한 또는 뜻밖의 결과들 가운데 가장 뚜렷한 것들에 속한다. 더 교묘한 경우로, 지리적 불활성(inertia)을 강요하는 과거의 투자의 힘을 무시할 수 없다. 자본은 낡은 권력망과 경화된 기반시설의 덫에 빠지지 않기 위해 미개발지를 선호할지 모른다. 가령 산업혁명의 초기 단계에 산업자본은 길드의 조직노동자의 힘과 그 당시 존재하던 시 정부를 지배한 상업자본가의 보수적인 힘을 피해서 노리치나 브리스톨 같은 상업자본주의적 도시를 꺼려하고 버밍엄이나 맨체스터 같은 이름을 가진 작은 시골 마을에 자리를 잡았다. 오늘날의 세계에는 이런 경향이 더 분명한데, 비생산노동의 증가와 규제의 급증은 자본주의적 발전의 전망에 부정적인 장애로 작용한다. 국가장치에서 도시적·지역적 기업가주의가 부상하면서 지방교부금, 기반시설 투자의 약속, 환경적·사회적 규제의 '최소화'(light touch) 약속 등으로 이 문제에 대처하려는 시도가 이뤄진다. 한편 커져가는 반가치 창출 기관의 힘이 한껏 발휘되고 이자 낳는 자본의 흐름들을 조정하는 작업이 제약 없이 이뤄지려면 정교한 통신과 너그러운 규제환경이 존재해야 한다.[19] 다양한 형태의 자본축적을 위한 긍정적인 자연·인간 환경과 부정적인 환경 사이의 긴장은 어디에서나 명백하다.

맑스는 차액지대에 관한 분석에서 이 문제들 중 몇가지와 마주쳤다. 차액지대는 처음에 자연의 무상 증여물로서 생겨난다. 우세한 자연적 비옥도 그리고/또는 위치는 그런 이점의 축복을 받은 기업에 더 높은 이윤율을 선사한다. 그 이점은 상대적으로 영구적이지만(토지에 늘 수반되는 독점으로 인해 어떤 경쟁자도 그런 기업의 특권적 생산지로 이전할 수 없으므로[20]), 위치의 경우에는 운송 투자와 더불어 상대적 공간 내의 위치가 극적으로 변할 수 있다. 지주는 지대로 초과이윤을 공제해갈 수 있고 대체로 그렇게 한다. 이는 사용가치의 혜택이 지리적으로 불균등한 세계에서 기업들 간에 이윤율을 균등화하는 효과를 갖는다. 맑스가 보기에 자본주의하에서도 지속되는 지대의 전유—대체로 중세적인 제도—를 정당화해주는 것은 바로 이 점이었다.

차액지대의 전유를 허용하는 조건이 적극적으로 생산될 수도 있다. 토지에 고착되는 독립적인 종류의 고정자본 투자는 차액지대의 2차 형태를 유발한다. 이전에는 존재하지 않던 경쟁상의 이점이 자본이 '제2의 자연'에서 나오는 무상 증여물로 사용할 특권적 사용가치로서 토지 안/위에 생산되고 창출될 수 있다.

내가 자본축적을 위한 물리적·사회적 기반시설이 생산되는 자본의 2차 회로와 3차 회로라고 부르는 것 안에서의 장기 투자는 자본이 특정한 역사적 시간과 장소에 자신의 필요에 맞는 필수적인 물리적·사회적 조건을 구축하는 기본 기제에 해당한다.[21] 이 기반시설을 구축하기 위한 자본 흐름의 동원은 복잡한 문제이며, 정교한 신용제도뿐 아니라 국가적 조직과 금융과 그외 형태의 개입을 종종 요구한다. 그 과정에서 전혀 다른 시간적 순환 형태가 생성되어, 이 책의 도입부에 언급된 운동하는 가치로서의 자본의 시각화에 덧붙여진다

(그림 3 참조).

그 결과로 생겨나는 구조들은 오래 지속되면서 가치체제의 형성과 유지에 영향을 미칠 수 있다. 오스만 남작(Baron Haussmann)*의 대로(그리고 그의 상하수도 시설과 불로뉴 삼림공원 같은 공원들)는 오늘날까지도 존속하며, 1945년 직후 시기 뉴욕주에서 로버트 모지즈(Robert Moses)**가 뉴욕 메트로폴리탄 지역 전체에 걸쳐 만든 시설들 역시 그러하다. 미국에서 연구 대학의 강화와 병행된 고등교육에 대한 투자는 적어도 두 세대에 걸쳐 미국에 경쟁우위를 부여했다. 근래에 중국에서 (대체로 싱가포르의 성공을 모델로 하여) 대대적으로 이뤄지는 고등교육에 대한 유사한 종류의 투자는 먼 미래에 이르도록 중국에 같은 결과를 가져다줄 가능성이 많다.

사회적·물리적 기반시설에 대한 투자는 상대적 이점의 지리적 집중을 초래하며, 자본은 여기로 이끌릴 수밖에 없다. 자연 및 인간 본성의 무상 증여물은 먼저 생산되어야만 자본에 선물로 주어질 수 있다. 고유한 지리적 가치체제들의 불균등발전 뒤에서 작동하는 원형적(circular)·누적적(cumulative) 인과과정을 깨뜨리는 어떤 위기가 발생하지 않는 한, 빈곤 지역은 더 빈곤하게 되고 부유한 지역은 대개 갈수록 더 부유하게 된다.[22] 장기간 지속되는 이점은 고정자본의

* (1809~1891) 정식 이름은 조르주외젠 오스만(Georges-Eugène Haussmann)이며, 나뽈레옹 3세 치하 프랑스의 지방 행정관으로서 빠리에 새로운 대로와 공원을 조성하고 공공시설을 확충하는 등 대대적인 도시개조 사업을 진두지휘했다.

** (1888~1981) 미국의 도시계획 전문가. 20세기 중반에 롱아일랜드 주립공원을 비롯해 뉴욕시와 그 인근의 많은 공원, 교량, 도로, 주택 등의 신축과 도시재건 사업을 이끌었다.

가치나 소비자금이 상환되는 날을 훨씬 넘겨서까지 유지된다. 미국에서 고등교육에 대한 초기 투자는 1970년대 이후로 제조업에 피해를 입힌 탈산업화에 맞서는 것을 가능하게 했다. 구글, 마이크로소프트, 아마존 등등의 인터넷·첨단기술 기업은 재빨리 세계적 독점기업으로 자리잡았는데, 물론 그 혜택은 늘 그렇듯이 노동이 아닌 자본으로 흘러간다.

상이한 가치체제들 간의 관계는 맑스의 시대에조차 위기의 경향을 띠었다. "위기는 대부분의 신용을 제공하고 거의 받지는 않는 나라인 잉글랜드에서 제일 먼저 일어날지 모르는데, 왜냐하면 전반적 무역수지가 흑자라고 해도 즉시 정산되어야 하는 (…) 국제수지는 적자이기 때문이다. 금 유출로 촉발되고 그것을 동반하는 잉글랜드의 경제 붕괴는 잉글랜드의 국제수지를 정산한다. (…) 이제 어떤 다른 나라의 차례가 온다." 그러면 최초의 촉발 지역은 가치저하의 비용을 떠안을 수밖에 없는데, "우선 귀금속이 반출되고, 다음으로 적송된 상품의 투매*가 일어나고, 상품의 투매를 위해서 또는 국내에서의 화폐 차입을 목적으로 상품 수출이 이뤄지고, 이자율이 인상되고, 신용이 해지되고, 유가증권은 평가절하되고, 해외증권은 투매되고, 마침내 파산이 일어나 거대한 청구액이 청산되는" 식이다.[23]** 19세기에 과잉축적의 문제에 직면한 영국은 영국제 유휴 설비를 사용하는 철도를 건설하도록 아르헨띠나에 돈을 대출해줌으로써 그

* 손해를 무릅쓰고 싼값에 팔아치움.

** 여기에 인용된 구절들은 본래 『자본』 제3권 30장과 32장에 나오는 맑스의 말이다.

문제를 해결했다. 사대가 이런 식으로 진행되는 것은 여러모로 매우 낯이 익다. 그러나 맑스의 설명에 담긴 암묵적 가정은 세계가 세계경제 내의 상이한 가치체제들 사이의 유동적인 권력관계의 견지에서 연구되고 이해될 필요가 있다는 것이다.

맑스의 시대와 현재 사이의 큰 차이는 그런 위기의 출현이 일차적으로 금 유출로 특징지어지지 않는다는 점(물론 금 유출은 발생한다), 또 국가 간의 국제수지가 세계적 불안정의 중요한 근원이기는 해도 위기의 출현이 귀금속의 반출로는 해결될 수 없다는 점이다. 보통 그것은 국민들에게 강요되는 가혹한 긴축조치를 댓가로 IMF에서 제공되는 차관으로 해결된다. 현재 세계무역량의 감소나 무역수지 위기에 따른 불안정은 과거 그 어느 때보다 더욱 중요하다. 내가 자본의 '국가-금융 연계'(the state-finance nexus)라고 부르는 것에 위치한 (현재 IMF와 그밖의 주요 중앙은행들의 지원을 받는 미국 연방준비제도이사회와 미국 재무부로 구성된) 기관들이 세계무역에서 달러 잔고를 효과적으로 관리하지 않는 한, 이제 세계무역량의 감소는 세계적 위기의 명백한 전조로 널리 받아들여진다. 금본위제가 사라진 지금 우리는 인간에 의한 조작과 관리가 세계 금융·상품 시장에서의 파국에서 우리를 보호할 유일한 장치인 세계에 살고 있다. 이는 금본위제를 복원하자는 호소가 아니다. 그 복원은 지금보다 더 끔찍하지는 않더라도 매한가지로 끔찍한 결과를 초래할 것이다.

시간이 지나면서 역동적으로 서로 교차하고 관계하는 지역 가치체제들에 관해 생각해봐야 한다는 주장은 반박의 여지가 없어 보인다. 지난 40여년에 걸쳐 그 가치체제들이 특히 노동시장에서 작동할 때 점점 더 하나로 수렴되어왔다는 점 역시 부인할 수 없다. 이제 우리는 인류 역사상 그 어느 때보다 세계 노동시장에 더 근접해 있다. 모든 지역의 중산계층 사람들 사이에서 욕구·필요·욕망이 갈수록 동질화되고 있다는 표지들이 있다는 점도 부인할 수 없다. 그러나 오늘날 현존하는 다수의 가치체제들이 완전히 동질화되기까지는 아직 갈 길이 꽤 남아 있다. 그러나 맑스주의식 명제에서 종종 그렇듯이, 반작용하는 분열·분산·실현의 힘을 지목하기는 어렵지 않고, 그리하여 보편적인 것과 특수한 것 사이의 긴장은 가치법칙 자체 안에 내재화되어 영구적으로 존재한다.

그 어떤 단일한 가치체계(system of value)도 존재하지 않으며 결코 존재할 수도 없다. 타인을 위해 수행되는 사회적 노동을 어떻게 개념화하고 활용하고 측정하는가 하는 문제에서, 세계적 차원의 자본운동이 지리적 차이들을 활용하고 구축하는 명백한 역사유물론적 실천을 피해갈 수는 없다. 지리적 차별화와 지리적 불균등발전은 우리가 다뤄야 할 주요 특징이다. 세계화폐의 보편성은 그 공간적 운동의 과정에서 근본적으로 상이한 가치증식 기회들은 물론이고, 욕구·필요·욕망의 차이뿐만 아니라 지불능력의 차이에서 오는 상당히 상이한 실현 조건들과도 마주친다. 경쟁은 (심지어 그것이 독점적인 형태라도) 이 차이들 중 일부를 줄이는 효과를 낼 수 있지만 그렇지 않고 지리적 차이들을 적극적으로 창조하기도 하는데, 가장 눈에 띄는 방식은 구축환경의 고정자본과 소비자금에 대한 차별적 투자로, 이는 세계적인 차원에서 부동산에 대한 차액지대의 원천이 된다.[24] 이는 세계적 차원에서 지방·지역·파워블록 경제들 간 경쟁의 심화를 초래한다. 세계경제를 가로지르는 대안적 공간의 적극적인 구축은 자본의 운동법칙의 본질에 속하는, 일반적으로 무시되지만 으뜸가는 특징 가운데 하나가 된다.

지역 가치체제를 정의하고 식별하는 것은 쉬운 일이 아니다. 세계경제의 지정학적 조작(engineering)을 위한 시도와 관련된 최근의 복잡한 정치가 보여주듯이, 개별 국가나 유럽연합·북미자유무역협정 같은 국가군(群)의 절대적 시간과 공간은 확실히 그 나름의 역할이 있다. 북미자유무역협정의 절대적 경계는 미국의 노하우와 멕시코의 저가 노동을 결합시키는 데 주효할 테지만, 그렇다고 미국에서 판매될 어떤 제품을 멕시코에서 만들 때 중국의 부품과 아프리카의 원자재를 사용하지 말란 법은 없다. 점점 커져가는 세계 가치사슬의 복잡성은 거의 모든 활동에 상대적 시공간의 차원을 부여하며, 그러한 운동은 국경에서 잠시 멈춰 서야 할지라도 거기서 끝나지는 않는다. 그러나 비록 정치·경제적 권력의 헤게모니적 성운(constellations)은 물질적 재화, 정보, 지식, 명성의 영향 등의 복잡한 연계망과 흐름 내부의 어떤 주요 결절점들에 집중되더라도, 가치 일반의 경우에 그렇듯이 관계적 시공간에 포획되는 비물질적이면서도 객관적인 측면은 지역 가치체제들의 구성에서 결정적일 수 있다. 지역 가치체제들은 다양한 규모로 자리잡을 수 있다. 그 체제들은 국가 내부에서 식별될 수 있다. 미국의 이른바 썬벨트(sun-belt)는 러스트벨트(rust-belt)와 매우 다르며, 함부르크가 바이에른과 같지 않듯이 까딸루냐는 안달루시아가 아니다.* 지역 가치체제는 영향력과 권력의 불안정하고 유동하는 구성으로, 이는 선명한 물적 규정 없이도 현존하고 강력하게 현시된다.

우리는 가치의 운동법칙이 관철되는 시간과 공간에 대한 이 탐색을 상당히 개연성 있는 주장, 즉 세계시장을 정복하고 구축하는 것은 자본 자체의 본성에 속한다는 주장으로 시작했다. 그 법칙이 작동해야 하는 모순적 영역을 가로질러 온 우리는 이제, 집단적 인간 역사를 피로 얼룩지게 하는 인간의 온갖 비이성적 결함들과는 별개로, 세계시장의 통일성, 동질성, 초감각적 합리성을 이질성, 차이, 지리적 불균등발전의 잠재적으로 위험하고 공존 불가능한 수많은 파편들로 산산조각 내는 것 역시 자본의 본성에 속한다는 점을 알고 있다. 이 모든 것이 세계적 차원의 파워블록들 간에 벌어지는 지정학적 투쟁의 문제로 변형된다는 것은 대단히 중요한 문제다. 이제까지 자본주의의 지정학적 역사는 상당히 추했다(그리고 여전히 위협적일 만큼 추하다).[25] 시간과 공간 속에 이루어지는 변별적 가치체제들의 창조로부터 생겨나는 고려사항들은 그 역사지리학에서 미묘한 역할을 수행한다. 그러나 어떤 이유에서든지 맑스도, 맑스주의 전통 안에서 작업한 이후의 사상가들도, 자본주의적 제국주의에 관한, 그리고 자본주의 세계체제의 기원과 재생산에서 식민주의와 신

* 썬벨트는 일년 내내 날씨가 따뜻한 미국 남부 지역을, 러스트벨트는 한때 제조업이 호황을 누리다 이제는 쇠락한 북동부·중서부 공업지대를 가리킨다. 함부르크는 교통의 요지인 독일 북부 도시, 영어로 바바리아(Bavaria)로 불리는 바이에른은 비옥한 농업·낙농 지대를 포함하는 독일 남동부의 주를 가리킨다. 까딸루냐와 안달루시아는 각기 스페인 북동부와 남부에 위치한 지역이다.

식민주의가 행한 역할에 관한 20세기 초의 이론적 논쟁을 변주하는 것 이상으로는 가치이론의 이 측면을 더 깊이 파고들지 않았다.[26]

9장

경제적 이성의 광기

가치의 담지자인 상품이 최종적으로 소비될 때 그것은 순환에서 빠져나간다. 그럼으로써 그것은 "경제적 과정의 계기이기를 그친다." 그러나 이런 소멸은 그에 앞서 발생하는 상품에서 화폐 형태로의 가치 전화에 의존하며, 화폐는 영구적으로 순환 속에 남아 있을 수 있다. 맑스는 다음과 같이 말한다. "화폐의 경우, 그것은 광기가 된다. 그러나 경제의 계기이자 민족들의 실제 생활을 결정하는 요인으로서의 광기다."[1] 일상생활이 화폐의 광기에 볼모로 사로잡힌다. 하지만 어디에 이 광기가 존재하는가?

상품생산의 직접적인 목적은 사회적 필요를 충족시키는 것이므로, 상품의 관점에서 교환가치는 "다만 일시적인 관심사"다. 교환의 세계에서 화폐는 교환을 용이하게 할 뿐이다. 그러나 자본 및 잉여가치 생산의 세계에서 화폐는 아주 다른 성격을 띤다. 여기서 가치는 "증대를 통해서만 자신을 보존한다. 그것은 끊임없이 자신의 양직 장벽을 뛰어넘어 돌진함으로써만 자신을 보존하는 것이다. (…) 그리하여 부유하게 되는 것은 그 자체로 목적이다. 자본의 활동을 결정하는 목표는 더욱 부유해지는 것, 즉 확대, 자기증대일 수밖에 없다." 마찬가지로 화폐는, 부의 척도로 기능하는 한 "자신의 양적 한계를 뛰어넘어 나아가려는 끊임없는 충동, 무한한 과정"에 연루될 수밖에 없다. "그것 자체의 생기(animation)는 오로지 거기에만 존재한다. 그것은 끊임없이 자신을 배가함으로써만 사용가치와 구별되는, 스스로 존립하는 교환가치로서 자신을 보존한다." 바로 이 점이 자본주의하의 화폐를 다채로운 전(前)자본주의적 화폐 형태들 모두로부터 구별시켜준다. "어떤 금액으로서의 화폐는 그 양으로 측정된다. 이런 측정됨은 무량한 것(the measureless)을 지향해야 하는 그 성격과 모순된다."[2] 화폐는 결코 제어되거나 제약될 수 없다.

바로 이것이 헤겔이 '악무한'이라고 지칭하는 것이다. 이는 종결이 없는, 그리고 신의 지혜처럼 인간의 모든 이해를 넘어서는 무한의 형태다. 수열(數列)이 그 전형적인 형식이다. 모든 수에는 언제나 그것을 넘어가는 더 큰 수가 있다. 어떠한 물질적인 금 기반(gold base)의 제약도 없는 상태에서 세계의 화폐 공급은 악무한이다. 그것은 그저 일련의 숫자다. 현대 자본주의는 무한축적과 복합성장(compound growth)의 악무한에 갇혔다. 맑스의 해석에서 "자본주의는 본질적으로 완결 불가능한 무한성을 지향하는데, 이러한 지향은 자본 자체의 존재론에 토대를 둔다"고 웨인 마틴(Wayne Martin)은 말한다.[3] 화폐는 그저 중앙은행으로 하여금 화폐 공급에 숫자 0을 더하게 함으로써 — 중앙은행이 양적 완화를 통해 하는 일이 바로 이것이다—가치의 확대에 대한 무한한 필요에 부응할 수 있다. 이는 악무한, 통제를 벗어나 제멋대로 뻗어가는 나선이다. 예전에 우리는 백만 단위로 말했다. 그러다가 십억과 조 단위가 되었고, 분명히 얼마 안 가서 유통되는 달러에 대해 천조 단위로 말하게 될 텐데, 이 숫자는 실질적인 이해 범위를 넘어선다.

헤겔의 진무한은 움직임이 영원히 지속될 수 있으나 모든 것이 미리 계산될 수 있고 인식될 수 있는 원, 뫼비우스의 띠, 에스허르의 계단*이다. 『자본』의 첫 두권에서 맑스는 단순재생산에 긴 장들을 할애한다. 마치 축적이 없는 비자본주의 세계에서 가능할 법한 진무한적인 순환적 재생산 형태를 탐색하고 싶은 듯이 말이다. 문제는 잉여가치의 생산, 그리고 그 영구적 확대의 필요와 더불어 시작되는데, 이는 순환적 진무한에서 무한축적의 나선으로의 이행을 수반한다. 바로 이 이행이 자본의 편에서 "완결 불가능한 무한성"을 영구적으로 추구하도록 강제한다. 사용가치는 물질적 제약에 의해 명확히 제한되나 뒤에서 보게 되듯이 이 광기에서 자유롭지는 않다. "망상적인 무한까지 소비를 끌어올리려는 시도"**가 있는가 하면, 그렇지는 않아도 많은 경우가 가속화하는 환경적 공통재의 파괴를 두드러진 특징으로 하는 "한없는 낭비로 보인다."[4]

『자본』 제3권에서 맑스는 이 광기의 또다른 차원을 들춰낸다. 이

---

* 네덜란드의 도형 예술가 에스허르(M. C. Escher, 1898~1972)가 광학적 착시를 활용해 만든 무한 계단.

** 이 대목에서 맑스는 진주 샐러드를 삼키는 것을 '망상적인 무한'까지 나아간 소비의 예로 든다.

자 낳는 자본이 "모든 정신 나간 형태의 근원"[5]으로 평가되는 것이다. 이 경우 화폐는 상품의 역할로 되돌아가지만, 그 상품의 사용가치는 그것이 잉여가치를 생산하기 위해 타인에게 무한한 양으로 대출될 수 있다는 데 있다. 그 교환가치는 이자다. 가치의 표상인 화폐 자체가 화폐가치를 획득한다. 이자는 "처음부터 불합리한 표현"이다. 그 결과는 "부조리한 모순"으로서, 여기서 "자본의 내적 경향은 타인 자본이 그것에 가하는 강제로 현상한다."[6] 반가치가 지배하게 된다. 이자 낳는 자본의 순환(주식 및 채권 소유자의 권력)이 가치를 계속 운동하게 하는 최상의 힘이 되면 "이로써 자본의 물신적 성격과 이 자본 물신의 표상은 완성된다."[7] 경제적 이성의 광기는 화폐가 쉼없이 더 많은 화폐를 만드는 마술적인 힘을 지닌 것으로 나타나는 물신 형태에 의해 은폐된다. 내가 예금계좌에 돈을 넣고 아무것도 안 해도 복리로 돈이 불어난다.

그러나 "경제학자 양반들이 자본 내 가치의 자기보존으로부터 그 가치의 증식으로 이론적으로 나아가는 것"은 "참으로 어렵다"고 맑스는 주장한다.[8] 세계에 대한 우리의 이해는 부르주아적인 경제적 이성의 광기에 볼모로 사로잡히는데, 그러한 이성은 무한한 축적을 정당화할 뿐 아니라 촉진하며, 그러면서도 조화로운 성장과 지속적이고 성취 가능한 사회복지 향상의 진무한을 가장한다. 경제학자들은 가치저하와 파괴로 끝날 수밖에 없는 무한 복합성장의 '악무한'과 맞선 적이 없다. 그 대신 그들은 의기양양하게 "역사적 진보를 부의 종으로 예속시킨"[9] 부르주아계급의 미덕을 찬양한다. 그들은 그런 체제에 위기가 내재해 있지 않은가 하는 질문을 줄기차게 회피한다. 위기는 신의 행위나 자연에, 또는 인간의 실수와 계산착오(특히 엉뚱한 국가 개입에서 비롯된 계산착오)에 그 원인이 있다고 그들은 말한다. 이 중 어느 하나 또는 그 전부가 이른바 완전무결한 기계, 저 무한 자유시장 자본주의의 기계를 탈선시킬 수 있다는 것이다. 그러나 그 기계 자체는 완벽함의 전형이라고 경제학자들은 생각한다. 위기에 직면해서 경제학자들은 "생산이 교본대로 진행된다면 위기는 결코 발생하지 않을 것"이라고 주장할 수 있을 뿐이다. "그들〔경제학자들—인용자〕이 위기를 반박하며 제시하는 모든 이유는 쫓겨난(exorcised) 모순이며, 따라서 실제의 모순이다. 모순의 부재를 자기 자신에게 설득시키려는 욕망은 동시에, 실제로 현존하는 그 모순이 존재하지 않았으면 하는 극진한 바람의 표현이기도 하다."[10] 오늘날의 경제학은 모순에서 자유롭다.

맑스가 자신의 지적 노력과 일하는 시간 중 그토록 많은 부분을 정치경제학 및 경제적 이성의 광기에 대한 비판에 쏟기로 결심한 것은 이런 맥락에서다. 이 과정에서 그는 우리를 일상생활의 유토피아로 인도한다고 하는 체제적 사유와 정치 강령에서 점점 더 뿌리 깊은 불합리성과 '정신 나간 형태들'을 캐낸다. 그가 밝혀내는 모순적 운동법칙은 자본가계급과 그 신봉자들을 이롭게 할 뿐이고, 전인구를 생산에서는 살아 있는 노동의 착취, 일상생활에서는 보잘것없는 가능성들, 사회적 관계에서는 부채노역에 처해지도록 몰락시킨다.

부르주아적인 경제적 이성의 광기는 가치와 그것의 화폐적 표상 사이의 적대성이 커져감에 따라 더욱 확대된다는 점을 맑스는 발견한다. 화폐가 필연적으로 일체의 (금·은 화폐상품과 같은) 물적 기

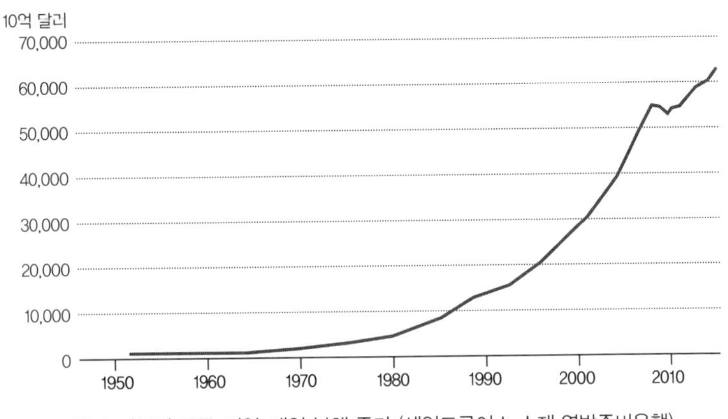

그림 4 미국의 공공·기업·개인 부채 증가 (세인트루이스 소재 연방준비은행)

반에서 분리되어 자유로워지면서, 화폐의 관념적 구성물(달러·유로·엔화 등의 숫자)은, 그리고 더 중요하게는 화폐가 점점 더 신용화폐 형태로 현상하는 사태는 인간의 판단의 변덕에 취약해지며, 권력의 고삐를 쥔 모든 자의 무절제한 행위와 조작에 노출된다. "단순한 유통수단으로서 (…) 종의 역할을 하던 화폐는 갑자기 상품세계의 지배자이자 신으로 변모"하는데, 이는 "손으로 만질 수 있는 형태로 특정 개인의 소유가 될" 수 있다. 부채가 타인의 미래 노동에 대한 청구인 것과 정확히 똑같은 방식으로 화폐는 타인의 사회적 노동에 대한 개별화된 청구다. 화폐는 그 소유자에게 "사회에 군림하는 권력, 만족과 노동 등등을 포괄하는 세계 전체 위에 군림하는 권력"을 선사한다.[11] 그러한 청구의 급증과 그러한 청구의 기초가 될 만한 가치 기반 사이의 간극은 맑스의 시대 이후로 엄청나게 벌어졌다. 만일 세계의 모든 사람이 은행에 가서 자신의 예금액과 등가의 현금을 요구한다면 요구되는 지폐를 찍어내는 데에 수년은 아니더라도 수개월은 걸릴 것이다. 외환시장에서는 하루에 2조 달러의 주인이 바뀐다.

하지만 이것은 금융세계 내부에서 일어나는 현상의 빙산의 일각에 불과하다. 1970년대 이후로 신용화폐, 즉 자본 자체가 만들어내는 반가치 형태의 흐름은 엄청나게 증가해왔다(그림 4).[12] 처음에 이 흐름은 분배영역 자체 내의 활동들을 매끄럽게 한다. 후자는 갈수록 블랙홀이 되어, 그 속으로 막대한 가치가 다시 출현하리라는 어떤 보장도 없이 부채상환이란 이름으로 사라져버린다. 은행 간의 대출은 역대 최고이며, 금융기관과 중앙은행 간의 거래도 마찬가지다. 오랫동안 은행들은 국가의 과세능력을 담보로 정부에 대출을 제공해왔다. 호혜적으로 국가의 과세능력은 곤경에 빠진 은행에 구제금융을 제공하는 데 사용된다. 점점 늘어나는 주요국들의 국가부채는 합법적으로 상환될 기미조차 보이지 않는다. 그러나 상당량의 세수(稅收)가 부채상환으로 흘러들어가는 것은 분배영역 전반에서 정상적인 일이 된다. 한편 국가지출에서 생겨나는 유효수요의 많은 부분은 신용제도 내부에서 생성되어 국가에 대출되는 가공자본(반가치)이다. 미래의 가치생산에 대한 청구는 끝없이 확대된다. (일부는 약탈적 성격을 띠는) 소비자 신용이 (노동자와 학생을 포함한) 모든 사람에게 제공되고 대개는 순환되는 과정에서 점점 증가한다. 소비에서 "망상적인 무한"의 환상이 탐욕스럽게 추구된다. 부동산소유자들에게 신용이 흘러든다. 그것은 지대와 그밖의 자산 가치에 대한 투기를 부추기고, 그러면 그 지대와 자산 가치는 마술처럼 한없이 불어나는 힘을 지니게 된다. 상인과 실업가는 미래의 어느 시점에 자신을 파괴할지도 모르는 반가치의 상력한 힘조차 아랑곳하지 않고 돈을 빌린다. 상인, 부동산소유자, 국가, 그밖에 (노동계급 가운데 좀더 혜택을 받은 부류를 포함해서) 저축을 하는 모든 사람은 일정한 수익률을 (때로는 잘못) 기대하며 금융기관에 잉여자금을 예치한다.

맑스는 가공자본의 형성과 자산투기가 지니는 중요성을 인식하면서도 그 경제적 이성의 광기를 강조했다. 그는 이 분배간(inter-distributional) 관계들이 "민족들의 실제 생활"에 영향을 미치는 첨예한 "경제의 계기"를 구성함을 충분히 이해하고 있었다. 그러나 다들 알다시피 이는 자본주의적 활동 가운데 그 어떤 쉬운 요약이나 피상적인 서술조차 피해가는 불명료하고 혼란스러운 영역으로 악명이 높다.

그러나 이 '무한성'은 신용화폐의 세계에 국한될 수 없다. 그것은 사용가치와 가치생산의 세계에도 어떤 함의를 지니는 것이다. "자본은 그것을 제약하는 그 자신의 장벽을 뛰어넘어 나아가려는 끝없고 무한한 충동이다. (…) 자본 자체는 단번에 무한한 잉여가치를 창출할 수 없기 때문에 일정한 잉여가치를 창출한다. 그러나 그것은 같은 것을 더 많이 창출하려는 끊임없는 운동이다. 자본에게 잉여가치의 양적 한계는 그저 자연적인 장벽, 그것이 끊임없이 위반하려 하고 끊임없이 넘어서려 하는 필연으로 현상한다."[13]

자본주의 경제의 역사를 연구하는 것은 이 활동하는 광기를 연구하는 것이다. 놀라우면서도 매우 구체적인 다음 사실을 보자. 1900년에서 1999년 사이에 미국은 45억 톤의 시멘트를 소비했다.

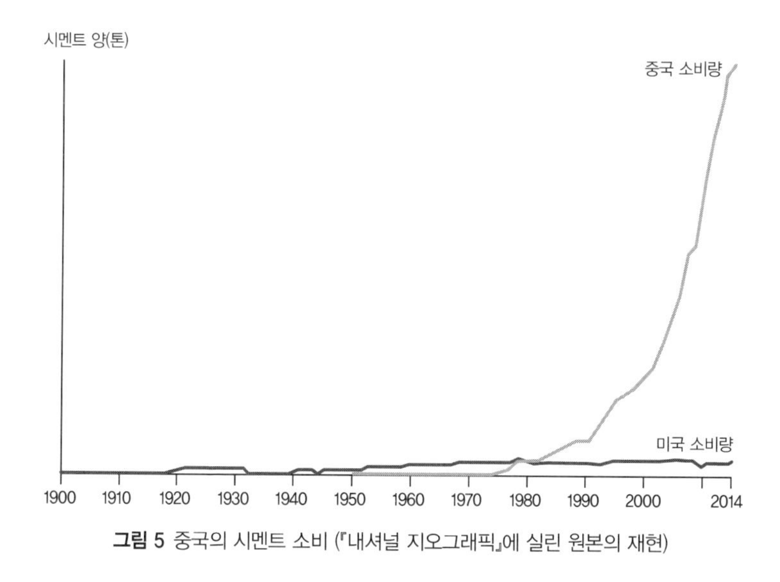

그림 5 중국의 시멘트 소비 (『내셔널 지오그래픽』에 실린 원본의 재현)

2011년에서 2013년 사이에 중국은 65억 톤의 시멘트를 소비했다. 2년 사이에 중국은 지난 세기 전체에 걸쳐 미국이 소비한 것보다 거의 45퍼센트나 더 많은 시멘트를 소비한 것이다(그림 5).[14] 우리 가운데 미국에 거주하는 사람들은 일생에 걸쳐 많은 양의 시멘트가 사용되는 것을 보아왔다. 그러나 중국에서 일어난 일은 특이하다. 시멘트를 발라대는 규모의 증대는 전례가 없는 것이다. 이로부터 걱정스러운 질문들이 제기된다. 그 환경적, 정치적, 사회적 결과는 무엇일까? 여기에는 경미하다고는 할 수 없는 광기가 엿보인다. 이것이 맑스가 말하는 "망상적인 무한"일까?

시멘트는 건설에 사용된다. 이는 구축환경 창조, 도시화, 기타 물리적 기반시설(운송체계, 댐, 컨테이너 부두와 공항)의 건설에 대한

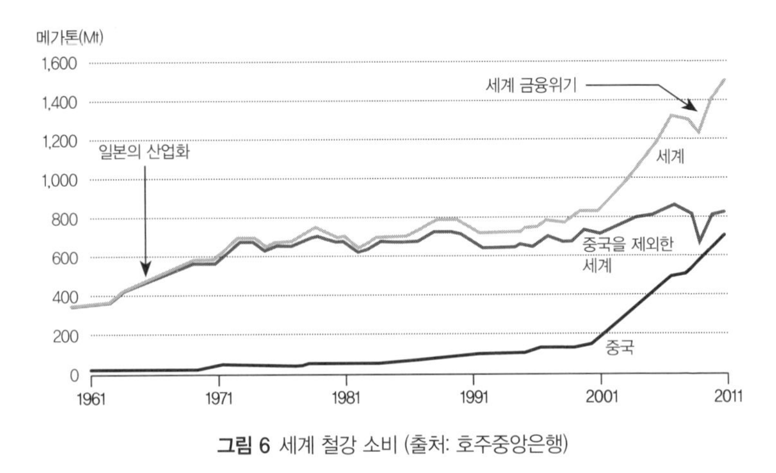

그림 6 세계 철강 소비 (출처: 호주중앙은행)

대대적인 투자를 의미한다. 시멘트만 사용되는 것이 아니다. 철강의 생산과 소비도 엄청나게 확대되어왔다. 근년에 전세계 철강 생산과 사용의 절반 이상이 중국에서 이뤄졌다(그림 6). 그만큼의 철강을 만들려면 많은 철광석이 필요하다. 그것은 브라질과 호주같이 멀리 떨어진 곳에서 온다. 구리, 모래, 각종 광물 등 다른 많은 자재도 전례없는 비율로 소비되어왔다. 지난 수년간 중국은 전세계 주요 광물자원의 적어도 절반을 (몇몇 경우에는 60 내지 70퍼센트를) 소비해왔다(그림 7).

그 결과 최근까지 원자재 가격은 치솟는 경향을 나타냈다. 도처에서 채광작업이 가속화되어왔다. 인도에서 라틴아메리카와 호주에 이르기까지 산이 광물 채취를 위해 통째로 옮겨지고 있으며, 이로 인해 정치·경제·환경에서 온갖 유해한 결과들이 나타나고 있다. 중국에서 도시 및 기반시설 투자가 엄청나게 확대됨으로써 세계적

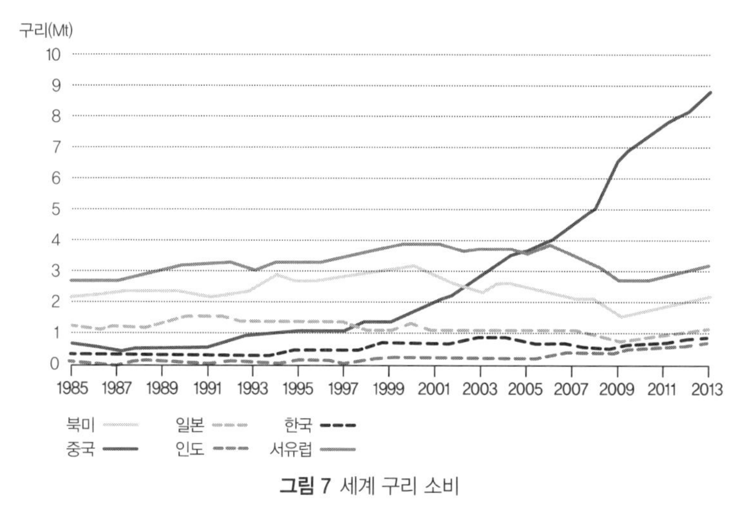

그림 7 세계 구리 소비

으로 많은 파급효과가 생겨났다. 중국에 원자재를 수출하는 모든 국가—호주, 칠레, 브라질, 잠비아, 그리고 첨단기술 장비를 수출한 독일—는 2007~2008년의 불황에서 매우 빨리 벗어났다.

곤경에 처한 세계자본주의가 2007~2008년 이후와 같이 잘 살아남은 이유 중 하나는 중국의 생산적 소비가 지속적으로 성장했기 때문이다. 베이징의 공산당 지도부가 세계자본주의를 구하러 나서지 않았음은 거의 확실하지만, 사실상 그들이 한 일은 바로 이것이다.

이 일이 어떻게, 왜 일어났는지 설명하려면 상이한 지역 가치체제들의 최근의 지경학적 역사를 더 깊이 파보아야 한다. 2007~2008년 미국에서 금융위기가 발생했다. 미국에서 발원했기 때문에 그것은 세계적 위기로 규정되었다. 앞선 위기들은 1997~1998년 동남아시아에서, 또는 2001~2002년 터키와 아르헨띠나에서 발생했다. 하지만 이것들은 특정 가치체제 내부의 지역적 위기로 간주되었다. 미국 경제는 여전히 세계에서 가장 크고 가장 영향력 있는 경제 가운데 하나이며, 그 내부의 심각한 혼란은 바깥으로까지 퍼져서 다른 지역 가치체제들에 영향을 미치게 되어 있다. 또한 미국의 기관들과 정책 입안자들이 금융위기의 국내적 효과를 희석시키고자 그 위기의 부정적 효과를 (IMF 같은 국제기구의 통제를 통해, 그리고 세계적 준비통화로서 달러화가 제공하는 기제를 통해) 전세계에 퍼뜨리려고 적극적으로 노력했다는 어떤 증거가 있다. 위기는 언제나 돌아다니는 경향을 띠지만, 국가권력기관과 정치인들의 어떤 효과적인 지원을 받으면 더 신속하게 움직인다.

2007~2008년의 위기는 초기에는 아주 국지적이었다. 그것은 특히 남부와 남서부 미국에서 발원했고, 수월한 융자와 '비우량' 대출에 힘입은, 주택·부동산시장에 대한 극심한 투기에서 주로 비롯되었다. 2001년 주식시장이 붕괴된 후 (다른 여러곳과 더불어 아일랜드와 스페인에서도 그랬듯이) 투기자금이 미국 부동산시장으로 몰렸다. 그 몇년간 세계는 잉여유동성으로 넘쳐났고, 이자 낳는 자본은 투자 기회가 많지 않았다. 그중 많은 부분이 부동산시장과 원자재 채취에 흡수되면서 지속적인 가격 상승을 강제했다. 투기에 따른 주택 거품이 꺼졌을 때 아일랜드, 스페인, 그밖의 몇몇 나라들에서와 같이 미국에서도 융자가 이뤄진 주택에 대한 압류 위기가 대대적으로 발생했다.

주택을 압류당하고 직업이 없는 사람들은 밖에 나가 물건을 사지 못한다. 미국 소비시장은 위축됐다. 중국은 그 소비시장에 대한 주된 재화 공급자였다. 이번에는 중국의 수출산업이 위축됐다. 이는 국지적 위기가 세계적인 것이 되는 하나의 고리였다. 다른 고리는 금융제도였다. 금융기관들은 주택담보대출 부채를 조직해서, 추정되기로는 '주택만큼이나 확실한' 고수익을 내는 투자로서 그 부채를 타 기관에 넘기고자 했다. 그러나 그 주택담보대출은 많은 경우 지불능력이 담보되지 않은 것이었다. 새 금융수단에 투자하도록 속아넘어간 사람은 누구나 돈을 잃었다. 부채의 상당량을 보유한 은행들은 파산 위험에 직면하여 대출의 고삐를 죄었으며, 도처에 있는, 안 그래도 신중한 고객에 대한 대출도 마찬가지였다. 미국 소비재 시장의 취약성은 점점 더 확산되고 심화되었다. 하향 나선이 전세계를 공황 속으로 몰아넣으려 위협하고 있었다.

2008년에 중국의 수출은 30퍼센트 감소했다. 중국 남부의 공장들이 문을 닫고 있었다. 중국의 통계는 신뢰할 수 없는 것으로 악명이 높지만, 몇몇 보고에 의하면 2천만에서 3천만개의 일자리가 사라졌다. 중국정부는 잠재적인 사회적 불안에 대해 늘 불안해했다. 2천만에서 3천만명의 실업 노동자는 현저한 위험을 야기했고, 중국정부는 자신의 정통성과 권력을 유지하려면 그 위험에 대처해야 했다.

2010년에 이르러 국제통화기금과 국제노동기구(ILO)의 공동보고서는 그 위기로 인한 전세계의 일자리 순손실 추정치를 집계했다.[15] 미국이 750만개로 가장 큰 일자리 순손실을 겪은 반면 중국의 일자리 순손실은 겨우 3백만개 정도였다. 어떻게든 중국은 1년 정도의 기간에 적어도 1700만명이나 어쩌면 더 많은 수의 사람들을 다시 노동시장으로 흡수해 들일 수 있었던 것이다. 이는 경악스럽고 도통 전례가 없는 성과다.

중국은 어떻게 그토록 많은 과잉노동을 그렇게 빨리 흡수했을까? 중앙정부는 모든 사람에게 가능한 한 많은 기반시설 프로젝트 및 메가프로젝트를 맡아 수행하라고 말한 듯하다. 은행은 개발업자에게 제한 없이 대출을 해주라는 지시를 받았다. 2008년 미국에서 연방준비제도이사회와 재무부가 은행에 대출자금을 제공했을 때 은행은 그 돈을 자신의 악성 부채를 상환하는 데(이는 '디레버리징'de-leveraging•으로 불린다), 그리고 심지어는 자기 주식을 되사는 데 썼다. 미국에서 정부는 은행을 통제할 권한이 없다. 중국의 은행제도는 그런 식으로 작동하지 않는다. 중국에서는 정부가 은행에 대출을 지시하면 은행은 지시를 따른다. 실제로 은행은 대출을 해준 것이 분명하며, 그 과정에서 의도치 않게 많은 사람들을 초부자로 만들어주었다. 갑자기 중국은 억만장자들이 사는 세계가 되었으며, 미국만이 중국을 능가하게 되었다.

중국에서 대규모 건설 활동은 부채금융에 기초한 것이었다. 2007년에서 2015년 사이에 그 나라의 부채는 4배가 되었다. 2016년에 공식 부채는 GDP의 250퍼센트였다. 부채는 생산과 소비 모두에 확장되어야 했다. 가계부채는 극적으로 증가해왔다(그렇지 않으면 그 새 집들을 다 누가 사겠는가?).[16] 수월한 융자는 자산 가격을 밀어올렸다. 주택 가치에 대한 투기가 만연했다. 2016년 여름에 주택 가

• 이자보다 수익이 크리라는 기대하에 타인의 자본을 빌려 투자(자산구매)하는 것을 '레버리지' 또는 '레버리징'이라고 한다. '디레버리징'은 자기자본에 대한 차입자본의 비율을 줄이는 것을 말한다.

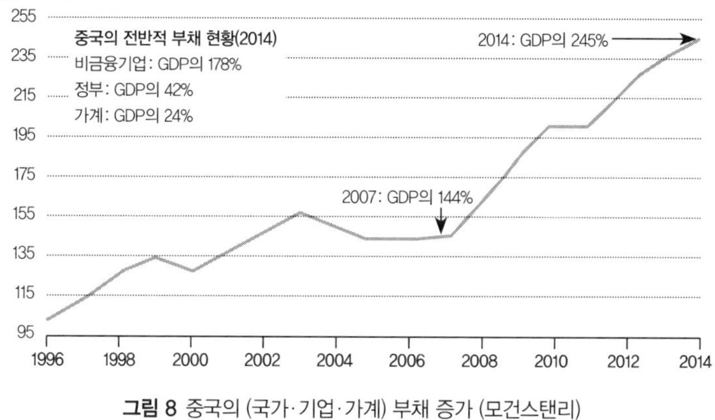

그림 8 중국의 (국가·기업·가계) 부채 증가 (모건스탠리)

격은 전국적으로 연 7.5퍼센트 오르고 있던 반면 중국의 상위 10개 메트로폴리탄 지역에서는 20퍼센트가 올랐다.[17] 한편 지방·중앙·시(市) 정부는 돈을 빌릴 수 있는 만큼 빌렸다. 2014년에는 그림자금융(shadow banking system) 내부와 시 재정의 깊숙한 곳에 대규모의 치명적인 부채가 숨어 있다는 소문이 돌았다.[18] 경제지에는 목전에 닥친 모종의 금융 붕괴에 대한 두려움이 주기적으로 분출된다. 그러나 중국의 부채는 달러화가 아니라 자체의 통화로 액수가 매겨진다. 따라서 가령 (불운한 그리스의 경우처럼) 국제통화기금이나 해외의 채권소유자가 외부에서 개입할 가망은 없다. 중앙정부는 거대한 외환보유고를 가지고 있어서, (과거에 자금 사정이 어려울 때 그랬듯이) 금융기관의 자본구성을 재편하는 데 그것을 사용할 수 있을 것이다.

사실상 중국은 가능한 한 많은 과잉노동을 흡수하기 위해 가치

생산을 강제로 끌어올리는 반가치의 힘을 풀어놓았다. 이런 일을 하는 나라는 중국만이 아니었다. 국제통화기금의 보고에 따르면 2007~2008년 이후 부채금융이 세계적 수준에서 엄청나게 증가했다(그림 8). 현재 전세계의 비금융 부문 부채는 역사상 최고 수준인 152조 달러(전세계 GDP의 225퍼센트)에 이른다.[19] 미국은 2008년 이후 순부채가 얼마간 감소한 몇 안 되는 나라 중 하나인데, 그것은 주로 모든 수준의 정부에서 유지해온 긴축정책과 계속되는 주택금융 문제로 인한 것이다. 이는 유효수요의 정체를 초래했으며 후자는 위기로부터의 회복을 방해했다.

1970년대 이후 세계 부채 창출의 전례 없는 속도는 세계 여러 지역화폐제도 내부에 반가치 창출의 교묘한 속임수가 펼쳐짐으로써 세계경제의 점진적 성장이 이뤄지고 있음을 암시한다. 아마도 많은 부채가 (폰지 사기에서처럼) 더 많은 부채의 창출을 통해 해결되는 악성 부채일 것이다. 갈수록 불어나는 부채를 상환할 가치가 어디서 올지는 분명치 않다.

중국은 구축환경을 위한 생산적 소비에 투자하는 거대한 계획에 착수함으로써 방대한 노동력을 흡수했다. 주택 건설에서만 GDP의 4분의 1이 나왔고, 고속도로, 급수시설, 철도망, 공항 등등에 대한 기반시설 투자에서 또 4분의 1이나 그 이상이 나왔다. 전에 없던 신도시들이 세워졌다. (그중 몇은 아직 사람들이 들어오지 않은 '유령도시'다.[20]) 남부와 북부 시장을 훨씬 더 확실하게 연결하고 내륙을 해안과 훨씬 더 잘 이어지게 개발하는 고속도로와 고속철도망으로 국가의 공간경제는 더 잘 통합된다. 확실히 중앙정부는 꽤 오래전부터 이와 같은 일을 하고 싶어했지만(고속철도망 계획은 1990년대에 수립됐다), 이 기간에 중앙정부는 반항의 싹을 지닌 과잉노동을 흡수하기 위해 가능한 모든 것을 동원했다. 2007년에는 중국에 고속철도가 전혀 없었다. 2015년에 이르러서는 모든 주요 도시를 잇는 1만 2천 마일에 가까운 고속철도가 놓였다. 어떤 기준을 들이대도 이는 혁혁한 성과였다.

그러나 중국이 경제적 난관에 반응하는 방식은 전혀 새로울 게 없었다. 제2차 세계대전 이후 미국의 경우를 보자. 미국 경제는 전쟁 기간에 창출된 생산력의 엄청난 증가를 흡수하고, 퇴역하는 수많은 참전 군인들을 위해 보수가 좋은 일자리를 만들어내야 했다. 정책입안자들은 만일 민간인의 삶으로 돌아오는 퇴역 군인들이 1930년대의 규모로 실업에 직면한다면 확실히 심각한 정치적·경제적 불안이 생겨나리라는 점을 알고 있었다. 자본주의의 재생산이 위기에 처해 있었다.

첫번째 전선은 매카시즘으로 알려진 반공산주의 운동을 통해 일체의 저항적인 좌파적 사고를 억누르는 것이었다. 두번째 전선은 과잉자본 및 과잉 노동공급이라는 경제적 문제에 대처하는 것이었다. 이는 부분적으로 미국 제국주의, 냉전, 군국주의의 확장(아이젠하워Dwight Eisenhower 대통령이 막으려다 실패한 유명한 '군산복합체'의 성장) 등을 통해 이뤄졌다. 이런 움직임들은 물리적·사회적 기반시설(가령 고등교육)에 대한 거대한 투자 물결로 보충되었다. 주(州)들을 잇는 고속도로망은 서부 해안과 남부를 한데 묶었고 미국 경제를 새롭게 공간적으로 통합했다. 로스앤젤레스는 1945년에 보통 규모의 도시였지만 1970년에 이르러서는 거대도시가 되었다. 메트로폴리탄 지역들은 운송, 고속도로와 자동차, 그리고 무엇보다 이리저리 뻗어나가는 교외들로 완전히 재설계되었다. 뉴욕 메트로폴리탄 지역의 전체 디자인을 바꿔놓은 천재 설계사 로버트 모지즈는 도시화 및 모더니즘적인 대도시 재설계의 발상과 그 실천의 세계 위에 군림했다.[21] 개별화된 자택 소유라는 '아메리칸드림'에 대한 온갖 종류의 선전과 더불어 (일정한 종류의 '일반인들의 일상생활'을 찬미한 「더 브래디 번치」The Brady Bunch와 「아이 러브 루시」I Love Lucy* 같은 인기 있는 TV 시트콤에서 환호한) 완전히 새로운 교외 생활방식의 개발은 일반 사람들 사이에 새로운 욕구·필요·욕망, 전적으로 새로운 생활방식을 구축하려는 대대적인 운동의 중심을 이루고 있었다. 유효수요를 지탱하기 위해서는 보수가 좋은 일자리가 필요했다. 국가장치의 촉구에 노동과 자본은 불편한 타협에 이르렀는데, 이를 통해 백인 노동계급은 경제적 이득을 취한 반면 소수집단들은 배제됐다. 여러 측면에서 1950년대와 60년대는 미국에서 자본축적의 황금기였다. 성장률은 높았고 백인 노동계급의 상황은 만족스러웠다. 물론 강력한 시민권 운동과 주요 도시들에서의 봉기는 빈곤하고 주변화된 아프리카계 미국인과 이민자 집단으로서는 만사가 흡족하지는 않았음을 보여준다. 그러나 15년이나 그 이상의 기간 동안 과잉축적의 문제가 이런 수단을 통해 해결되었다.

* 미국에서 「더 브래디 번치」는 1969년부터 1974년까지 ABC에서, (한국에서 '왈가닥 루시'라는 제목으로 방송을 탄) 「아이 러브 루시」는 1951년에서 1957년까지 CBS에서 방영됐다.

샌프란시스코 연방준비은행 총재가 말했다고 전해지는 것처럼, 미국은 "집을 짓고 거기에 물건을 채움으로써 위기에서 벗어난다."[22] 그러나 후에 2007~2008년의 압류 물결에서 분명해지듯이 이는 자본이 위기에 처하게 되는 방식이기도 하다.

경제적·정치적 문제의 해결에 도시화를 이용하는 유사한 사례는 훨씬 이전에 제2제정기 빠리에서 있었다.[23] 1848년의 경제위기는 이 도시에서 노동계급 혁명과 부르주아혁명을 재촉했다. 둘 다 실패하고, 루이 나뽈레옹(보나빠르뜨의 조카)이 프랑스를 다시 위대하게 만들겠노라 약속하면서 대통령으로 당선됐다. 그는 1851년 12월의 쿠데타에서 절대 권력을 쥐었고 1852년에 자신을 황제로 선언했다. 곧바로 그는 모든 반대파에 관한 정보를 제공하고 그들을 통제할 첩자와 비밀경찰 조직을 만들었다. 그러나 노동과 자본이 다시 일하도록 하지 않으면 자신은 오래 버티지 못하리라는 것도 그는 알고 있었다. 쌩시몽의 유토피아 이론을 신봉한 그는 연합 자본이 자금을 대는 공공 토목사업 프로젝트에 착수했고, 오스만을 데려다가 빠리의 재건축을 감독하게 했다. 곧 모든 자본과 노동이 투입되어 수익을 내면서 새로운 대로, 공원, 백화점, 깨끗한 배관 식수와 하수설비 등등을 만들어냈다. 일상생활은 빛과 카페와 음악당의 도시의 부르주아적 소비주의로 변형되었으며 도시적 광경(대로 위의 최신 유행 의상 전시)이 퍼져나갔다. 지금도 빠리 중심부에서 오스만의 대로를 걷고 모퉁이 카페에 앉아 수돗물을 마실 때 이 도시 변형의 노력이 가져온 결과가 눈에 들어온다.

그러나 이러한 변화의 규모와 속도는 로버트 모지즈가 1945년 이후 미국에서 이룬 것에 비할 바가 못 되고, 최근 중국에서 일어난 변화의 규모와 속도에 견주어보면 보잘것없는 것이 되고 만다.

이 모든 경우에는 하나의 공통된 문제가 내재해 있었다. 그 건설 작업이 유지되려면 새로운 신용기관과 금융방법이 창출되어야 했다. 가치의 생산이 강제되도록 반가치가 창출되어야 했다. 신용을 동력으로 하는 신종 은행업이 1850년대 빠리에서 더 눈에 띄게 되었다. 그러나 어떤 시점에 부채의 창출, 그리고 부채 뒤에 있는 가치에 대한 회의가 전면에 부각되었다. (루이 보나빠르뜨의 쿠데타로부터 15년이 지난) 1867년에 일어난 빠리의 부채위기는 투기적 금융기관뿐 아니라 이 도시의 재정을 집어삼켰다. 오스만은 (한 세기 후 뉴욕에서 모지즈가 그랬듯이) 사임을 강요당했다. 실업과 사회불안이 뒤따랐다. 루이 보나빠르뜨는 1870~71년의 프로이센-프랑스 전쟁으로 이어진 민족주의 전략에서 자구책을 찾았다. 그는 전쟁에서 패하여 잉글랜드로 달아났다. 전쟁과 독일의 빠리 포위의 여파로 빠리 주민들은 그들 자체의 혁명을 일으켰으니, 곧 1871년의 꼬뮌이다. 이는 인류 역사상 가장 거대한 도시 봉기 중 하나다. 민중은 그들이 보기에 도시를 약탈하고 훼손한 부르주아계급과 자본가들에게서 '자신들의' 도시를 탈환했다. 제2제정기의 과시적 소비에 기분이 상한 급진화된 부르주아들과 노동자들의 욕구·필요·욕망이 전면으로 분출됐다. 그들은 다른 종류의 사회, 다른 종류의 도시를 창조하고자 했다.[24] 그러나 도시에서 쫓겨난 상류계층은 지방의 정서를 결집하여, 약 3만명의 꼬뮌 주민을 살해하는 대학살을 감행하면서 꼬뮌을 무자비하게 파괴했다.

급속한 도시화를 통해 과잉축적 문제를 해결하는 데는 어떤 댓가가 따른다. 미국에서 새로운 주택담보대출 금융과 그밖의 제도들은 1930년대에 정착되었으나 1945년 이후 한층 더 거대한 차원의 국가개입이 이뤄졌다(퇴역한 참전 군인에게 주택과 고등교육을 제공받을 특권을 부여하는 제대군인원호법GI bill과 같은 것). 체제는 한동안 잘 굴러갔지만 이미 1967년에 긴장은 명백했다. 그즈음에 모지즈는 실권했다. 그 전과정은 68세대의 정치적 불만의 고조, 그리고 도심의 봉기를 부추긴 시민권 운동과 더불어 갑작스럽게 중단되었다. 제1세대 페미니스트는 교외를 적대적인 영토로 간주했으며, 모지즈의 메마른 모더니즘적 설계 양식에 대한 제인 제이컵스(Jane Jacobs)*의 비판에 영감을 받은 68세대는 교외의 관습적 생활양식과 무미건조한 기업적 도시재개발 시도에 대놓고 반발했다. 68세대의 욕구·필요·욕망은 근본적으로 달랐으니, 그것은 다른 종류의 도시화와 생활양식을 요구했다. 설상가상으로 부동산시장이 곧이어 붕괴했는데, 이는 1973~75년 뉴욕시의 사실적 파산(technical bankruptcy)**에서 절정에 달했다(당시에 뉴욕시 예산은 자본주의 세계에서 가장 규모가 큰 공공예산 중 하나였다).[25] 이로 인해 미국에서 심각한 불황과 자본주의적 구조조정의 시기가 시작되었고, 후

* (1916~2006) 미국 펜실베이니아 태생의 언론인·저술가·사회운동가로, 지역공동체를 파괴하는 모지즈식 도시재개발 계획에 맞서 비판적 저서를 펴내고 풀뿌리운동을 조직하였다.

** 부도에 이르렀고 채무상환 능력이 없으나 아직 파산 신청을 하거나 파산 선고가 내려지지 않은 상태.

지는 또한 영국, 유럽, 북미 다지역에 영향을 미쳤으며 결국에는 자본주의 전반의 신자유주의적 구조조정의 물결 속에 세계적으로 확장되었다.[26] 그 구조조정은 부채 증가의 가속화를, 그리고 무한한 자본축적의 으뜸가는 에너지원으로서 이자 낳는 자본의 순환을 수반했다. 그것은 또한 68세대의 자유지상주의적(libertarian) 요구에 더 잘 조율된 새로운 종류의 도시·교외 생활양식이 출현하는 계기가 되었다.

2008년 이후 사실상 중국은 루이 보나빠르뜨가 1848년 빠리에서 한 일, 그리고 (심지어 고등교육에 대한 대규모 투자까지 포함해서) 미국이 제2차 세계대전 이후 한 일을 (십중팔구 자신들도 모르게) 모방했다. 그러나 시멘트 사용 건설 자료가 보여주듯이 중국은 그 일을 훨씬 더 빠르게, 훨씬 더 대규모로 행했다. 이러한 규모와 속도의 변화는 사용가치와 교환가치의 확대를 가속화하면서 자신을 재생산하는 자본의 충동에 대한 맑스의 묘사와 일치한다.

과거에 있었던, 건설 프로젝트와 그에 맞춘 물건 채우기로 인한 이런 위기의 역사에 필적하고자 애쓴 것은 중국만이 아니었다. 가령 터키는 도시화되는 과정에서 같은 종류의 확대—이스탄불 신공항, 보스포루스 해협의 세번째 다리, 약 4500만 인구의 도시를 형성하기 위한 이스탄불 북부의 도시화—를 겪었다. 터키의 모든 도시는 건설 붐을 경험했다. 그 결과 터키는 2008년의 경제 붕괴에 거의 영향을 받지 않았다(물론 여기서도 수출산업은 고전을 면치 못했다). 2008년 직후의 시기에 터키는 중국에 이어 두번째로 높은 성장률을 기록했다. 흔히 그렇듯이 이는 2013년에 이스탄불의 게지 공원을 중심으로 한 (빠리꼬뮌을 희미하게 연상시키는) 도시 반란으로 이어졌다. 걸프국가들*에서의 눈부신 도시화 역시 많은 과잉자본을 흡수했는데, 이 경우에는 외부에서 유입된 이주노동자가 동원되기는 했다. 2009년 이후 북미와 유럽의 주요 도심에서 부동산시장이 빠르게 부활했지만, 이는 주로 부유층을 위한 최고급 주택 사업때문이었다. 얼마 안 가서 뉴욕시와 런던은 못사는 계층을 위한 저렴한 주택에 대한 어떤 투자도 만성적으로 부재한 와중에 최고급 주택 건설로 자산시장 부활을 경험하게 된다.

잠깐 뒤로 물러나서 무슨 일이 벌어지고 있는지 생각해보자. 세계에서 보통 사람들의 복지가 대대적으로 향상되어야 할 필요성이 절실한 지역에 위치한 걸프국가들의 눈부신 도시화('한없는 낭비와 무한한 소비')에는 어떤 정신 나간 측면이 있다. 저렴한 가격의 주택 공급이 위기에 처해 있고 6만명의 노숙자가 거리에 나앉아 있는 뉴욕시에서 진행되는 부자와 초부자 대상의 최고급 콘도에 대한 투자도 마찬가지다. 뭄바이의 북적대는 빈민가들 사이에는 신흥 억만장자들을 위한 궁전 같은 건물들이 들어서 있다. 이 최고급 건물들 가운데 많은 곳에는 사람이 살지 않는다. 밤에 뉴욕의 거리를 걸으면서, 밤하늘 높이 치솟은 저 부유층을 위한 눈부신 콘도에 불빛이 몇 개나 켜져 있는지 보라. 그저 그 건물들은 초부자만이 아니라 얼마간 저축할 여유 자금이 있는 모든 사람을 위한 투자수단일 뿐이다.

---

* 바레인, 이라크, 쿠웨이트, 오만, 카타르, 사우디아라비아, 아랍에미리트연합 등 페르시아만(灣)에 면해 있는 7개 국가.

2016년 중국이 외환통제를 완화했을 때 뉴욕시, 밴쿠버, 샌프란시스코 등지에 일군의 중국인 구매자들이 나타났는데, 살 곳이 아닌 투자할 곳을 찾고 있었다. 2007년 이전 아일랜드 기업가들 손에 돈이 넘쳤을 때 그들도 맨해튼의 부동산을 사들였다. 러시아인, 사우디아라비아인, 호주인도 똑같이 하고 있다. 억만장자만 그렇게 하는 것이 아니다. 상위 중산계급은 기회만 있으면 부동산을 취득하려 한다. 노동자 연금기금은 약탈적인 부동산펀드에 투자하는데, 그것이 수익률이 가장 높기 때문이다. 금융을 제공하는 그 연금기금에 투자하고 있는 세입자의 축출을 이 기금이 묵인하는 일이 발생할 수 있다.[27]

자본은 보통 사람들이 살 도시를 건설하는 대신 사람들과 기관들이 투자할 도시를 건설하고 있다. 이것이 얼마나 정상적인가?

중국에서 건설 붐이 잦아들었을 때 시멘트와 철강 생산의 과잉생산력이 문제가 되었다. 세계의 원자재 수요는 줄고 원자재 생산자의 교역조건은 악화되었다. 2013년에 브라질에는 돈이 넘쳤다. 2016년이 되자 브라질은 깊은 불황에 빠졌다. 2014년 이후로 대부분의 라틴아메리카 지역에서는 경제적 고통이 심화되어왔는데, 이제는 중국 시장이 예전처럼 활기차지 않기 때문이다. 심지어 중국에 첨단기술 공구와 장비를 수출하는 독일에도 그 여파가 미쳤다.

자본은 자신의 과잉축적 문제에 대한 '공간적 해결책'을 찾아서 끊임없이 돌아다니지만 그 속도는 점점 빨라진다. 전통적으로 경제적 제국주의가 의미하는 바가 바로 이것이다. 19세기에 영국의 과잉자본과 과잉노동은 미국이나 호주, 남아프리카공화국, 아르헨띠나로 갔다. 영국은 그 나라들이 남아도는 영국제 철강과 철도차량을 이용하여 철도와 기반시설을 건설하도록 자금을 빌려주었다. 그것을 받은 경제의 생산성이 향상됨으로써 그 부채는 제때 상환되었다. 이것이 오늘날까지 외국의 원조가 조직되는 전형적인 방식이다. 새로운 장소에서 역동적인 자본주의 경제가 생산되었다(영국의 원조를 받은 미국의 경우가 그랬고, 더 최근에는 중국에 대한 미국의 투자를 통해 그런 일이 일어났다). 영국이 인도의 경우에 그랬던 것처럼 시장점유율을 보호하고 새로운 공간들과의 경쟁을 제어하는 제국주의 전략은 덜 성공적이었다. 그러한 전략은 세계적 복합성장을 유발하지 못했고, 1930년대에는 공황을 초래하는 데 일조했다.

과잉축적 문제를 풀기 위해 공간적 해결책을 추구하는 것은 여전히 자본주의의 일반적 관행이다. 일본은 1960년대 말부터 과잉자본을 수출하는 데 힘을 쏟았고, 한국은 1970년대 말에, 대만은 1980년대 초에 선례를 따랐다. 이 영토들에서 나온 과잉자본의 흐름은 전세계로 퍼져갔지만 중국의 생산역량을 형성하는 데 특히 중요했다.[28]

이제는 중국이 수출할 차례다. 철강 생산에서 역량이 넘친다. 이를 어찌할 것인가? 국가는 공장폐쇄로 생산역량을 줄이려고 한다. 그러나 실업에 대한 지역의 격렬한 저항을 감안하면 그것은 어려운 일이다. 중국인들은 한차례 더 도시 기반시설에 투자하기를 제안하고 있다. 약 1억 3천만 인구의 도시를 만들 계획인데, 이는 영국과 프랑스 인구를 합친 것에 맞먹는다. 그 도시는 베이징을 중심으로 할 것이다. 고속 운송과 통신에 투자가 집중될 것이다.[29] 제안되고 있는 것은 3개 주요 도시지역의 합리화로, 그 지역 중 하나는 베이징에, 두번째는 상하이에, 세번째는 광둥성에 중심을 둔다. 이 지역들 각각에는 이미 수백만 인구의 도시가 몇개씩 존재한다. 앞으로 수년간 시멘트와 철강의 과잉 생산역량을 소진하는 방편으로 그 도시들 간의 공간적 관계를 더 높은 차원에서 합리화하려는 계획인 듯하다.

중국은 또한 저비용으로 할 수 있는 한 많은 철강을 수출하고 있다. 다른 곳(가령 영국)의 고비용 철강공장들은 폐업의 압박을 받고 있다. 중국은 정부보조금을 받은 철강을 세계시장에 투매하는 것에 대해 WTO에 제소당하고 있다. WTO 내의 '시장경제지위'를 원한다면 중국은 이 교역을 중지해야 할 것이 거의 확실하다. 그러나 중국 기업들은 여러 나라에 철도, 고속도로, 물리적 기반시설 등을 건설할 자금을 비교적 관대한 조건으로 빌려주고 있기도 한데, 가령 현지의 가용 노동이 남아돌아도 중국의 과잉노동과 중국제 철강을 사용하는 동아프리카에서 그렇게 하고 있다. 라틴아메리카에서도 같은 일이 벌어지고 있다. 빠나마운하의 대용으로 니까라과를 통과하는 새 운하를 건설하자거나 태평양 연안에서 대서양 연안에 이르는 대륙횡단 철도를 건설하자는 제안들이 나와 있다. 그렇게 되면 리마항(港)에서 쌍빠울루까지 육로로 하루 반 정도에 갈 수 있을 것이다. 라틴아메리카에서 이런 식의 몇몇 제안이 나온 지는 꽤 됐지만, 중국인들이 와서 자신들에게 시멘트와 철강이 많이 있으며 그 자재들을 구매하고 기반시설을 건설할 자금을 빌려주겠다고 말하기 전까지는 그 누구도 그 제안들을 진지하게 받아들이지 않았다. 해상운송은 비용이 훨씬 더 저렴한 상태로 유지되겠지만 더 느린 것도 사실이며, 오늘날 유통영역에서 '시간은 돈이다.' 중국은 또한 중국 내륙에서 테헤란을 거쳐 이스탄불(나아가 유럽)까지 가는 '실크로드'를 재건설하고 있다. ('일대일로' One belt, One road의 기치하에) 중앙아시아를 거쳐 유럽으로 들어가는 고성능 고속철도망이 설계되고 있다.[30] 파키스탄을 거쳐 아라비아해 과다르항에까지 지선이 뻗는* 이 프로젝트는 많은 양의 과잉자본을 흡수하고 과잉 철강생산 역량의 일부를 소진할 것이다. '실크로드'를 끼고 있는 중앙아시아의 도시들은 벌써부터 건설 붐과 대(對)중국 교역의 급속한 확대를 경험하고 있으며, (혼잡하고 군사적으로 위험한 말라카 해협을 통과하는 지루한 바닷길을 피해) 파키스탄을 통해 걸프국가들에 더 쉽게 접근한다는 것은 중국이 접근할 수 있는, 그 지역으로 통하는 교역 출구의 상당한 확장을 의미하는 것이 거의 확실하다.

세계경제의 상대적 공간은 (또다시!) 혁명화되고 있는데, 그것이 좋은 생각이어서, 또는 사람들이 그것을 그 자체로 절실히 원하고 필요로 해서가 아니라 그것이 공황과 가치저하를 피하는 최선의 방법이기 때문이다. 과잉자본의 흡수가 그 목표다. 맑스는 이 점을 너무도 잘 이해하고 있었다. "화폐를 획득하고자 하는 욕망 다음으로 절실한 것은 아마도 이자나 이윤을 산출(産出)할 모종의 투자를 위해 화폐와 다시 결별하고자 하는 소망일 것이다. 왜냐하면 화폐로서의 화폐 그 자체는 둘 중 어느 것도 산출하지 않기 때문이다. (…) 대자본이 들어가며, 놀고 있는 과잉자본에 간간이 출구를 제공하는 사

* 파키스탄과 국경이 면해 있는 중국은 파키스탄 남단의 항구 과다르를 통해 중동산과 아프리카산 원유를 들여와 중국 내륙까지 수송하고자 철도와 송유관을 건설하는 사업을 진행 중이나, 얼마 전부터 과도한 부채를 염려하는 파키스탄 정부의 반발에 부딪혀 난항을 겪고 있다.

업은 (…) 일상적인 사용영역에는 들어설 여지가 없는 남아도는 사회적 부의 주기적인 축적을 해소하기 위해 (…) 절대적으로 필요하다."[31]* 이 특정한 경우에 결과는, 세계의 상이한 가치체제들을 재구축하기 위한 공간적 관계의 완전히 새로운 물질적 토대다.

이 공간적 구조조정에 연루된 행위자는 자본만이 아니다. 대대적인 이주의 움직임은 노동인구를 경쟁적 구도 속으로 모아들이고 있다. 예전에도 이런 일이 있었지만 이제 그것은 중국 시멘트의 경우처럼 전례 없는 규모로 이뤄진다. 중요한 것은 이주 움직임의 크기만이 아니다. 교통·통신비의 감소, 조직화 기술, 이동 (비용보다는) 속도의 변화, 그리고 복잡한 상품사슬(commodity chains)의 발달에 따라 세계의 노동인구는 상호경쟁의 관계 속에 편입되어왔다. 자본 관계와 노동인구 관계 양자에서 이루어지는 시공간 압축은 반이민자 운동에서 민족주의 열기의 재점화, 더 긍정적인 면으로는 다문화주의를 인간의 어떤 다른 미래의 전조로서 기꺼이 포용하는 것에 이르는 일련의 정치적 긴장과 반응을 생산한다.

이 모든 급속한 변화들로 인해 초래되는 긴장은 어디에서나 명백하며, 그 영향을 받는 사람들은 그것을 알고, 그것을 느끼고, 때로는 그것에 따라 행동한다. 예를 들어 2013년 6월 20일 밤, 브라질의 모든 도시들에서 백만명 이상의 사람들이 거리로 나서서 거대한 시위운동에 동참했다. 리우데자네이루에서는 10만명 이상이 모인 가장

* 이는 해당 지면에 인용된 구절로, 맑스가 밝히는 출처는 다음과 같다. *The Currency Theory Reviewed*, London 1845, 32~34면.

큰 시위가 일어났다. 보통 그것은 심각한 경찰 폭력에 부딪혔다. 그 때까지 1년이 넘도록 브라질의 다양한 도시들에서 산발적인 시위가 벌어지고 있었다. 오랫동안 학생의 대중교통 무료 이용을 요구하며 목소리를 높여온 '프리패스'(Free Pass) 청년운동이 이끈 예전의 시위들은 대부분 무시되었다. 그러나 2013년 6월 초에 대중교통요금 인상이 더 광범위한 시위에 불을 지폈다. 블랙블록 무정부주의자들* 을 포함한 다른 여러 집단은 '프리패스'와 그밖의 시위대가 경찰의 공격을 받게 되자 그들의 방어에 나섰다. 6월 13일에 이르러 운동은 경찰의 탄압, 사회적 필요에 부응하지 못하는 공공서비스, 도시생활의 질적 저하 등에 대한 일반적 항의로 변형되었다. 공공의 이익을 손상시키면서도 널리 인지되었듯이 타락한 건설업자와 도시개발업자의 이익에는 크게 기여하는 가운데 월드컵과 올림픽대회 같은 초대형 행사를 개최하기 위해 엄청난 공공자원을 지출한 것이 불만을 가중시켰다.[32]

브라질에서 이 시위들이 일어난 것은, 너무나도 드문 녹지인 이스탄불의 게지 공원을 쇼핑센터로 재개발하는 데 대한 분노가 갈수록 심화되는 정부의 독재적 방식과 경찰의 폭력적 대응에 맞서는 더 폭넓은 시위로 확산됨에 따라 터키의 주요 도시들에서 수천명의 사람들이 거리로 나선 지 한달이 채 안 된 시점이었다. 도심지역들의 값비싼 땅에서 사람들이 대대적으로 축출된 것을 포함해서 도시 변형

* 반자본주의나 반전 시위에서 전투적 성향을 드러내는 느슨한 범주의 집단으로, 종종 검은색 옷과 후드를 착용한다.

의 속도와 방식에 관해 오랫동안 들끓어온 불만이 그 시위를 더 부추겼다. 이스탄불과 그밖의 도시들에서 가장 부유한 계층을 제외한 모든 사람의 생활의 질이 저하된 것은 확실히 중요한 문제였다.[33]

터키와 브라질에서의 시위를 접하고 『뉴욕타임즈』의 빌 켈러(Bill Keller)는 「부상하는 계급의 반란」(The Revolt of the Rising Class)이라는 제목의 논평을 썼다. 그 봉기들은 "절망 가운데 생겨난 것이 아니"었다고 그는 썼다. 브라질과 터키 모두 세계적 위기의 시기에 눈에 띄는 경제적 성장을 경험했다. 그 봉기들은 "중산층, 즉 도시의 식자(識者)이자 가진 자들에게서 비롯된 일련의 반란에서 가장 최근의 경우로, 어느 면에서 그들은 지금 자신들이 거부하는 체제(regimes)의 주요 수혜자"이나, 시위하러 거리에 나섬으로써 뭔가 잃을 것이 있는 자들이기도 했다. "운동이 임계질량•에 달했을 때 그 목표는 더 크고 더 불확정적인 어떤 것, 존엄성, 시민적 특권, 권력의 책무 같은 것이었다."[34] 그 반란은 해결을 요하는 "새로운 소외, 새로운 갈망"을 의미했다. 터키에서도, 브라질에서도 정치권력은 그에 대한 반응에서 타협보다는 반동과 억압의 길을 택해왔다(터키의 경우에는 폭력적으로 그러했다).

그러면 이 "새로운 소외"의 핵심은 무엇이고 그것은 무엇을 의미하는가? 도처에서 그것의 숱한 징후들이 나타났다. 1999년 시애틀에서 처음 사회적으로 부각된 반세계화 시위, 유럽에서의 다양한 운

• 원래 핵분열의 지속에 필요한 최소 질량을 뜻하며, 더 일반적으로는 변화를 일으키는 데 요구되는 최소한의 규모를 가리킨다.

동(스페인의 인디그나도스Indignados,* 신타그마 광장에서의 아테네 시위), 튀니지에서 시작되어 이집트와 시리아를 거쳐 우끄라이나로 확산된 '아랍의 봄'이라 불린 봉기들, 이에 이은 뉴욕과 런던에서의 다양한 '점령하라'(Occupy) 운동과 스코틀랜드에서 까딸루냐와 홍콩에 이르는 지역의 자치 운동, 더 최근에 나타난 브라질에서의 우파적 현상들, 마지막으로 헝가리, 폴란드, 미국에서의 극우 정권의 당선과 영국에서의 분리주의적인 브렉시트 투표—이 모든 것은 심화되는 이의, 불만, 심지어는 절망의 분위기를 암시한다. 경제적 이성의 광기와 긴축 및 자유시장경제를 통한 그 온갖 영향들은 정치적 영역에도 그와 병행하는 광기—이 경우에는 분노—를 생산하고 있는 듯하다.

『열일곱가지 모순과 자본주의의 종말』(*Seventeen Contradictions and the End of Capitalism*)에서 나는 현시대에 자본주의의 생존에 분명한 현재적 위험을 초래하는 모순이 세가지 있다는 생각을 피력했다.[35] 그 하나는 자연에 대한 우리 관계의 악화였다(지구온난화에서 서식지와 종의 파괴, 물 부족, 환경 악화에 이르는 모든 것). 두번째는 지수 성장곡선**상의 변곡점에 도달한 영구적 복합성장으로, 수익성 있는 투자 기회가 갈수록 부족해지는 마당에 그 성장곡선이

* '인디그나도스'는 '분노한 자들'이라는 뜻으로, 2011년 5월 15일 스페인의 수도 마드리드에서 심화되는 실업과 빈부격차에 분노하며 정부의 긴축정책에 항의하는 청년들의 시위로 시작되어 수년간 이어지고 확산된 반체제운동을 '인디그나도스 운동'이라 부른다.

** J자 형태를 그리는 지수함수적(기하급수적) 성장곡선.

계속 유지되기는 점점 더 어렵다는 사실이 빠르게 드러나고 있었다. 이것은 또한 무한히 늘어날 수 있는 저 한가지 형태의 자본, 특히 통제 불가능하게 되어가는 듯한 신용 형태의 화폐에 강한 압박을 가하고 있었다. 세번째는 내가 보편적 소외라고 부르는 것이었다. 맑스는 『자본』에서 이 개념을 자주 사용하지 않지만, 그것은 『1844년 경제학 철학 수고』 이래 그의 초기 저작 전체에서 반향을 얻고 있으며 『요강』에서 지배적 모티프로서 절정에 달한다. 『자본』에서 노동가치론은 소외된 노동을 묘사하되 그것을 그렇게 지칭하지는 않는데, 아마도 그 이유는 맑스가 그 용어의 헤겔주의가 자신이 염두에 둔 독자층(영국과 프랑스의 노동계급)의 마음에 들지 않으리라고 느꼈기 때문일 것이다. 그러나 용어를 쓰지 않는다고 그 내용이 사라지는 것은 아니다.[36]

맑스에게 가치는 소외된 사회적 필요노동이다. 자본은 운동하는 가치이므로 자본의 순환은 소외된 형태들의 순환을 동반한다. 이 소외는 어느 정도나 불만과 절망의 명백한 정치적 현상을 떠받치고 있는가?

가치증식에 내재하는 소외는 잘 알려져 있으며 오래 지속되어왔다. 가치를 생산하는 노동자는 생산수단에 대한 접근에서, 노동과정에 대한 통제에서, 생산물과 잉여가치에서 분리(소외)된다. 자본은 마치 노동에, 그리고 자연에 내재하는 많은 힘(과 무상 증여물)이, 그것에 의미를 부여하는 것이 자본이므로, 자본에 속하고 자본에게서 비롯된 것처럼 보이게 만든다. 심지어 생산에 무상으로 투입되는 모든 자연력과 노동자의 정신 및 신체기능조차, 그것들을 동원하는 것이 자본이기 때문에, 자본에 딸린 힘으로 나타난다. 그러므로 자연에 대한, 그리고 인간 본성에 대한 관계의 소외는 자본의 생산성과 힘에 대한 주장의 전제조건이다. 게다가 노동생산성은 자본이 노동자에 대한 자신의 통제력을 확실히 하기 위해서뿐만 아니라 생산과 시장에서 노동의 존엄성과 노동이 지닌다고 추정되는 힘을 약화시키기 위해서 선택하는 기술들에 의해 추동된다. 무의미한 업무, 우발적인 고용과 실업, 계속 줄어드는 보수 등은, 그것들에 대한 저항이 효과적으로 조직되지 않는 한, 노동의 운명이다. 세계 여러 지역에서 기술변화, 노동계급운동의 조직된 힘에 대한 탄압, 세계의 영토적 가치체제들의 재조직을 통한 세계적 경쟁의 동원 등을 통해 노동의 소외가 강화·심화되어왔다는 데는 의심의 여지가 없다. 실업, 그리고 마찬가지로 중요한 것으로 불완전고용과 의미의 상실은 기술적·조직적 변화의 강한 흐름의 부산물이었다. 인공지능에 기초한 새로운 기술적 구성이 어떻게 모든 사람을 위한 해방적 소비주의와 처분 가능한 시간의 멋진 신세계 언저리로 우리를 데려가고 있는가에 관한 현시대의 유토피아적 설명들은 거기서 결과하는 잔여적이고 처분 가능한 노동과정의, 인간성을 말살하는 소외를 전적으로 무시한다. 과거에 특정한 시간과 장소에서 사람들을 결합시켰던 사회적 유대에 제조공장의 폐쇄가 주는 집단적 트라우마와 해체의 효과도 대충 넘겨버릴 수 없다. 맑스로 말하자면, 그는 한편으로 자본에 의해 대상화되고 착취되지만 자신이 필요한 존재라고 느끼는 (그래서 긍지와 존엄성dignity을 변함없이 간직하고 있는) 노동자와, 다른 한편으로 소외되고 빼앗기고 자신이 처분 가능한 존재라고 느끼는 노동자 사이에는 중요한 차이가 있다고 생각했다.[37] 기계화와 자동화에 수반되는 고용조건상의 추세는 후자의 노동을 향해 있었다. 존엄성과 존중(respect)의 상실은 거의 직업의 상실만큼이나 뼈아프다.

그러나 이 문제에는 다른 차원들이 있다. 노동자들은 개별적으로 고용되며 일자리를 두고 경쟁한다. 그들은 자기 자질을 홍보하는 한편 자기 경쟁자들의 자질을 축소하고 심지어는 헐뜯음으로써 자신을 노동력의 담지자로서 자본에 팔아야 한다. 노동자들 사이의 경쟁은 협력을 좌절시키고 계급연대의 형성을 방해한다. 그것은 온갖 방식의 분열을 가져온다. 노동자들은 서로 소원해진다. 여기에 노동시장에서 인종차별주의, 젠더차별, 성적이거나 인종적(ethnic)이거나 종교적인 적대성(자본이 열심히 조장해온 역사가 있는 분열들)이 스며들면 그것은 한층 더 흉측하게 된다. (광범위한 실업과 세계 노동인구의 더 긴밀한 공간적 통합이라는 조건하에서) 고조된 경쟁은 도처에서 노동인구 내부의 이 분열과 긴장을 강화하고 있으며, 특히 탈산업화를 통해 과거의 사회적 연대가 해체돼온 상황 속에서 예측가능한 정치적 결과를 낳고 있다. 가령 2016년의 미국 대선운동에서 도널드 트럼프는 그러한 정서를 아주 성공적으로 이용한 바 있다.

실현에서의 소외는 아주 다르고 다양하며 종종 이중적인 형태를 취한다. 수요의 근원에는 언제나 욕구·필요·욕망의 상태가 있다. 맑스는 새로운 욕구와 필요의 창조가 자본에 속한 문명화의 사명의 일부라고 진심으로 생각했다.[38] 그런 견해는 가령 지금 평균수명의 연장을 위해 동원할 수 있는 그 모든 사용가치를 고려할 때 반박하기 어려운데, 평균수명은 자본주의 초기에 35세 정도였으나 오늘날에는 세계 여러 지역에서 70세 이상이다. 자본은 사람들이 소외되지 않은 사회적 관계와 자연 속의 공존 방식을 창조하는 데 활용하는 것이 원칙적으로는 가능한 풍요로운 사용가치들을 생산한다. 그 잠재성은 현존한다. 세계에는 소외의 바다 한가운데서 이런저런 집단이 소외되지 않은 삶과 존재의 방식을 구축하려 애쓰는 이소(heterotopic) 공간들이 산재한다. 생산에서 경험되는 소외는 일상생활의 질을 향상시키는 사용가치의 보상적 소비를 통해 만회될 가능성이 있다.[39] 다른 한편 군산복합체, 총기규제 반대 압력단체, 자동차 생산업체의 욕구·필요·욕망은 국가장치에 대한 기업 영향력을 통해서, 그리고 강요된 생활양식상의 선택지들을 통해서 조작되는 총수요의 강력한 원천을 형성해왔고 지금도 여전히 형성하고 있다. 사회적 복지에 대한 그들의 기여는 아무리 좋게 봐도 의심스럽다. 쌍빠울루 같은 도시의 경제적 기초는 자동차산업인데, 그것은 교통체증 속에 정지된 채로 몇시간을 보내면서 도시의 도로를 메운 가운데 오염물질을 뿜어내고 사람들을 서로에게서 격리시키는 자동차를 생산한다. 이것이 얼마나 정상적인 경제인가?

자동차를 어떻게 할지는 우리 시대의 중대한 문제 중 하나인데, (스마트시티 기술을 통한 더 나은 흐름 관리의 관점에서가 아니면) 정말로 그에 관해 논의하고 싶어하는 사람은 없다. 그러나 경고의 징후는 도처에 있다. 2016년 겨울 초에 양쯔강 북쪽의 모든 중국 도시들은 수일간 공항 폐쇄와 교통 혼란을 초래한 살인적 스모그를 겪었다. 이와 유사한 사건이 뉴델리와 테헤란에서 발생했으며 빠리와

(덜 심하지만) 런던에서까지 일어났다. 지난 20년간 양쯔강 북쪽에서는 기대수명이 감소해왔으며 공기 질의 악화가 그 주요 원인으로 의심되고 있다. 석탄발전소와 더불어 철강과 시멘트가 최악의 산업적 오염원의 일부라는 점도 지적되어야 한다.

실현과 소비주의 역사의 관계는 특징적인 생활양식의 역사적 진화와 중첩된다. 미국에서 교외와 외부인 출입제한 주택의 형성은 세계자본주의가 공황 상태로 회귀하는 것을 막아주었을지 모르지만 주택상의 선택지를 어떤 틀에 가두기도 했는데, 그 가두는 방식은 물질적 요건(자동차, 사유재산으로서의 주택 등)에 관련될 뿐 아니라, 개인적 성취감의 지평을 해방하기보다는 제한하고 구속하는 ('아메리칸드림'으로 표현된) 생활방식의 정치적·이데올로기적 정당화를 동반하는 것이었다. 노동계급을 위한 '보상적 소비주의'의 부상은 결국 과시적 낭비 이상이 되지 못하는, 모든 계급 내에서의 '쾌락주의적 상품'의 과시적 소비로 보충된다. 결코 충족될 수 없는 욕구·필요·욕망의 만족에 대한 끝없는 추구는 생산에서의 끝없는 복합성장과 필연적으로 병행한다. 모든 새로운 욕구·필요·욕망의 재배치를 '소외된' 것으로 간주하는 것은 잘못이겠지만, 자본이 필연적으로 구축하는 종류의 소비주의 사회에서 어떻게 소외가 만연한지, 또 어떻게 그것이 여러 지역에서, 그리고 주변화된 특정 계급에서 심화되어왔는지를 알기는 어렵지 않다. 약속과 그 실현 사이의 간극은 점점 더 벌어져왔다.

엄청난 경쟁의 압박이 자본순환의 가속화를 부추긴다면 이는 소비속도의 증가를 요구한다. 나는 아직도 조부모가 쓰던 칼과 포크를 사용한다. 만일 자본이 이런 종류의 품목만 생산했다면 자본은 오래전에 영구적 위기로 빠져들었을 것이다. 자본은 소비에서 회전시간을 가속화하기 위해 계획적 노후화에서 광고의 압력과 유행을 설득수단으로 동원하는 데 이르기까지 온갖 전술을 전개한다. 넷플릭스 오리지널의 경우를 보라. 내가 그것을 소비한다고 해서 다른 사람이 그것을 소비하지 못하는 것은 아니며, 내 칼과 포크가 100년 이상 된 데 비해 그 소비시간은 한시간 남짓이다. 생산 및 복잡한 통신 기반시설을 통한 전송에 따르는 가치는 각기 넷플릭스 이용료를 지불하는 실로 수백만에 이르는 사용자에 의해 만회된다. 한순간에 소비되는 덧없는 생산물의 일종의 시장 성장을 보장하기 위해 자본이 '스펙터클의 사회'를 조성한 것도 별로 놀랍지 않다.[40] 이것의 사회적 결과는 광범위하고도 이중적이다. 생활양식, 기술, 사회적 기대 등에서의 빠른 변화는 사회적 불안정성을 배가하며 여러 세대 사이, 다양화하는 사회집단들 사이의 사회적 긴장을 증가시킨다. 모든 사람이 서로 대화하기보다는 자기 휴대전화나 태블릿을 참조하는 데 열중하는 듯하다. 문화적 의미의 착근성(rootedness)은 덜 확고하게 되고 당대의 환상에 따라 임의적으로 재구성될 수 있게 된다. 정체성은 일시적이고 덧없는 애착의 바다에서 떠다닌다. 자본이 끝없는 복합성장의 요구에 부응하려면 그런 상태에 상응하는 사람들과 생산물이 필요하다. 무한한 자본축적의 관점에서 보면 '합리적 소비'는 바로 이렇게 보인다.

가치의 실현 및 전유의 조건과 위치는 생산의 그것과는 매우 다르다. 넷플릭스 오리지널은 로스앤젤레스에서 제작될 수 있지만 그 실현은 한 나라 전체, 심지어 세계 전체의 미디어시장에서 일어난다. 내 컴퓨터는 선전(深圳)에서 폭스콘에 의해 생산되고 그 가치는 미국에서 애플에 의해 실현된다. 폭스콘은 아주 적은 수익을 얻는 반면 애플은 가치와 잉여가치의 대부분을 챙긴다. 이것이 한 공간에서 다른 공간으로의 가치 이동이 조작되는 방식이다.[41] 이것의 공정성은 매우 의문시되고 있다.

기회주의적 형태의 자본은 또한 정당한 몫보다 훨씬 더 많은 가치를 전유하려고 실현의 순간에 개입한다. 헤지펀드가 제약회사를 인수하거나 압류된 주택을 대량으로 사들인 뒤에 방향을 바꿔 그것을 빈궁한 소비자에게 터무니없는 가격에 내놓을 때 실현은 강탈에 의한 축적의 체계적 조직을 위한 순간이 된다.[42] 오늘날 미국에서 경험하는 주요 착취 형태가 무엇인지 물으면 사람들은 신용카드 수수료를 언급한다. 그들은 집주인, 집세, 부동산투기꾼을 언급한다. 그들은 자신들이 하지도 않은 로밍을 어딘가에서 했다면서 온갖 희한한 요금을 갖다붙이는 식으로 통신회사가 요금고지서에 하고 있는 짓을 언급한다. 그들은 건강보험회사, 지방세, 운임 등등을 언급한다. 실현의 지점에서는 (때로 강도짓에 가까운) 어마어마한 양의 갈취가 일어난다. 실현을 둘러싼 투쟁의 정치는 어디에서나 눈에 띈다. 불만은 이루 다 헤아릴 수 없다.

실현의 순간에 일어나는 부의 추출에 연루된 정치는 생산을 둘러싸고 생성되는 정치와는 다르다. 그런 투쟁은 이론화하거나 조직하기 어렵다. 그것은 자본 대 노동이 아니라 자본 대 다른 모든 사람의 문제이며, 노동과 자본 사이가 아니라 구매자와 판매자 사이의 문제다. 중산층에 속한 사람들은 구매자로서, 갈취하는 상인에 대한 (때로는 님비not-in-my-backyard적 성격의) 투쟁에 연루된다. 노동계급에 속한 사람들은 그들을 부동산투기꾼에 대항하는 동맹군으로서 찾아 나서는가? 그 정치가 가치증식의 정치와는 다른 구조를 지니고 다른 형태의 소외를 반영할지라도 그것은 마찬가지로 난폭하며 심히 고통스럽다. 1871년의 빠리꼬뮌이나 '68운동 같은 혁명운동은 노동계급에 빚진 것 못지않게 꿈과 야망의 실현이 저지당한 급진화되고 소외된 부르주아들에게 종종 빚졌음이 드러난다. 그러나 계급들을 아우르는 조직화는 어려울 수 있고, 종종 절망적일 수도 있다. 강탈에 의한 축적이 갈수록 두드러짐에 따라(그 강탈의 맨 앞에 최근의 압류 위기 속에 발생한 대대적 상실이 있다) 인구집단의 여러 부분에서 절망과 불만이 심화된다.[43]

자본은 실현으로부터 많은 부를 추출하지만 분배로부터는 더 많은 부를 빨아들인다. 가장 뻔뻔한 형태의 재분배는 세계 여러 나라의 국민생산에서 노동의 몫이 감소하는 점, 특히 근래에 노동이 생산성 향상에서 어떤 혜택도 받지 못하는 점을 부각시킨다. 그 대신 노동은 기술변화로 인한 실업과 노동의 질의 빠른 저하로 고통을 받아왔다. 국가와 기업 내부의 과도한 관료화가 동반된, 생산적 노동에서 비생산적 노동으로의 이행은 도움이 되지 않았다. (몇몇 예외가 드물게 있기는 하지만) 자본주의 세계 전체에 걸쳐 거의 어디에서나 소득과 부의 불평등이 심화하는 것은 깊은 정치적 불만을 형성하는 복잡한 힘을 더욱 강화한다.[44]

그러나 그밖의 재분배들의 정치와 기제는 매우 다르며, 그 결과로 생겨나는 소외는 아주 복잡해서 이를 다루려면 따로 책 한권을 써야 할 것이다. 자본의 다양한 분파—상인, 금융업자, 재산소유주, 산업자본가—는 때로 서로 협력하고 보완한다. 그러나 그들은 또한 서로 경쟁하며, 서로에게서 훔치고 서로에 대해 힘을 행사하기를 꺼려하지 않는다. 맑스에 의하면 고리대금업 관행은 사라졌어야 하지만 자본가 금융업자—대개 "협잡꾼과 예언자가 그럴듯하게 뒤섞인 형상"[45]을 드러내는—는 금융거래를 좌지우지하면서 종종 자신들에게만 이로운 방식으로 이자 낳는 자본의 순환을 유도한다. 가령 약탈적 대출의 전술은 널리 퍼져 있다. 이런 대출의 목적은 가치생산을 증진하는 것이 아니라, 생산자가 결국에는 대출자에게 자신의 재산권을 양도할 수밖에 없는 그런 채무의 망에 얽혀들게 하는 것이다. 맑스 시대에 그런 전술은 잘 알려져 있었으며, 『자본』 제3권에서 그것은 빈번히 언급되었다. 노동계급을 상대로 한 약탈적 대출에 관여한 금융기관은 근래에 취약한 인구집단의 주택자산 가치를 성공적으로 공략했다. 국가에 대한 약탈적 대출은 IMF에 의해 강요되는 구조조정을 초래하곤 하는데, 그것은 (그리스에서 문제가 되듯이) 누적된 부채의 상환을 위해 전국민의 복지를 축소한다.[46] (부채액이 달러화로 매겨지기 때문에 맨해튼에서 내려진) 법원 판결 이후 '벌처 자본가'(vulture capitalists)•의 요구가 옹호되는 가운데 아르헨띠나는 징벌적으로 처우받는 것은 부가 헤지펀드의 호주머니로 옮겨감을 의미했다. 세계 여러 지역의 정부는 또한 부패로 악명이 높

• 취약한 기업을 사들여 이윤을 남기고 파는 일종의 벤처 투자가.

다 — 브라질, 중국, 이딸리아는 경제지에 자주 언급된다.

이와 관련해 『자본』 제3권에서 맑스 자신이 쓴 글들은 제재의 혼란을 반영할 뿐 아니라, 어떻게 이자 낳는 자본의 특징적 순환을 운동하는 가치라는 자신의 전반적 자본 개념 안에 편입시킬 것인가에 관한 그 자신의 혼란을 반영한다. 『맑스 『자본』 강의』(*A Companion to Marx's Capital*) 제2권[47]에서 나는 그의 견해를 재구성하고 그의 글들을 종합해보고자 했다. 그 재구성한 내용을 여기서 반복하는 것은 무리이므로, 맑스가 금융영역의 전형적인 사건 연쇄를 묘사하는 긴 구절을 인용하는 데 그치고자 한다. 독자들은 ('환어음'에 '모기지'를 대신 넣어 읽으면서) 이를 2007~2008년의 금융위기 때 일어났던 일의 대체적 윤곽에 견주어보기 바란다.

> 재생산과정의 상호연관 전체가 신용에 의존하는 생산체계에서는 신용이 갑자기 중지되고 현금 지불만 용인되면 위기가 현저하게 발생할 수밖에 없다. (…) 그러므로 언뜻 보기에 전체 위기는 단지 신용위기와 화폐위기로 나타난다. 그리고 사실상 문제되는 것도 단지 환어음〔모기지〕의 화폐로의 전환 가능성뿐이다. 이 어음〔모기지〕의 대부분은 실제의 구매와 판매를 표상하며, 전체 위기의 궁극적 기초는 이것들이 사회적 필요를 훨씬 초과하여 확대된 데 있다. 그러나 이에 더하여 이 어음〔모기지〕 중 엄청난 수는 이제 드러나고 터지는 순전한 사기 거래, 차입자본으로 행하다가 실패한 투기, 그리고 마지막으로 가치 저하되었거나 판매가 불가능한 상품자본〔주택〕을 표상한다. 재생산과정을 강제로 확대하

는 이러한 인위적인 전체 체계가 이제 와서 하나의 은행, 가령 잉글랜드은행〔연방준비은행〕으로 하여금 그 모든 협잡꾼에게 부족한 자본을 지폐로 제공하도록 하고 모든 평가절하된 상품〔주택〕을 예전의 명목적 가치대로 구매하도록 한다고 해서 고쳐질 수 없음은 분명하다. 더군다나 여기서 모든 것은 전도되어 나타나는데, 이 종잇조각들의 세계에서는 어디에서도 실제의 가격과 그 계기들이 보이지 않기 때문이다. (…) 이런 왜곡은 나라 전체의 화폐거래가 집중되어 있는 런던 같은 중심지에서 특히 명백한데, 여기서 전과정은 이해할 수 없게 된다.[48]

이 대목에서 우리는 분배의 한 측면, 즉 놀고 있는 화폐를 전환하여 이자 낳는 화폐의 순환 속에 투입하는 어음교환소로 기능하는 측면이 지닌 힘과 중요성에 대해 생각하게 된다. 여기서 경제적 이성의 광기는 반가치의 창출과 부채노역의 증진을 통해 지배력을 행사한다. (IMF가 빈번히 언급하듯이) 과잉유동성이 흘러넘치는 세계에서 이 화폐는 미래의 잉여가치 생산을 담보로, 그것의 확실성에 근거하여 동원되고 집중되고 대출되어야 한다. 미래의 자기 몫을 요구하는 일종의 반(反)자본으로 과잉화폐를 전화하는 일이 금융기관 내부에서 수행된다. 대출자는 내내 그 화폐에 대한 재산권을 보유하며, 일정 기간 내의 화폐가치 수익과 더불어 잉여, 즉 이자와 자본이득—이는 기업자산 증가에 대한 주식시장에서의 평가로도 달성될 수 있다—을 기대한다.

화폐에서 반가치로의 이 전화 작업(맑스라면 변신metamorphosis

이라고 부를 테지만)의 전반적 관리자는 대체로 내가 다른 곳에서 '국가-금융 연계'[49]라고 부른 것 안에 위치한다. 미국에서 (그리고 대부분의 서구 민주주의 국가에서) 이는 (국가장치 내에서 언제나 특별한 위치를 점하는) 재무부와 민간은행제도의 정점인 중앙은행 간의 긴밀한 협력으로 구성된다. 이런 종류의 구조는 1694년 잉글랜드은행의 설립과 더불어 처음 생겨났다. 부유한 상인들은 스튜어트 왕가 군주들의 방탕함으로 파산 상태이던 국가에 신용과 금융을 제공하는 댓가로, 윌리엄과 메리*가 내준 은행 특허에 따라 막대한 힘과 함께 독점을 인정받았다. 국가와 금융 간 힘의 균형은 시간이 지나면서 변해왔다. 대통령 재임 초기에 빌 클린턴(Bill Clinton)이 자신의 경제계획은 채권소유자의 동의에 의존한다고 인정한 이후로 줄곧 미국에서 핵심 직책인 재무장관직은 주로 골드만삭스 출신 인사가 차지해왔다.

이 국가-금융 연계는 민주주의적으로 또는 대중에 의해 통제되지 않는다. 자본 전반의 이익을 위해 민간은행제도를 규제하고 통제하라는 것이 그것에 위임된 사항이다. 금융은 "계급의 공동자본"이 어떻게 관리될 것인가의 문제라고 맑스는 말한다.[50] 전체로서의 국가-금융 연계는 모든 유기적 총체 내부에 구현된 중추신경계와 유사하다. 그것은 예치되어 놀고 있는 화폐를 반자본으로 전화하는 레버리징을 재가하고 보장한다. 앞서 보았듯이 반자본의 역할은 가능

* 명예혁명 직후 1689년부터 잉글랜드를 공동 통치한 윌리엄 3세William III와 메리 2세Mary II를 말한다. 메리 2세의 동생 앤Anne의 통치를 끝으로 스튜어트왕조는 막을 내린다.

한 한 많은 경제 행위자의 미래를 압류하는 것, 그리고 모든 자—소비자와 생산자, 상인, 지주, 심지어 금융업자 자신까지—를 부채 노역의 상태에 처하게 하는 것이다.

"특별한 종류의 상품"으로서의 자본은 언제나 "그것에 특유한 특별한 종류의 소외를 지녀"왔다.[51] "신용제도의 엄청난 전체 범위, 그리고 신용 전반은 은행가들에 의해 그들의 사적 자본으로 이용된다. 이 작자들은 자기들의 자본과 수입을 언제까지나 화폐 형태로, 또는 화폐에 대한 직접적 청구권의 형태로 지닌다. 이 계급에 의한 부의 축적은 현실적인 축적과는 매우 다른 방식으로 진행될 수 있지만, 어쨌거나 그것은 그 계급이 현실적인 축적의 상당 부분을 챙겨 넣는다는 것을 보여준다."[52] 문제는 금융이 대개 "어떤 영역들에서 독점을 낳고, 따라서 국가 개입을 유발한다"는 것이다. "그것은 새로운 금융귀족, 즉 기업의 발기인, 투기꾼, 그저 명목뿐인 이사 등의 모습을 한 새로운 종류의 기생집단을 재생산한다. 기업 진흥, 주식 발행, 주식거래 등과 관련한 협잡과 사기의 전체계를 재생산하는 것이다."[53] 더욱이 "잉여가치가 이자라는 무익한 형태로 이해되면 그 한계는 단지 양적인 것이 되"는데,* 그 결과는 "온갖 환상을 무색하게 한다"고 맑스는 덧붙인다.[54] 악무한이 그 추한 고개를 든다. 경제 붕괴의 시기에 월가 사람들이 스스로 챙긴 보너스는 "온갖 환상을 무색하게 한다." 2011년 월가의 주코티 공원에 갑자기 나타난 '점령하

* 여기서 맑스는 잉여가치가 과잉노동의 산물이라는 사실에 의해 자본축적에 질적 한계가 설정된다고 주장하고 있다. 그가 말하는 질적 한계는 총노동일의 한계, 즉 동시에 착취될 수 있는 노동일의 한계다.

라' 운동을 격분하게 한 것이 바로 그것이다.

채무의 규율 효과는 현시대 자본 형태의 재생산에 필수적이다. 부채는 더이상 우리가 밀턴 프리드먼(Milton Friedman)•이 그의 자본주의 찬가에서 가정하듯이 '자유롭게 선택'하지 못함을 의미한다. 자본은 성경이 요청하듯이 우리 부채를 용서하지 않고, 우리가 미래의 가치생산을 통해 부채를 상환하기를 고집한다. 미래는 이미 예언되었고 압류되었다(10만 달러의 학자금 대출을 받은 학생 아무에게나 물어보라). 부채는 미래 가치생산의 어떤 구조 안에 우리를 가둔다. 부채노역은 자본에 특수한 형태의 노예 상태를 강요하기 위해 자본이 선호하는 수단이다. 채권소유자의 힘이 국가 주권을 전복하고 가두고자 할 때 그것은 두배로 위험해진다. 자본의 유일한 생존양식이 국가-금융 연계를 통해 달성되는 응집과 융합인 것은 이런 이유에서다. 이와 더불어 일체의 실질적인 영향력과 힘으로부터의 전인구의 소외가 완성된다. 국가도 자본도 박탈과 무력화를 어떤 식으로든 완화시킬 수 없다. 아테네는 전통적으로 민주주의의 요람으로 추켜세워진다. 오늘날 그것은 부채노역의 요람, 모든 민주주의의 철저하고 완전한 파괴의 요람일 뿐이다.

타락시키고 소외시키는 화폐의 힘—그것이 이자 형태를 취할 때는 마치 '홀린 사랑'(love possessed)처럼 행동한다—은 문제의 일부다. 여기 연루된 소외를 인식한 것은 맑스뿐만이 아니었다. 부

• (1912~2006) 미국의 경제학자. 케인즈주의에 맞서 자유주의 시장경제를 옹호한 것으로 유명하다.

르주아 질서의 심오한 옹호자이나 긴혹 신랄한 비판자가 되기도 하는 케인즈조차 이 문제에 관해 자기 의견을 내놓았다.

부의 축적이 더이상 사회적으로 큰 중요성을 띠지 않게 되면 도덕률에 중대한 변화가 있을 것이다. 우리는 2백년 동안이나 우리를 짓눌러온 사이비도덕 원칙들—이를 통해 우리는 인간의 자질에서 가장 혐오스러운 어떤 것들을 최고의 미덕의 자리에 올려놓았다—가운데 많은 것을 떨쳐낼 수 있을 것이다. 우리는 금전적 동기를 감히 그 진정한 가치에 따라 평가할 여유를 지닐 수 있을 것이다. 삶의 즐거움과 삶의 현실에 다가가는 수단으로서의 돈에 대한 사랑과 구별되는, 소유물로서의 돈에 대한 사랑은 그 본래의 모습대로 인식될 텐데, 그것은 다소 역겨운 병적인 상태, 우리가 진저리를 치며 정신병 전문가의 손에 맡기는, 반은 범죄적이고 반은 병적인 성향들 중 하나다. 그렇게 되면, 자본의 축적을 증진하는 데 엄청나게 유용하기 때문에 아무리 그 자체로는 혐오스럽고 부당하다 해도 우리가 현재 어떤 댓가를 치르든 유지하고 있는 온갖 종류의 사회적 관습과 경제적 관행, 부와 경제적 상벌의 분배에 영향을 미치는 그 관습과 관행을 우리는 마침내 자유롭게 폐기하게 될 것이다.[55]

온갖 종류의 사회적 의미를 담고 있을 인간의 부가 갈수록 화폐력이라는 단일한 측정기준에 갇힌다는 것은 그 자체로 문제적이다. 맑스는 다음과 같이 말한다. "편협한 부르주아적 형태가 벗겨지고 나면,"

부란 개인의 필요, 능력, 쾌락, 생산력 등등의 보편성이 아니면 무엇이란 말인가? (…) 창조적 잠재력의 절대적 발현, (…) 하나의 특정성 속에서 자신을 재생산하는 대신 자신의 총체성을 생산하는 것, 이미 형성된 어떤 모습을 유지하려 애쓰는 대신 되어감(becoming)의 절대적 운동 속에 있는 것〔이 부가 아닌가—옮긴이〕? 부르주아 경제학에서—그리고 이에 조응하는 생산 시기에—인간적 내용의 이러한 완전한 발현은 완전한 비움(emptying-out)으로, 이 보편적 대상화는 총체적 소외로, 모든 편협한 일면적 목표의 해체는 완전히 외적인 목적에 대한 인간적 목적 자체의 희생으로 나타난다.[56]

이것이야말로 "온갖 환상을 무색하게 한다." 이것이 우리가 살고 있는 정신 나간, 심히 우려되는 세계다.

철학자 자끄 데리다(Jacques Derrida)는 브리티시컬럼비아에 있는 토착공동체의 '포틀래치'(potlatch) 의례*에 대한 마르셀 모스(Marcel Mauss)**의 설명에 관해 논평하면서 '경제적 이성의 광기'라는 문구를 만들어냈다. 이 주기적 의례에는 위신과 명예와 지위를 획득하기 위해 소유물을 나눠주거나 파괴하는 집안들 간의 경쟁이 동반되었다. 이 의례에 대한 서구의 초기 설명들은 그것을 시장

---

* 과거에 북미 북서해안 인디언들 사이에 행해지던 축하연. 행사를 주최한 사람은 손님들에게 음식과 선물을 풍성하게 나눠주었고, 이를 통해서뿐만 아니라 자신의 귀중품을 여러 사람 앞에서 파괴하는 행위를 통해 자신의 부와 지위를 과시하곤 했으며 대접을 받은 사람은 주최 측에 그 이상의 대접을 할 의무가 있었다고 전해진다.

** (1872~1950) 프랑스의 사회학자, 인류학자. 에밀 뒤르켐(Émile Durkheim)의 조카이기도 하다. 『증여론』(*Essai sur le don*, 1925, 영문판 제목은 *The Gift*)이 주저로 꼽힌다.

경제의 경제적 개념들에 입각하여 해석했다. 그 관점에서, 그리고 계몽주의적 이성의 관점에서 수년에 걸쳐 어렵게 쌓은 개인과 집안의 부의 희생은 비합리적으로 보였다. 모스는 그런 언어가 사태를 오도한다고 생각했다. 그는 '부채'와 '상환'의 개념을 '증여'와 '답례' 개념으로 대체했다. 이로부터 대안적인 비(非)시장 선물경제(gift economy)의 개념이 나오는데, 이는 오늘날까지도 어떤 이들에게 매력적으로 다가온다. 데리다는 국가가 관리하는 사회복지에 대한 적절한 대체물로서 그것을 반긴 듯하다. 그러나 모스가, 나아가 데리다가 그토록 강한 인상을 받은 또다른 것은 종종 포틀래치의 절정을 이룬 파괴의 극렬한 광기였다. 모스는 다음과 같이 썼다. "심지어 그것은 증여와 보답의 문제도 아니었고, 답례를 원하는 듯이 보이는 것조차 피하기 위해 파괴하는 문제였다. 박스들을 가득 채운 율라칸(촛불고기)• 기름이나 고래 기름을 불태우고, 집과 수천장의 담요도 불태운다. 구리로 된 가장 귀중한 물건들을 부수고 물에 던지는데, 경쟁자를 짓밟고 '납작하게 만들기' 위해서다." 모스가 정말로 광적이라고 생각한 것이 이것이다. "이러한 광기가 '증여'라는 말이나 그 의미 자체를 불살라버려 그 재(…)를 돌아올 수 없게 흩뿌리기 시작하는 순간이 언제나 있다"는 것이 데리다의 논평이다.[1]

여기서 내가, 어떤 아이들이 다른 아이들이 모래 위에 공들여 만든 성을 짓밟으며 쾌감을 느끼는 것처럼 보이는 것과 유사하게 자본은 무엇이든 자기가 세운 것을 허물려는 어떤 원초적 본능에 때

• 북태평양에서 잡히는 식용 물고기.

로 굴복한다고 말하려는 것은 아니다. 자본주의 역사에서 운명이 또는 신들이 한 일처럼 보이는 (또는 그렇게 제시되는) 것이 실은 자본 자체의 산물임을 보여주는 것이 맑스의 주장이었기 때문이다. 그러나 그가 이 점을 보여주는 데는 대안적인 개념적 장치가 필요했다. 가령 맑스가 쓴 글에 따르면 자본주의 생산양식은 "신용화폐의 가치저하가 (…) 모든 기존 관계를 파괴하리라"는 점을 인식해야 한다. 이제 우리가 너무나 잘 알고 있듯이, 무슨 일이 있어도 은행들은 구제되어야 한다. "따라서 상품의 가치는 화폐 형태로 된 이 가치의 환상적이고 자율적인 존재를 보장하기 위해 희생된다. 어쨌거나 화폐가치는 화폐 자체가 보장되는 한에서만 보장된다." 우리가 또한 알고 있듯이 인플레이션은 무슨 일이 있어도 억제되어야 한다. "이것이 불과 몇백만 파운드스털링의 화폐를 위해 수백만 파운드스털링어치의 상품이 희생되어야 하는 이유다.• 이는 자본주의적 생산에서 불가피하며, 이 생산 특유의 매력 가운데 하나이기도 하다." 사회적 필요가 어떻든지 간에 사용가치는 희생되고 파괴된다.[2] 이 얼마나 정신 나간 짓인가?

이제까지 우리는 자본이 운동하는 가치라고 주장했다. 그 자본순환 과정 안에 방해물이 주기적으로 나타난다. 그러면 자본은 "그 변신을 완수할 수 없기 때문에 그 재생산의 국면들 중 하나에 응결된" 채로 있다. 뒤따르는 위기 속에,

---

• 원문은 "This is why many millions' worth of commodities have to be sacrificed for a few millions in money"인데, "many millions"와 "a few millions"를 부득이 위와 같이 구별해 옮겼다.

> 누구나 상품을 판매해야 하지만 판매할 수 없고, 그렇지만 지불을 위해서는 판매해야 한다. (…) 이미 투자된 자본은 재생산과정이 정체되었으므로 사실상 대거 유휴화된다. 공장은 놀고, 원자재는 쌓이고, 완제품은 상품이 되어 시장에 차고 넘친다. 따라서 이런 상황을 생산자본의 부족 탓으로 돌리는 것은 더없이 잘못된 것이리라. 바로 이 순간에, 한편으로는 잠시 수축되었을지언정 정상인 재생산 규모에 비해, 또 한편으로는 장애가 생긴 소비에 비해 생산자본은 과잉이다.[3]

이것이 지난 40년간 우리가 살면서 겪고 또 겪어온 광기다. 과잉자본과 갈수록 더 늘어나는 과잉노동 및 처분 가능한 노동이, 그토록 절실히 필요한 사용가치를 생산하도록 그 둘을 결합할 그 어떤 방도도 없이 나란히 존재한다. 아직도 세계에서 가장 부유한 나라인 미국에서 아동의 3분의 1이 가난 속에, 그리고 종종 유해한 환경 속에 살며 굶주림과 납중독으로 고통받고, 그러면서 강제 긴축정책 때문에 기본적인 사회복지와 교육 기회에 대한 접근을 거부당하는데도 말이다. 이보다 더 미쳐 돌아갈 수 있을까?

맑스가 『자본』과 그밖의 정치경제학적 저술에서 하는 일은 자본주의 생산양식의 일상적 작동 속에서 나타나는 그 모든 혼란을 꿰뚫고 나아가, 무한한 자본축적의 어떤 단순한 (그러나 결국에는 그렇게 단순하지만도 않은) 이론에 편입될 추상들의 정식화를 통해 그 생산양식의 본질—그 내적 운동법칙—에 가닿는 길을 제시하는 것이다.

진정한 과학이 시작되는 지점은 이 개념들, 추상들, 이론적 정식들을 다시 일상생활의 표면으로 끌고 올라가, 그것들이 사람들 일반, 그러나 특히 노동자들이 생존을 위한 투쟁 속에 맞이하는 일상적 투쟁의 이유와 원인을 어떻게 조명할 수 있는지를 보여줄 때이다. 이것이 자본의 개념이 수행하기로 되어 있는 일이며 또 우리가 달성해야 할 일인바, 맑스는 『자본』이라는 책이 그 일을 하는 우리에게 도움을 주기를 바랐다. 나는 이 책에서 맑스의 사유에 대한 해명을 통해 다음과 같은 점이 전달되었기를 바란다. 즉, 맑스의 길은 우리가 따라가야 할 유일한 대로가 아니라 하나의 열린 문, 그것을 통해 나아가면 지금의 우리 현실에 영향을 미치는 근본적인 문제들을 갈수록 더 잘 이해하게 되는 그런 문이었다는 것이다. 우리가 오늘날 그 모든 혼란스럽고 일견 제정신이 아닌 듯한 정치적 표현들과 더불어 이 현실을 이해해야만 한다면 자본이 어떻게 작동하는지에 대한 어떤 탐구는 분명 그 토대를 이룬다. 오늘날의 정치가 제정신이 아닌 것처럼 보인다면(내게는 그렇게 보인다), 경제적 이성의 광기가 그와 어떤 관련이 있을 것이다. 사실 때로 우리는 사악하고 광포한 정치적 세계에서 고문하고 비난할 대상을 찾는 것 같다. 물론 지금의 해악들을 철저히, 낱낱이 따질 때 자본만이 비난의 대상이 될 수 있는 것은 아니다. 그러나 자본이 지금 우리가 겪는 문제들과 아무 관련이 없는 척하는 것, 그리고 자본이 작동하는 방식, 우리들 사이에서 순환하고 축적하는 방식에 대한 설득력 있는, 즉 물신적이지 않고 변호적이지 않은 표상이 필요 없는 척하는 것은 인류에 대한 범죄이며, 이에 대해 인류 역사는, 만일 그토록 오래 지속된다면, 준엄한 심판을 내릴 것이다.

| 인용문헌 |

맑스의 저작

Capital: A Critique of Political Economy, Vol. 1. London: New Left Review 1976.

Capital: A Critique of Political Economy, Vol. 2. London: New Left Review 1978.

Capital: A Critique of Political Economy, Vol. 3. London: New Left Review 1981.

A Contribution to the Critique of Political Economy. London: Lawrence and Wishart 1970.

The Economic and Philosophic Manuscripts of 1844. New York: International Publishers 1964.

Grundrisse. London: Penguin Books 1973.

The Poverty of Philosophy. New York: International Publishers 1963.

"Results of the Immediate Process of Production"(Appendix to *Capital*, Vol. 1). In *Capital*, Vol. 1. London: New Left Review 1976.

Theories of Surplus Value, Part 1. London: Lawrence and Wishart 1969.

Theories of Surplus Value, Part 2. London: Lawrence and Wishart 1969.

Theories of Surplus Value, Part 3. London: Lawrence and Wishart 1972.
Value: Studies by Karl Marx. Trans. and ed. Albert Dragstedt. London: New Park Publications 1976.
Wage Labour and Capital. Peking: Foreign Languages Press 1978.
Wages, Price and Profit. Peking: Foreign Languages Press 1965.

맑스·엥겔스 공저

Manifesto of the Communist Party. Moscow: Progress Publishers 1952.
Selected Correspondence. Moscow: Progress Publishers 1955.

기타 자료

The Marx-Engels Reader, 2nd edition. Ed. Robert Tucker. New York: Norton 1978.

| 주 |

머리말

1 Jonathan Sperber, *Karl Marx: A Nineteenth Century Life* (New York: Liveright Publishing 2013); Gareth Stedman Jones, *Karl Marx: Greatness and Illusion* (Cambridge, MA: Belknap Press 2016).

1장 운동하는 가치로서의 자본의 시각화

1 노동가치론의 전사는 다음 책에서 상당 부분 다루어진 바 있다. Ronald L. Meek, *Studies in the Labour Theory of Value* (London: Lawrence and Wishart 1973). 가치이론을 두고 큰 논쟁이 벌어진 1970년대 당대의 사유 양상에 대한 광범위한 개관으로는 다음 책에 실린 열한편의 논문을 참조할 수 있다. Ian Steedman, ed., *The Value Controversy* (London: Verso/New Left Books 1981). 나는 다음 저작들을 참조했다. Diane Elson, ed., *Value: The Representation of Labour in Capitalism* (London: CSE Books 1979); Michael

Heinrich, *An Introduction to the Three Volumes of Karl Marx's Capital*, trans. Alexander Locascio (New York: Monthly Review Press 2004); George Henderson, *Value in Marx: The Persistence of Value in a More-Than-Capitalist World* (Minneapolis: University of Minnesota Press 2013); Neil Larsen, Mathias Nilges, Josh Robinson, and Nicholas Brown, eds., *Marxism and the Critique of Value* (Chicago: MCM Press 2014); Bertell Ollman, *Alienation: Marx's Conception of Man in a Capitalist Society* (London: Cambridge University Press 1971); Roman Rosdolsky, *The Making of Marx's Capital*, trans. Pete Burgess (London: Pluto Press 1977); Isaak I. Rubin, *Essays on Marx's Theory of Value* (Montreal: Black Rose Books 1973).

2 *Grundrisse*, 309면.

3 *Grundrisse*, 1면, 149면.

4 *Grundrisse*, 251~54면.

5 Nancy Fraser, "Behind Marx's Hidden Abode: For an Expanded Conception of Capitalism," *New Left Review* 86 (2014) 55~72면.

2장 『자본』이라는 책

1 *Capital*, Vol. 1, Ch. 2.

2 *Capital*, Vol. 1, 799면.

3 *Capital*, Vol. 2, 109면.

4 *Capital*, Vol. 2, 469면.

5 *Capital*, Vol. 2, 199, 225, 261, 357, 396면.

6 *Capital*, Vol. 2, 391면.

7 *Selected Correspondence*, 206면.

8 *Capital*, Vol. 3, 267면.

9 *Capital*, Vol. 3, 311면.

10 *Capital*, Vol. 3, 490면.

11 *Capital*, Vol. 3, 516면.

12 *Capital*, Vol. 3, Ch. 29.

13 *Capital*, Vol. 3, 573면.

14 David Graeber, *Debt: The First 5,000 Years*, Updated and Expanded (Brooklyn: Melville Books 2014).

15 *Capital*, Vol. 3, 501면.

16 가공자본의 중요성에 관하여 다음을 참조하라. David Harvey, *A Companion to Marx's Capital*, Vol. 2 (London: Verso 2013) 240~66면(한국어판 『데이비드 하비의 맑스 『자본』 강의 2』, 강신준 옮김, 창비 2016); Cédric Durand, *Fictitious Capital: How Finance Is Appropriating Our Future*, trans. David Broder (London: Verso 2017).

17 *Grundrisse*, 278면.

18 *Grundrisse*, 99~100면.

19 *Capital*, Vol. 1, 92면.

20 맑스가 펼쳐놓은 다양한 계획을 체계적으로 논하는 책으로 다음을 참조하라. Roman Rosdolsky, *The Making of Marx's Capital*.

21 *Theories of Surplus Value*, Part 3, 120면.

3장 가치의 표상으로서의 화폐

1 *Capital*, Vol. 1, 128, 138~39면.

2 *Grundrisse*, 149, 236면.

3 *Grundrisse*, 776면.

4 *Grundrisse*, 535면.

5 *Capital*, Vol. 1, 169~72면.

6 *The Poverty of Philosophy*; *Grundrisse*, 115~238면.

7 Peter Hudis, *Marx's Concept of the Alternative to Capitalism* (Chicago: Haymarket 2012) 107면.

8 David Harvey, *Paris: Capital of Modernity* (New York: Routledge 2003) Ch. 8.

9 *Capital*, Vol. 1, 91~92면.

10 Anitra Nelson, *Marx's Concept of Money* (New York: Routledge 2014); Thomas Greco, Jr., *The End of Money and the Future of Civilization* (White River Junction, VT: Chelsea Green Publishing 2009).

11 Michael Piore and Charles Sabel, *The Second Industrial Divide: Possibilities for Prosperity* (New York: Basic Books 1986); David Harvey, *The Condition of Postmodernity: An Enquiry into the Origins of Cultural Change* (Oxford: Blackwell 1989).

12 Michel Bauwens, "Towards the Democratisation of the Means of Monetisation," mimeo, Brussels, 21 October 2013; Ursula Huws, *Labor in the Global Digital Economy: The Cybertariat Comes of Age* (New York: Monthly Review Press 2014).

13 *Grundrisse*, 134면.

14 *Grundrisse*, 145~46면.

15 *Grundrisse*, 776면.

16 *Grundrisse*, 122~23면.

17 Anitra Nelson and Frans Timmerman, eds., *Life Without Money: Building Fair and Sustainable Economies* (London: Pluto Press 2011).

18 *Capital*, Vol. 1, 148면.

19 *Capital*, Vol. 1, 150면.

20 *Capital*, Vol. 1, 151면.

21 *Capital*, Vol. 1, 229~30면.

22 *Grundrisse*, 146면.

23 *Grundrisse*, 146면.

24 *Capital*, Vol. 1, Ch. 3.

25 *Capital*, Vol. 1, 221~22면.

26 *Grundrisse*, 210면.

27 *Capital*, Vol. 1, 196면.

28 *Capital*, Vol. 1, 197면.

29 *Capital*, Vol. 1, 236면.

30 Pierre Bourdieu, *Distinction: A Social Critique of the Judgment of Taste*, trans. Richard Nice (Cambridge, MA: Harvard University Press 1984); Adam Arvidsson and Nicolai Peitersen, *The Ethical Economy: Rebuilding Value After the Crisis* (New York: Columbia University Press 2013).

31 *Capital*, Vol. 3, 727면.

32 *Capital*, Vol. 3, 708면.

33 *Capital*, Vol. 3, 649면.

34 *Capital*, Vol. 3, 706~708면.

35 *Capital*, Vol. 3, 528면.

36 *Capital*, Vol. 3, 569면.

37 *Capital*, Vol. 3, 516면.

38 *Capital*, Vol. 3, Ch. 23.

39 *Capital*, Vol. 3, 569면.

40 *Capital*, Vol. 3, 570면.

41 *Capital*, Vol. 3, 570~71면.

4장 반(反)가치: 가치저하 이론

1 *Capital*, Vol. 1, 131면.

2 *Grundrisse*, 543면.

3 *Capital*, Vol. 1, 202면.

4 *Capital*, Vol. 1, 103면; Fred Moseley and Tony Smith, eds., *Marx's Capital and Hegel's Logic: A Reexamination* (Chicago: Haymarket Press 2015).

5 *Grundrisse*, 441면.

6 *Grundrisse*, 621면.

7 *Grundrisse*, 403, 447, 542, 621면. David Harvey, *The Limits to Capital* (Oxford: Basil Blackwell 1982) 85~89면도 참조.

8 *Theories of Surplus Value*, Part 2, 514면.

9 *Grundrisse*, 621면.

10 *Capital*, Vol. 1, 201면; *Grundrisse*, 527면.

11 *Capital*, Vol. 2, 396면; "The Immediate Results of Production," in *Capital*, Vol. 1, 1033면.

12 Mario Tronti, "Our Operaismo," *New Left Review* 73 (2012); Antonio Negri, *Marx Beyond Marx: Lessons on the Grundrisse*, trans. Harry Cleaver, Michael Ryan and Maurizio Viano, ed. Jim Fleming (New York: Autonomedia 1991).

13 Karl Marx, "The Civil War in France," in *The Marx-Engels Reader*, 2nd edn., edited by Robert Tucker (New York: Norton 1978) 636면.

14 *Capital*, Vol.3, 991면.

15 George Henderson, *Value in Marx: The Persistence of Value in a More-Than-Capitalist World* (Minneapolis: University of Minnesota Press 2013) 참조.

16 *Capital*, Vol.2, Ch.8.

17 *Grundrisse*, 732면.

18 *Capital*, Vol.1, 254면.

19 *Capital*, Vol.1, 233면.

20 Ananya Roy, *Poverty Capital: Microfinance and the Making of Development* (New York: Routledge 2011).

21 Robin Blackburn, *Banking on Death, Or Investing in Life: The History and Future of Pensions* (London: Verso 2004).

22 *Capital*, Vol.1, 208~209면.

23 *Capital*, Vol.3, 599면.

24 *Capital*, Vol.3, Ch.24.

25 *Capital*, Vol.3, 572~73면.

26 Robert Wade and Frank Veneroso, "The Asian Crisis: The High Debt Model Versus the Wall Street-Treasury-IMF Complex," *New Left Review* 228 (1998) 3~22면.

27 *Theories of Surplus Value*, Part 2, 495~96면.

28 *Grundrisse*, 531면; *Capital*, Vol.3, 199면.

29 *Capital*, Vol.2, Ch.6.

30 *Capital*, Vol.1, 344면.

31 Peter Hudis, *Marx's Concept of the Alternative to Capitalism*.

32 맑스의 시간 문제에 관해서는, Daniel Bensaïd, *Marx for Our Times: Adventures and Misadventures of a Critique*, trans. Gregory Elliott (London:

Verso 2002); Stavros Tombazos, *Time in Marx: The Categories of Time in Marx's Capital* (Chicago: Haymarket 2014) 참조.

33 *Grundrisse*, 708면.

34 *Capital*, Vol. 1, 644면.

35 Susan Himmelweit and Simon Mohun, "Domestic Labour and Capital," *Cambridge Journal of Economics* 1 (1977) 15~31면.

36 David Harvey, *The Enigma of Capital* (London: Profile Books 2010) Ch. 5.

37 *Capital*, Vol. 3, 357면.

38 Michael Hudson, "The Road to Debt Deflation, Debt Peonage, and Neofeudalism," Working Paper No. 709, Annandale-on-Hudson, NY: Levy Economics Institute of Bard College, February 2012; Michael Hudson, *Killing the Host: How Financial Parasites and Debt Destroy the Global Economy* (Dresden: ISLET-verlag 2015).

5장 가치 없는 가격

1 *Capital*, Vol. 1, 751면.

2 Neil Smith, *Uneven Development: Nature, Capital and the Production of Space* (Oxford: Wiley 1990).

3 *Capital*, Vol. 1, 718면.

4 *Capital*, Vol. 1, 451면.

5 Michel Bauwens, "Towards the Democratisation of the Means of Monetisation."

6 Yann Moulier Boutang, *Cognitive Capitalism* (Cambridge: Polity 2011); Carlo Vercellone, "From Formal Subsumption to General Intellect: Elements

for a Marxist Reading of the Thesis of Cognitive Capitalism," *Historical Materialism* 15 (2007) 13~36면.

7 *Grundrisse*, 685~95면.

8 *Capital*, Vol. 1, 284면.

9 "Results of the Immediate Process of Production," in *Capital*, Vol. 1, 1044면.

10 Adam Arvidsson and Nicolai Peitersen, *The Ethical Economy: Rebuilding Value After the Crisis*.

11 Ursula Huws, *Labor in the Global Digital Economy: The Cybertariat Comes of Age*.

12 *Grundrisse*, 690~706면.

13 *Grundrisse*, 765면.

14 Neil Larsen, Mathias Nilges, Josh Robinson, and Nicholas Brown, eds., *Marxism and the Critique of Value*.

15 David Harvey, "Crisis Theory and the Falling Rate of Profit," *The Great Financial Meltdown of 2008: Systemic, Conjunctural or Policy Created?*, ed. Turan Subasat (Cheltenham: Edward Elgar 2016).

16 David Harvey, "The Art of Rent," *Rebel Cities: From the Right to the City to the Urban Revolution* (London: Verso 2012).

17 "Results of the Immediate Process of Production," *in Capital*, Vol. 1, 1019~49면.

18 Paul Mason, *PostCapitalism: A Guide to Our Future* (London: Penguin 2016).

19 Martin Ford, *The Lights in the Tunnel: Automation, Accelerating Technology and the Economy of the Future* (United States of America: Acculent™ Pubishing 2009).

20 Fred Moseley, *Money and Totality: A Macro-Monetary Interpretation of Marx's Logic in Capital and the End of the 'Transformation Problem'* (Leiden: Brill 2015).

6장 기술의 문제

1 *Capital*, Vol. 1, Ch. 12.

2 *Capital*, Vol. 1, 393~97면.

3 *Capital*, Vol. 1, 562면.

4 *Capital*, Vol. 1, 493~94면.

5 Turan Subasat, ed., *The Great Financial Meltdown of 2008: Systemic, Conjunctural or Policy Created?*; Neil Larsen, Mathias Nilges, Josh Robinson, and Nicholas Brown, eds., *Marxism and the Critique of Value*.

6 David Harvey, *A Brief History of Neoliberalism* (Oxford: Oxford University Press 2005).

7 "Results of the Immediate Process of Production," *in Capital*, Vol. 1, 1019~49면.

8 David Harvey, "Crisis Theory and the Falling Rate of Profit"; *Capital*, Vol. 1, 616~17면.

9 *Capital*, Vol. 1, 508면.

10 *Capital*, Vol. 1, 512~13면.

11 *Capital*, Vol. 1, 481~82면.

12 *Capital*, Vol. 1, 620~21면.

13 *Capital*, Vol. 1, 618면.

14 *Capital*, Vol. 1, 505면.

15 *Capital*, Vol. 1, 506면.

16 *Grundrisse*, 704면.

17 Robert Gordon, *The Rise and Fall of American Growth: The U.S. Standard of Living since the Civil War* (Princeton: Princeton University Press 2016).

18 Denis Poulot, *Le sublime* (Paris: F. Maspero 1980).

19 Erik Brynjolfsson and Andrew McAfee, *The Second Machine Age: Work, Progress, and Prosperity in a Time of Brilliant Technologies* (New York: Norton 2014).

20 *Capital*, Vol. 1, 492면.

21 *Grundrisse*, 704~706면.

7장 가치의 시간과 공간

1 *Selected Correspondence*, 208면.

2 *Communist Manifesto*.

3 *Grundrisse*, 407면.

4 *Theories of Surplus Value*, Part 2, 253면.

5 *Grundrisse*, 539면.

6 *Capital*, Vol. 2, 328면.

7 David Harvey, "The Geography of Capitalist Accumulation: A Reconstruction of the Marxian Theory," *Spaces of Capital: Towards a Critical Geography* (New York: Routledge 2001) 76면.

8 *Capital*, Vol. 1, 579~80면.

9 *Capital*, Vol. 1, 579~80면.

10 David Harvey, "The Spatial Fix: Hegel, von Thunen and Marx," *Spaces of*

Capital: Towards a Critical Geography.

11 *Capital*, Vol. 1, Ch. 33.

12 Rosa Luxemburg, *The Accumulation of Capital* (New York: Routledge 1951).

13 *Capital*, Vol. 1, 931~32면.

14 Noam Chomsky, *On Power and Ideology* (Boston: South End Press 1990) 14면에서 재인용.

15 Massimiliano Tomba, *Marx's Temporalities* (Chicago: Haymarket Books 2014); Stavros Tombazos, *Time in Marx: The Categories of Time in Marx's Capital*; Daniel Bensaïd, *Marx for Our Times: Adventures and Misadventures of a Critique*.

16 *Grundrisse*, 746면.

17 이하에서 나는 다음 글에 크게 기댄다. David Harvey, "Space as a Key Word," *Spaces of Global Capitalism: A Theory of Uneven Geographical Development* (London: Verso 2006).

18 Georg Simmel, "The Metropolis and Mental Life," *On Individuality and Social Forms*, ed. Donald Levine (Chicago: Chicago University Press 1971).

19 Stephen Kern, *The Culture of Time and Space, 1880–1918* (London: Weidenfeld and Nicolson 1983).

20 Daniel Bensaïd, *Marx for Our Times: Adventures and Misadventures of a Critique*, 73면.

21 Alfred N. Whitehead, "La Théorie Relationiste de l'Espace," *Revue de Métaphysique et de Morale* 23 (1916) 423~54면.

22 Oonagh McDonald, *Lehman Brothers: A Crisis of Value* (Manchester: Manchester University Press 2016).

23 Daniel Bensaïd, *Marx for Our Times: Adventures and Misadventures of a Critique*, 77면.

24 *Capital*, Vol. 2, 301면.

25 여기서 나는 David Harvey, *The Limits to Capital*의 8장에 실린 한층 더 상세한 설명에 기대고 있다.

26 *Grundrisse*, 706면.

27 *Grundrisse*, 694면.

28 *Grundrisse*, 707면.

29 *Grundrisse*, 707면.

30 *Capital*, Vol. 2, 242면.

31 *Grundrisse*, 731면.

32 *Capital*, Vol. 2, 186면.

33 *Grundrisse*, 732면.

34 *Capital*, Vol. 2, 264면.

8장 가치체제의 생산

1 Adrian Darnell, ed., *The Collected Economics Articles of Harold Hotelling* (New York: Springer Verlag 1990).

2 Peter Haggett, *Locational Analysis in Human Geography* (London: Edward Arnold 1965).

3 *Capital*, Vol. 1, 701면.

4 David Harvey, *Spaces of Capital: Towards a Critical Geography*의 제12장, "The Geography of Capitalist Accumulation: A Reconstruction of the Marxian Theory"는 이 주제에 대해 맑스가 여기저기에서 가한 논평의 세부

내용을 한데 모아놓았다.

5 *Capital*, Vol. 3, 345~46면.

6 *Theories of Surplus Value*, Part 3, 106면.

7 *Theories of Surplus Value*, Part 2, 201, 474~75면.

8 *Capital*, Vol. 3, Ch. 9.

9 Dealbook, "Blankfein Says He's Just Doing 'God's Work'," *New York Times*, 2009년 11월 9일자.

10 Chalmers Johnson, *MITI and the Japanese Miracle: The Growth of Industrial Policy, 1925-1975* (Stanford: Stanford University Press 1982).

11 *Capital*, Vol. 1, 222면.

12 *Capital*, Vol. 1, 222, 240~41면.

13 *Capital*, Vol. 1, 183, 207면.

14 *Capital*, Vol. 1, 162면.

15 *Capital*, Vol. 1, 775~78면.

16 *Capital*, Vol. 3, 571면.

17 Richard Baldwin, *The Great Convergence: Information Technology and the New Globalization* (Cambridge, MA: Belknap 2016).

18 *Capital*, Vol. 3, 999면.

19 David Harvey, "From Managerialism to Entrepreneurialism: The Transformation in Urban Governance in Late-Capitalism," *Geografiska Annaler, Series B, Human Geography* 71 (1) (1989) 3~17면.

20 *Capital*, Vol. 3, 1001면.

21 David Harvey, *The Limits to Capital*, Ch. 12 and Ch. 13.

22 David Harvey, *The Limits to Capital*, Ch. 12 and Ch. 13.

23 Gunnar Myrdal, *Economic Theory and Underdeveloped Regions* (London:

Methuen 1965).

24 *Capital*, Vol. 3, 623~24면.

25 Ellen M. Wood, *The Origin of Capitalism: A Longer View* (London: Verso 2002); David Harvey, *The New Imperialism* (Oxford: Oxford University Press 2003). 이 두 저서에 관한 논의와 논쟁에 대해서 *Historical Materialism* 14 (4) (2006)을 참조하라.

26 사미르 아민(Samir Amin), 조반니 아리기(Giovanni Arrighi), 피터 가원(Peter Gowan)의 저작들은 월러스틴(Immanuel Wallerstein)적 세계체제론의 무미건조한 형식주의와 1970년대 국가 논쟁 및 그 여파의 교착상태를 뛰어넘어 가치이론적 시각에서 지정학적 관계를 더 깊이 탐구하는 길을 열었다. 특히 다음 저작을 참조하라. Samir Amin, *The Law of World Wide Value* (New York: Monthly Review Press 2010); Samir Amin, *Three Essays on Marx's Value Theory* (New York: Monthly Review Press 2013); Giovanni Arrighi, *The Long Twentieth Century: Money, Power and the Origins of Our Times* (London: Verso 1994); Giovanni Arrighi and Beverley Silver, *Chaos and Governance in the Modern World System* (Minneapolis: University of Minnesota Press 1999); Peter Gowan, *The Global Gamble: Washington's Faustian Bid for World Dominance* (London: Verso 1999).

9장 경제적 이성의 광기

1 *Grundrisse*, 269면.

2 *Grundrisse*, 270~71면.

3 Wayne Martin, "In Defense of Bad Infinity: A Fichtean Response to Hegel's Differenzschrift," mimeo, Department of Philosophy, University of Essex;

Christopher Arthur, *The New Dialectic and Marx's Capital* (Leiden: Brill 2004) 137~52면.

4 *Grundrisse*, 270면.

5 *Capital*, Vol. 3, 595면.

6 *Grundrisse*, 413면.

7 *Capital*, Vol. 3, 476, 516면.

8 *Grundrisse*, 270~71면.

9 *Grundrisse*, 590면.

10 *Theories of Surplus Value*, Part 2, 468, 549면. 대부분의 경제학자는 외부효과와 불완전한 정보에서 발생하는 시장의 결함을 인식한다(심지어 그것을 '시장실패'market failures로서 연구한다). 케인즈주의 성향의 경제학자들은 위기와 공황을 타개하고자 경기순환을 둔화시키는 것을 주목적으로 하는 적절한 총수요·공급 관리에서 국가가 행하는 역할을 인식한다. 그러나 그들의 목표는 결함을 바로잡고 최적의 국가 개입 정책을 규정함으로써 조화로운 균형의 개념을 그 정당한 이론적 자리에 복원하는 것이다. 그들 중 어느 누구도, 심지어 진보정치적 입장을 자임하는 폴 크루그먼(Paul Krugman), 조지프 스티글리츠(Joseph Stiglitz), 제프리 색스(Jeffrey Sachs) 같은 사람들조차도 자본의 내적 모순이나 무한 복합성장의 '악무한'의 위험에 대해 어떤 개념도 갖고 있지 않다.

11 *Grundrisse*, 221면.

12 Federal Reserve Bank of St Louis, *Economic Reports*.

13 *Grundrisse*, 334~35면.

14 "Towering Above," *National Geographic* 229 (1) (2016).

15 International Monetary Fund/International Labour Organisation, "The Challenges of Growth, Employment and Social Cohesion"(2010년 노

드웨이 총리실 수최 ILO-IMF 공동 학술대회 발제문). http://www.osloconference2010.org/discussionpaper.pdf 참조.

16 Agence Presse Français, "China's Property Frenzy and Surging Debt Raises Red Flag for the Economy," *Guardian*, 2016년 11월 27일자.

17 Reuters, "China's Property Boom Continues as Prices Rise at Record Rate," *Fortune*, 2016년 10월 21일자.

18 Shen Hong, "China's Plan for Local Debt Amounts to a Bailout," *Wall Street Journal*, 2015년 6월 23일자.

19 International Monetary Fund, "Debt: Use It Wisely," *Fiscal Monitor*, World Economic and Financial Surveys, October 2016.

20 Wade Shepard, *Ghost Cities of China: The Story of Cities without People in the World's Most Populated Country* (London: Zed Books 2015.).

21 Robert Caro, *The Power Broker: Robert Moses and the Fall of New York* (New York: Vintage 1975).

22 Binyamin Appelbaum, "A Recovery that Repeats its Painful Precedents," *New York Times*, 2011년 7월 28일자.

23 David Harvey, *Paris: Capital of Modernity*.

24 Karl Marx, "The Civil War in France," in *The Marx-Engels Reader*.

25 William Tabb, *The Long Default: New York City and the Urban Fiscal Crisis* (New York: Monthly Review Press 1982).

26 David Harvey, *A Brief History of Neoliberalism*.

27 Matthew Goldstein, Rachel Abrams, and Ben Protess, "How Housing's New Players Spiraled into Banks' Old Mistakes," *New York Times*, 2016년 6월 26일자.

28 David Harvey, *The New Imperialism*.

29 Mian Ridge, "Three New 'Engines of Growth' to Watch in China," *Financial Times*, 2014년 9월 18일자.

30 Charles Clover and Lucy Hornby, "China's Great Game: Road to a New Empire," *Financial Times*, 2015년 10월 13일자.

31 *Capital*, Vol. 3, 595면.

32 Bruno Carvalho, Mariana Cavalcanti, and Vyjayanthi Venuturupalli, eds., *Occupy All Streets: Olympic Urbanism and Contested Futures in Rio de Janeiro* (New York: Terraform 2016).

33 Arzu Öztürkmen, "The Park, the Penguin and the Gas: Performance in Progress of Gezi Events," *The Drama Review*, Guest editor Carol Martin, Fall 2014.

34 Bill Keller, "The Revolt of the Rising Class," *New York Times*, 2013년 6월 30일자.

35 David Harvey, *Seventeen Contradictions and the End of Capitalism* (London: Profile Books 2013).

36 Bertell Ollman, *Alienation: Marx's Conception of Man in a Capitalist Society*.

37 *Grundrisse*, 831~32면.

38 *Grundrisse*, 287면.

39 André Gorz, *Critique of Economic Reason* (London: Verso 1989). 노동자의 보상적 소비주의의 한계에 관해서는 204~207면 참조.

40 Guy Debord, *The Society of the Spectacle* (Montreal: Black and Red Books 2000).

41 Costis Hadjimichalis, *Uneven Development and Regionalism: State, Territory and Class in Southern Europe* (London: Croom Helm 1987).

42 David Harvey, *The New Imperialism*, Ch. 4.

43 Saskia Sassen, *Expulsions: Brutality and Complexity in the Global Economy* (Cambridge, MA: Belknap Press 2014).

44 Thomas Piketty, *Capital in the Twenty First Century*, trans. Arthur Goldhammer (Cambridge, MA: Belknap Press 2014).

45 *Capital*, Vol. 3, 573면.

46 Heiner Flassbeck and Costas Lapavitsas, *Against the Troika: Crisis and Austerity in the Eurozone* (London: Verso 2015).

47 David Harvey, *A Companion to Marx's Capital*, Vol. 2.

48 *Capital*, Vol. 3, 621~22면.

49 David Harvey, *Seventeen Contradictions and the End of Capitalism*, 44~47면.

50 *Capital*, Vol. 3, 490면.

51 *Capital*, Vol. 3, 470면.

52 *Capital*, Vol. 3, 609면.

53 *Capital*, Vol. 3, 569면.

54 *Capital*, Vol. 3, 523면.

55 John Maynard Keynes, *Essays in Persuasion* (New York: Classic House Books 2009) 199면.

56 *Grundrisse*, 488면.

맺음말

1 Jacques Derrida, "The Madness of Economic Reason," *Given Time: I. Counterfeit Money*, trans. Peggy Kamuf (Chicago: Chicago University Press

1992); Marcel Mauss, *The Gift: The Form and Reason for Exchange in Archaic Societies*, trans. W. D. Halls (London: Routledge 1990).

2 *Capital*, Vol. 3, 649면.

3 *Capital*, Vol. 3, 614면.

| 감사의 말 |

내가 1961년 캠브리지대학에서 박사학위를 받을 때까지 대학 교육을 무상으로 받게 해준 무상교육과 보조금(grants)의 선물에 대해 감사하고 싶다. 또한 숱한 난관에도 불구하고 공립대학으로서 모든 이를 위한 고등교육의 공공이익에 복무하는 사명을 여전히 유지하고 있는 뉴욕 시립대학의 일원으로 있는 영광에 대해서도 감사하고 싶다. 내 오랜 친구이며 출판업자로서 내게 이 책을 쓰도록 제안한 존 데이비(John Davey)에게 고마움을 표하고 싶다. 유감스럽게도 그는 이 책이 최종 출간에 이르는 것을 보지 못하고 생을 마감했다. 친우이자 동료인 미겔 로블레스-두란(Miguel Robles-Durán)은 그림 2와 그림 3의 도안 작업을 도왔고 최종 버전을 그려주었다.

| 옮긴이의 말 |

오늘날 자본주의 비판의 선봉에 서서 변함없이 왕성한 필력을 과시하고 있는 데이비드 하비를 새삼스레 소개할 필요는 없을 듯하다. 이 책은 지난 2010년에 나와서 2012년에 우리말로 번역된 『자본이라는 수수께끼: 자본주의 세계경제의 위기들』(이강국 옮김, 창비; 원제 *The Enigma of Capital, and the Crises of Capitalism*)의 연장이자 심화인 측면이 강하다. 현대 자본주의의 위기가 글쓰기의 명백한 동기라는 점, 이 위기의 근원과 해법에 대한 탐색이 자본주의의 핵심적 장치들에 대한 검토로 이어지는 점, 그 과정에서 사회기반시설을 포함한 고정자본에 대한 투자, 근현대의 도시화, 부동산투기, 화폐제도와 부채, 이른바 '국가-금융 연계', 기술혁신과 조직변화, 저항운동 등이 다뤄지는 점은 두 책의 연속성을 말해준다. 그러나 위기의 현상들에 대한 서술로 시작하는 전작과 대조적으로 이 책은 자본의 순환에 관한 맑스의 언급에 이어 물의 순환을 닮은, 그러나 그와 달리 나선을 그리며 확장되는 가치의 운동과 변신에 대한 일반적 서술을 첫 장에 배치한다. 여기에 이 책의 특징이, 그리고 앞서 말한 '심화'의 방향이 단적으로 나타나 있다. 여기서 하비는 『자본』에 구현된 맑스의 방법론을 따라 '추상에서 구체로' 나아가는 가운데, 맑스의 전체 저작에서 이끌어낸 (그러므로 당연히 고전정치경제학의 개념과는 다른) '운동하는 가치'와 '반가치'의 개념에 입각해 현대자본주의의 특수성과 그것이 맞닥뜨려온 위기의 불가피성을 해명하려는 이론적 야심을 실행에 옮기고 있다. 본론을 구성하는 9개 장 중 7개 장의 제목에 '가치'나 '반가치'가 들어가 있는 데서 알 수 있듯이 저자의 관심은 무엇보다 자본주의체제 내의 가치의 운동과 이 운동의 내재적 모순에 있다. 그러나 운동하는 가치의 이론을 일방적으로 펼치는 대신, 하비는 노동가치론을 비롯한 맑스의 수많은 주장과 통찰을 체계화하고, 이로부터 현실적 함의들을 이끌어내며, 나아가 이 함의들을 곤경에 처한 오늘날의 자본주의와 자본 분파들, 국가, 그리고 대중의 삶과 대면시키는 길을 택한다. 이는 『자본이라는 수수께끼』에서보다 맑스의 저작을 한층 더 포괄적이고 전면적으로 다룸을 뜻하지만, 다른 한편 현재의 관점에서 맑스의 인식이 지닌 한계와 그의 이론작업 중 미완으로 남은 부분을 더 명확하게 제시함을 뜻하기도 한다. 아울러 그러한 대면은 가치의 개념 자체를 포함해 여러 이론적·실천적 논쟁의 지점을 함축하는데, 여기서 하비 자신의 주장은 많은 사람에게 논쟁의 결론이라기보다 시발점으로 받아들여지지 않을까 싶다.

이 책에서 하비는 가치의 흐름 중 가치증식, 즉 생산의 지점에서 발생하는 문제들에 더해 실현(소비)의 지점과 분배의 지점에서 생겨날 수 있는 장애와 투쟁을 서술하는 데 적잖은 지면을 할애한다. 그러한 장애와 투쟁은 맑스가 매우 불충분하게 다룬 문제영역이다. 그밖에 하나의 사업이 된 기술혁신은 가치체제와 가치이론에 어떤 도전을 가하는가, 또 자본이 어떻게 절대적 시간과 공간뿐 아니라 상대적(relative) 시공간과 관계적(relational) 시공간 속에 움직이며 그런 시공간을 구성하는가에 관한 논의도 흥미롭다. 그러나 무엇보다 주목되는 것은 오히려 더 전통적인 문제, 즉 '이자 낳는 자본'의 순환과 그 체제적 효과에 관한 서술이다. 화폐자본은 가치순환을 추동하는 힘이지만, 신용제도를 통해 화폐자본의 순환이 자율성을 획득한 이래 그 자본은 가치증식과 실현의 계기에 얽매이지 않고 순전한 화폐 추구에 매진하는 경향을 띤다. "화폐자본의 순환의 관점에서 가치증식 및 실현의 과정은 이윤 형성을 향해 가는 데서 겪는 불편함에 불과하다는 것이다. 이자 낳는 자본은 만일 가치증식과 실현을 거치지 않고 스스로 증가하는 길을 찾을 수 있다면 그렇게 할 것이다."(116면) 이런 일은 실제로 벌어지고 있다. "최근에 가치생산과 관련된 자본의 흐름은 감소하는 경향을 띠어온 반면 화폐자본은 부동산투기 같은 다른 곳에서 더 높은 화폐수익률을 추구한다. 그 결과 2007~2008년의 대혼란 이후 세계경제의 상당 부분에서 특징적으로 나타난 가치생산의 장기 침체는 더욱 악화되고 있다."(45면) 여기서 더 높은 화폐수익률의 추구란 강탈에 의한 축적의 다른 표현으로, 강탈에 의한 축적의 강화는 최근의 자본운동에서 두드러지게 나타나는 특징이다. 가치실현이 이루어지는 소비시장은 종종 강탈의 현상이 된다. "기회수의적 형태의 자본은 또한 정당한 몫보다 훨씬 더 많은 가치를 전유하려고 실현의 순간에 개입한다. 헤지펀드가 제약회사를 인수하거나 압류된 주택을 대량으로 사들인 뒤에 방향을 바꿔 그것을 빈궁한 소비자에게 터무니없는 가격에 내놓을 때 실현은 강탈에 의한 축적의 체계적 조직을 위한 순간이 된다."(314면)

여기서 하비가 생산된 잉여가치 중의 소비자의 몫과 자본의 몫 사이의 비례만 문제 삼는 것은 아니다. 오늘날 이자 낳는 자본의 순환이 지닌 근본적인 문제는 그 순환 속에서 이뤄지는 가치 강탈, 혹은 가치의 대대적 이전이 결국은 빈궁한 노동자-소비자, 나아가 중소자본가와 빈국에게 부채노역을 강요하며 그들의 미래를 압류하게 된다는 것이다. "광적인 이윤 추구는 부채상환의 광적인 필요로 보충된다."(45면, 81면) 부채는 "미래의 가치생산에 대한 청구이며 (…) 부채상환의 실패는 자본 흐름의 체계에 도래하는 모든 위기의 근원을 형성한다."(49면) 가치의 증대가 수반되지 않는 화폐의 확대(중앙은행의 양적 완화)와 더불어 가치증식에 기여하지 않는 화폐이윤의 추구(투기)는 자본 자체를 "작년의 부채를 오늘 더 많은 돈을 빌려 상환하는 하나의 거대한 폰지 사기로 퇴화"(139면)하게 할 위험이 있다. 하비는 근래에 자본주의가 걸어온 길이 바로 이런 퇴화의 길이라고 본다.

하비는 부채를 반가치의 범주에 포함시킨다. 역시 맑스의 통찰에 기대어 구성해낸 반가치의 개념은 운동하는 가치로서의 자본의 순환을 가로막는 힘과 자본이 기능하는 데 필수적이면서도 가치를 생산하지 않는 힘(비생산적 노동)을 모두 포괄한다. 하비는 맑스에게서 반가치가 자본순환의 바깥에 놓인 힘이 아니라 바로 그 심부에서 순환을 교란하는 힘으로 제시되고 있음을 강조한다. 말하자면 맑스와 하비 자신이 이해하기에 가치와 반가치는 변증법적으로 서로와의 관계 속에서만 존재한다는 것이다. 이 관점에서 부채의 문제를 바라보면, 부채는 가치생산과 단순히 대립하지 않고 가치생산을 추동하는 하나의 힘으로 나타난다. 자본가에게는 이윤의 추구 못지않게 부채가 가치생산을 지속해야 할 동기로 작용한다는 것이다. 물론 이는 부채가 "가치증식의 미래를 압류"(49면)함을 의미하고, 부채를 갚기 위한 미래의 가치생산마저 (대개 그렇듯이) 차입자본에 의존할 경우 반가치의 청산을 위해 더 많은 반가치를 생산하는 반가치의 악순환이 이뤄짐을 의미하지만 말이다.

한편 노동운동이나 소비자 불매운동은 "능동적 반가치"(129면)로서 "반가치의 정치"(148면)의 표현들이 되는데, 이 "반가치의 정치"와 관련해 우리는 하비 스스로 "흥미로운 정치적 역설"(150면)이라고 표현한 문제적 상황에 부딪히게 된다. 그는 가사노동이나 지식, 문화적 활동 등 이제까지 가치를 부여받지 않은 것을 자본주의적 가치생산 체제에 포함시키려는 시도에 대해 "이해할 만하다. 그러나 그것은 정치적으로 사태를 완전히 오도한다"(150면)고 주장한다. 그런 비가치 또는 반가치의 영역에서 수행되는 노동은 가격은 지닐 수 있을지라도 가치는 지니지 않으며, 나아가 자본주의적 상품생산과 소외된 사회적 관계의 지배에 대한 "해독제"(151면)가 될 수 있으므로 그런 노동에 가치를 부여하려는 노력은 정치적으로 잘못됐다는 것이다. 이 대목에서 하비는 '가사노동에 임금을' 캠페인을 벌인 1970년대의 페미니즘과 자연의 무상 증여물에 가치를 부여하려는 위장환경주의를 언급하는데, 앞서 그가 인지자본주의에 가한 논평도 같은 맥락에서 이해될 수 있을 것이다. "인지자본주의 이론가들은 지식이 자본으로서 순환하는 가치의 한 형태가 되었다는 생각을 중시한다. 예전에는 경제가 상품에 기초했는데 이제는 지식에 기초한다는 것이다. 지식재산권이 현대 자본주의의 중요한 특징으로 부상한 상황에서, 요즘은 생산되는 지식의 많은 부분은 확실히 가격을 지닌다. 그러나 그것이 순환하는 가치라는 주장은 신빙성이 없고 정설도 아니다. 특히 과학적·기술적(technical) 지식은 가격은 지닐 수 있으나 가치는 지닐 수 없는 그런 것들 중 하나다."(161면) 이는 노동가치론의 옹호자와 인지자본주의자 사이에서 진행 중인 논쟁의 일부를 이룬다. 여기서 이 논쟁을 복기할 형편은 못 되고, 다만 하비가 내내 언급하는 '가치'가 시장에서의 상품교환을 전제한 개념으로서, 상품에 구현된 노동(시간)이 아니라 "비물질적이면서도 객관적인 힘"(25면)으로 작동하는 특정한 사회적 관계를 가리킨다는 점, 아울러 그가 가사노동이나 지식이나 문화적 활동의 사회적 가치를(따라서 그에 대한 사회적 보상의 필요를) 부정하는 것은 아니라는 점은 강조할 필요가 있겠다.

하비는 이론적인 분석가, 분석적인 이론가다. 그는 사변에 압도되지 않고 분석에 매몰되지 않으며 선동에 치중하지도 않는다. 그는 오늘날 세계의 수많은 사람들이 경험하는 고통, 삶이 악화되고 있다는 느낌의 근원을 객관적으로, "비물질적"인 차원에서 해명하려 한다. 그는 정치적 저항운동을 필연적으로 불러일으키는 경제적 이성의 광기를 선명하게 그려 보이지만, 그에게서 집단적 이성 또는 집단 지성을 맹신하는 태도는 찾아보기 어렵다. 이런 미덕이 시간의 압박과 무지에서 오는 번역의 고통을 조금 덜어주지 않았나 싶다. 함께 애쓴 창비 편집진에 깊은 감사와 위로의 뜻을 전한다.

2019년 8월

김성호

| 찾아보기 |

ㄷ

ㄹ

ㅂ

ㅈ

데이비드 하비 David Harvey

1935년 영국에서 태어나 1962년 케임브리지대학 세인트존스칼리지에서 지리학 박사학위를 받았다. 맑스주의의 여러 분파 가운데 어디에도 치우치지 않는 유연한 맑스주의자로 평가받는 그는 1970년대 초부터 40여년간 맑스의 『자본』을 강독해 왔다. 현재 뉴욕시립대학 대학원 교수로 재직 중이며, 주요 저서로 『모더니티의 수도 파리』 『신제국주의』 『자본의 17가지 모순』 『반란의 도시』 『자본이라는 수수께끼』 『데이비드 하비의 맑스 자본 강의』(1·2) 『데이비드 하비의 세계를 보는 눈』 등이 있다.

김성호 金成鎬

서울대 영문과를 졸업하고 미국 뉴욕주립대-버펄로(SUNY-Buffalo)에서 영문학 박사학위를 받았다. 『안과밖』 편집주간과 영미문학연구회 대표를 역임했고, 비평동인지 『크리티카』의 발간에 참여했다. 현재 서울여대 영문과 교수로 재직하고 있으며, 영문학과 한국문학 외에 맑스주의와 들뢰즈 비평이론, 스피노자와 정서·정동론에 관심을 가지고 글을 쓰고 있다. 저서로 『다시 소설이론을 읽는다』(공저) 등이 있으며, 옮긴 책으로는 『처음에는 비극으로, 다음에는 희극으로』 『24/7 잠의 종말』 등이 있다.

자본주의와 경제적 이성의 광기

초판 1쇄 발행/2019년 9월 5일

지은이/데이비드 하비
옮긴이/김성호
펴낸이/강일우
책임편집/이하림 신채용
조판/박지현
펴낸곳/(주)창비
등록/1986년 8월 5일 제85호
주소/10881 경기도 파주시 회동길 184
전화/031-955-3333
팩시밀리/영업 031-955-3399 편집 031-955-3400
홈페이지/www.changbi.com
전자우편/human@changbi.com

ISBN 978-89-364-8641-9 93300

* 책값은 뒤표지에 표시되어 있습니다.